SPIES, SADISTS AND SORCERERS

The history
you weren't taught in school

間諜虐待狂與巫士

學校不教的歷史

賽爾伍德——著
蔡耀緯——譯

Dominic Selwood

目錄

文藝復興與宗教改革

目錄

維多利亞世界

第一次世界大戰

第二次世界大戰

現代世界

許多事不可思議，令人難以置信，
卻沒有哪件事太過不可思議而不會發生。

——哈代（Thomas Hardy）
《哈代個人札記》（*The Personal Notebook of Thomas Hardy*），一八七一年

前言

邱吉爾（Winston Churchill）曾說，歷史會善待他，因為他打算自己來寫歷史。希特勒（Adolf Hitler）也是如此，他堅信任何事情只要重複多遍，人們就會相信。另一位歐洲的軍人政治家拿破崙（Napoleon Bonaparte）也察覺到這點，他將歷史定義成人們一致認同的一連串假話。

這三人都知道，歷史不是能夠精確計量的硬科學（hard science），它更加柔軟而易折，能夠被親歷或敘述的人們定型和塑造，或是扭曲和竄改。

當然，歷史事實是固定不變的。比方說，一二一五年，貴族逼迫約翰王（King John）接受大憲章（Magna Carta）；一五三三年，亨利八世國王和羅馬教廷斷絕關係。沒有人會質疑這些日期。但對前後及同時的相關事件爬梳得越深，情況就變得越不確定。

就以大憲章為例。它是全世界最著名的文獻之一，是西方的自由民主憲章。但其實不然。約翰王和貴族在九星期內就推翻它，將它扔進字紙簍，此後數百年無人問津且不具效力。我們近代對其重要性的印象，直到十七世紀才被發現，它在此時起死回生，令人疑惑地被高舉為人民意志反抗暴政的戰旗。

或以亨利八世脫離羅馬天主教，以及由他的子女愛德華六世、伊莉莎白一世完成的英格蘭宗教轉變過程為例。我們如今得知，許多轉變是憑著國家恐怖和暴力而實現。都鐸王朝（Tudors）實際上是屠殺人民逼迫改宗的。但都鐸王朝的故事編織機十分成功地編造出仁君亨利，身為文藝復興精神解放者的故事，如今世界各地的學校都還在傳授。

事實上，我們習得的許多歷史，後來都證明只是片面情況。更糟的是，有些內容完全錯誤。這種例子不勝枚舉。人們學到君士坦丁大帝（Constantine the Great）在西元三一三年將基督教定為羅馬帝國的國教。但他沒有，是狄奧多西一世（Theodosius I）在西元三八〇年定為國教。每個人都知道哥倫布（Christopher Columbus）發現北美洲，但他其實沒有。他不曾踏上北美洲。他在加勒比海找到幾個島，是中美洲的一部分，以及委內瑞拉最東端，但對北美洲的存在一無所知。

我們尊奉為歷史的神話清單很龐大。有時我們受到蓄意誤導。還有時候我們誤導自己，只看我們想看的。

我的第一位歷史老師打過不列顛空戰（Battle of Britain）。數十架精心組裝、彩繪的噴火式戰機（Spitfires）、颶風式戰機（Hurricanes）、梅塞施密特戰機（Messerschmits）、斯圖卡俯衝轟炸機（Stukas）及其他軍機的模型，從教室天花板上經由不可見的棉線懸掛著。我抬頭一看，就會立刻回到一九四〇年陽光燦爛的鄉間機場，一群又一群抽著菸斗的青年緊急升空，賭命纏鬥。後來我才發現他那時是飛行教練。我們都以為他是空戰王牌，但這不是他的錯。我們就只看自己想看到的。

本書的許多故事是為了澄清事實，或至少提出另一種觀點。它們首先刊載於《每日電訊報》（*The Daily Telegraph*）和《旁觀者雜誌》（*The Spectator*），目的是為當代事件或週年紀念提供歷史脈絡。

我改寫某些標題，書後附上每一篇文章出處及發表時間的列表。故事內容則保持不變。

希望你喜歡，也希望故事能各自呈現，歷史遠比我們所想的更複雜。

——DKS，倫敦，二〇一五年十二月

古典時代

第一題

約瑟夫斯、羅馬毀滅耶路撒冷，與兩千年來的中東殺戮

著名的猶太歷史學家約瑟夫斯（Flavius Josephus）在西元七〇年親眼看見羅馬軍隊將耶路撒冷夷為平地。在中東邁向又一輪重大破壞之際，本文探討猶太人與羅馬的戰爭，以及自此之後肆虐於更廣大區域的無盡衝突。

耶路撒冷的約瑟．本．馬提亞（Joseph ben Matthias）是一名歷史的倖存者。他在西元三七或三八年出生於一個地位尊貴，擁有王室血統的祭司家族之時（就在耶穌被釘上十字架幾年後），耶路撒冷是羅馬猶太行省（Roman Judea）中心一座繁榮（即使有些躁動）的城市。但在西元一〇〇年他去世時，整個耶路撒冷除了幾段城牆之外，已從地表上被徹底抹滅，如同他晚年說的，沒人會知道那裡曾有人居住。

約瑟，也就是日後為人所知的約瑟夫斯，經歷了猶太人與羅馬的戰爭最動盪年代，而且令後世歷史學家喜悅的是，他喜愛寫作如同他樂於談論自己。他高度評價自己做過的每件

事，並且明確認定自己為事件中心。儘管如此，他自吹自擂的人格，卻和他不同凡響的生平，以及他與交戰雙方決策者獨一無二的密切關係不可分割。不論人們如何看待他的性格或行為，他對細節的留心，對左右羅馬和耶路撒冷政治活動的沉迷，都令他成為第一世紀最即時也最引人入勝的寫作者。

青年約瑟夫斯看到自己身處的猶太社會有三大團體：法利賽派（Pharisees）、撒督該派（Sadducees），以及禁欲苦行的艾色尼派（Essenes，他們寫下死海古卷）。性喜追根究柢的他就這樣和一位名叫巴努斯（Banus）的艾色尼派大師在沙漠裡待了三年，而後回歸文明世界，加入法利賽派，他後來將法利賽人說成是猶太人的司多噶派。他選擇成為法利賽人說明了日後即將發生的事，因為法利賽人以情願在羅馬統治下安居樂業而著稱。

約瑟夫斯以記憶力和律法（例如宗教習俗）知識而聞名。菁英門第出身的他，很快就被捲入耶路撒冷的政治生活中。二十六歲那年，他被派往羅馬執行一項敏感任務：交涉釋放數名被扣為人質的猶太祭司。到了羅馬，他設法安排求見尼祿（Nero）的第二任妻子，美麗又關心政治的薩賓娜（Poppaea Sabina），和她成為朋友，並在她介入之下成功釋放囚犯。這整個事件在他身上留下深刻的印記，特別是永恆之城的奇蹟，和它不可戰勝的政治軍事機器。

但回到猶太地，局勢卻愈來愈緊張。

羅馬執政官龐培（Pompey）在西元前六三年初次征服猶太地時，羅馬人很樂意將這片土地交給傀儡君主統治（先是哈斯蒙尼王朝（Hasmonean），而後是希律王朝

（Herodian）〕。但在亞基老（Herod Archelaus）國王因為重婚和不斷凌虐人民而引發猶太人反叛之後，羅馬人將他放逐到高盧南部，並將猶太地正式併入帝國成為行省。

猶太社會中的許多派系都反對羅馬直接統治。他們的不滿開始升高，引發愈來愈頻繁的叛亂。比方說，約瑟夫斯在後來的著作中，提及加利利的猶大（Judas of Galilee）在西元六或七年間領導的那次著名起義，大約是羅馬駐敘利亞總督居里紐（Quirinius）下令進行人口普查以利徵稅的時候。耐人尋味的是，這正是《聖經》提過的那次人丁報名上冊：

> 當那些日子，該撒亞古士督（Augustus，即奧古斯都）有旨意下來，叫天下人民都報名上冊。這是居里紐作敘利亞總督的時候，頭一次行報名上冊的事。眾人各歸各城，報名上冊。約瑟也從加利利的拿撒勒城上猶太去了，到了大衛的城，名叫伯利恆，因他本是大衛一族一家的人，要和他所聘之妻馬利亞一同報名上冊，那時馬利亞的身孕已經重了。（《路加福音》二章一至五節）

不巧的是，福音書這段敘述不大符合歷史，因為羅馬從未進行過全境人口普查。還有，《馬太福音》也說耶穌是在大希律王（Herod the Great）統治時期出生的，而大希律王死於西元前四年。此外，大多數學者都駁斥羅馬進行的任何一次徵稅人口普查，曾經要求人民返回祖籍地進行登記，因為這在經濟上毫無道理。（最有可能的情況是，《路加福音》的作者完全是在運用當時普遍通行的藝術創作自由，以求更加有力地將耶穌與大衛王一族連結在一起。）

而在這個背景下更加重要的是，約瑟夫斯在後來的著作中，將加利利的猶大叛亂指為奮銳黨（Kannai'm, the Zealots）崛起的開端，這一「激進狂熱的戰爭團體」矢志推翻羅馬統治：

> 該黨的成員也被稱為「匕首黨人」（Sicarii），得名於他們將匕首（sicae）藏在長袍下到處走動的習慣，一發現有人從事瀆神行徑，或任何煽動反猶太情緒的行為，就立即刺殺。〔「奮銳黨」，《猶太百科全書》（*Jewish Encyclopedia*），一九〇六年〕

按照這種定義或其他任何定義，奮銳黨人／匕首黨人都是宗教基本教義派。約瑟夫斯將他們稱為「煽動」團體，「愛好戰爭」且充滿「瘋狂」，並將隨後發生的每一件事都歸咎於他們。「他們是猶太人中的暴君，為我們引來羅馬人的力量。」他如此悲嘆。

有趣的是，《聖經》為猶大確證了身分：

> 此後報名上冊的時候，又有加利利的猶大起來，引誘百姓跟從他，他也滅亡，附從他的人也都四散了。（《使徒行傳》五章三十七節）

西元六或七年間猶大反叛失敗之後，猶太地的猶太人與羅馬帝國的關係，在整個第一世紀前半始終處於一觸即發的狀態。

一場叛亂險些在西元四〇年爆發，因為卡利古拉皇帝（Caligula）下令在耶路撒冷聖殿樹立他自己的銅像。總督佩卓尼烏斯（Petronius）知道這個舉動足以擦槍走火而予以暫緩。不可避免的，暴動直到隔年年初卡利古拉遭到暗殺才得以防止。

幾年後則是另一個觸發點，西元四六到四八年間，加利利的西門和雅各（Simon and Jacob of Galilee）發動反叛，但羅馬迅速鎮壓了起事，將兩人處死。

而在這段期間，奮銳黨這個團體不斷壯大，意圖像《聖經》所暗示的那樣以武力奪取「天國」：

> 從施洗約翰的時候到如今，天國是努力進入的，努力的人就得著了。（《馬太福音》十一章十二節）

到了約瑟夫斯出使羅馬歸來之際，奮銳黨變得更危險了。他們想和羅馬開戰，也準備挑起戰端。

希律・亞基帕二世（Herod Agrippa II，羅馬任命的猶太人總督）試圖呼籲冷靜，要求奮銳黨人勿再挑釁羅馬開戰。他的理由是希臘人、日耳曼人、高盧人等等數十個自豪而好戰的民族，如今都已臣服於羅馬，因此臣服於羅馬並無可恥之處。但奮銳黨人聽不進去。約瑟夫斯引述亞基帕對他們更進一步的請求：

所以求求你們，就算不為你們的妻兒，也為你們的這座都城和它神聖的城牆：放過聖殿吧。

但沒有用。西元六六年，當羅馬總督弗洛魯斯（Gassius Florus）與猶太人的關係走到歷來最惡劣的地步，奮銳黨人把握這個機會。他們首先衝進沙漠的前哨站馬薩達（Masada），這座壯觀的堡壘聳立於猶太沙漠一片巨大的岩山上，並且屠殺羅馬守軍。接著他們進攻耶路撒冷的羅馬軍隊，殺戮這些駐軍，而後驅逐弗洛魯斯，建立革命政府。

約瑟夫斯總結奮銳黨人的動機，其中沒有一項是他所同情的：

有些人真心想打仗是因為少不更事，未曾經歷戰爭帶來的苦難……有些人為了重獲自由的不切實際期望而支持戰爭……其他人則希望能活過這場戰爭。

奮銳黨人此時掌控了局面，耶路撒冷的戰略要地也都落入他們手中。但這只是事態的開端。

他們輕率發動的政變嚇壞了猶太地的大多數猶太人，在愈發四分五裂的猶太社會中引發血腥衝突。內戰爆發了，家人彼此反目成仇。比方說，反抗者的首領之一是以利亞撒（Eleazar），最先被就地正法的其中一名死者則是他的父親，主持審判使徒保羅而最為基督徒熟知的大祭司亞拿尼亞（Ananias，《使徒行傳》二十二至二十三章）。當奮銳黨領袖之一，加利利的猶大（奮銳黨創始者）之子米拿現（Menahem）和以利亞撒發生衝突，反抗者開始自相殘殺，血流成河。他們的權力之爭開始擴散，在更廣大的社會中引發暴行。「他們對任何事都意見相左，」約瑟夫斯感嘆：「唯有濫殺無辜是一致的。」

為了應對反抗者的奪權行動，羅馬駐敘利亞軍團司令加盧斯（Cestius Gallus）派出一支小部隊試圖恢復秩序，卻被擊敗了。同時，在地中海東岸的更廣大區域裡，這場政變引發了零星的反猶太暴行浪潮。但在尼祿得知羅馬對猶太地失去控制之後，他打開了地獄大門：派出一支龐大的帝國軍團，由身經百戰的將軍維斯帕先（Vespasian）及其子提圖斯（Titus）領軍。

在叛亂策劃的過程中，約瑟夫斯身為耶路撒冷的一位高級公民，盡心盡力和奮銳黨作對。他明白這些人受到青春熱情驅使，「群情激憤力求一戰」。他憑藉著在羅馬的所見所聞，試圖說服他們向世界最先進的軍事帝國尋釁是何等愚昧，但出乎他意料的是，他直接被捲入衝突之中，因為耶路撒冷猶太議會（Jerusalem Sanhedrin）任命他為加利利軍司令官。

嚴格說來，加利利並非羅馬猶太行省的一部分，而是分離於猶太行省之外的羅馬帝國附庸國，一如西元六年之前的猶太地。正因如此，在福音書中，彼拉多（Pontius Pilate，耶路撒冷的猶太行省總督）才說他對耶穌沒有管轄權，將耶穌移交給北方的加利利君主希律・安提帕（Herod Antipas），這位希律王在《聖經》中也是莎樂美（Salome）的繼父，他下令將施洗者約翰斬首。（參看《馬可福音》六章二十一至二十九節；《馬太福音》十四章六至十一節）

羅馬人決定從敘利亞經由加利利入侵猶太地，於是沒過多久，約瑟夫斯就面臨了在維斯帕先大軍壓境下防衛約塔帕塔〔Jotapata，今日加利利地區約德法特（Yodfat）〕要塞的艱鉅任務。值得讚許的是，約瑟夫斯設法堅守了四十七天，但在城市最終陷落時，他和四十名最頑強的抵抗者躲進一個有如蓄水池的洞穴，這些人堅持寧死不降。約瑟夫斯試著向他們爭論自殺是不道德的，卻不得要領。最後，他同意他們的自殺計畫，並提議抽籤決定兩人一組，由誰下手。「我們得說，不論純屬巧合，抑或天主庇佑」（換言之，他動了手腳），他都確保自己是最後兩名倖存者，此時他成功說服自己唯一的同伴投降。

身為一名高階俘虜，約瑟夫斯被押到維斯帕先和提圖斯面前，這時他心生一計。他自稱是一名先知，在眾人面前預告維斯帕先不久就會當上皇帝，提圖斯則是繼任者。維斯帕先大概是被逗樂了，因為他饒了約瑟夫斯一命。當尼祿在隔年喪生，維斯帕先繼位為皇帝，約瑟夫斯就獲釋了，以回報他的預知能力（或是他的厚顏與好運）。

約瑟夫斯這時看清了大局，做出一生中最重要的決定。他沒有回到自己的同胞身邊，而是轉換陣營，成了維斯帕先的密友和心腹，甚至冠上皇帝的氏族名，自稱弗拉維烏斯・約瑟夫斯。

約瑟夫斯陪同維斯帕先前往亞歷山卓（Alexandria），而後和提圖斯一同回到猶太地，開始圍攻耶路撒冷。圍城開始之後，提圖斯數度派他擔任信使，進城勸降奮銳黨人及其他守軍，但沒人願意聽從。實際上，約瑟夫斯的人生此時如坐針氈。猶太人憎恨他的背棄，許多羅馬軍官又把每一場最小的挫敗歸咎於他的出賣。

歷經七個月的殘酷圍攻，提圖斯終於攻下耶路撒冷。在雙方近身肉搏的混亂中，聖殿被摧毀的實際情況已無從知曉。羅馬執政官狄奧（Cassius Dio）說，提圖斯下令剷平聖殿，約瑟夫斯則堅稱提圖斯禁止破壞聖殿，但麾下官兵還是予以燒毀。無論實情為何，日後興建於古羅馬廣場（Roman Forum）入口，為提圖斯祝捷的勝利拱門，詳細呈現了羅馬人從聖殿運走最珍貴器物的情形。隨後提圖斯也踏進聖殿，一如當年的龐培，但龐培進入了禁地：至聖所（Holy of Holies），提圖斯卻被濃煙逼退。

戰勝的羅馬人毫不留情地剪除奮銳黨人。耶路撒冷的命運已定。約瑟夫斯記載了接著發生的事：

> 凱薩（皇帝）下令摧毀全城和聖殿……寸草不留，讓前來的人無法相信此處曾有人

居。

即使在耶路撒冷失陷之後，戰事仍蔓延於猶太地全境。奮銳黨人的最後據點，是他們在衝突開始時奪下的馬薩達要塞。羅馬人無法攀登而上，於是壘土堆成巨大的坡道，直達頂峰。防衛馬薩達的九百六十八名奮銳黨人不願被俘，互刺而死。只有兩名婦女和五個孩童躲藏在建築物中而倖存。

隨著反抗敉平，約瑟夫斯環顧滿目瘡痍的家鄉，然後收拾行囊遷居羅馬。他在羅馬取得公民身分，從猶太地得到一筆鉅額免稅收入，並終生受到維斯帕先、提圖斯和圖密善（Domitian）三位皇帝的宮廷熱情款待。得益於他們的庇護和金錢收入，他將餘生的三十年投注於書寫歷史。

西元七五到七九年間，他寫成《猶太戰史》（*The Jewish Wars*），編年記載他親身經歷的那場血腥衝突。最初的阿拉姆語文本早已佚失，但他監修的生動希臘文譯本流傳下來。這是關於那場戰爭最全面的資訊來源，內含的無價軍事行動詳情多得令人驚異。這部書開始流傳時是向反對凱撒的人發出明確警告，但它的詳盡精確很快就贏得各方肯定。

西元九三年，約瑟夫斯發行他的扛鼎巨著《猶太古史》（*The Antiquities of the Jews*）。這項以羅馬、希臘讀者喜聞樂見的方式，敘述精選的猶太人民故事的嘗試大獲成功。即使他對猶太人與羅馬戰爭的記述，毫不通融地批判奮銳黨及「煽動」派，等等這些他眼中導致家國淪亡的始作俑者，他仍堅信自身宗教和文化，熱切地以希臘化的理性方式予以呈現。《猶太古史》無疑是古典世界最偉大的著作之一，展現出猶太及古典作者廣博非凡的智識。日後將《聖經》譯成拉丁文而聞名於世的聖傑洛姆（St. Jerome）說他是「希臘人的李維」（the Greek Livy）。

約瑟夫斯十分清楚自己生活在人命微賤的殘酷時代。《猶太戰史》和《猶太古史》讀來不時令人驚恐和沮喪。他的朋友提圖斯凶殘超乎尋常，對俘虜施加可怕的刑罰。但約瑟夫斯也知道，所有文化的統治者都會幹下暴行。他驚恐地記述西元前一〇三到七六年間統治猶大王國（Judah）的猶太人國王雅納斯〔Alexander Jannaeus，《塔木德》中的「雅乃國王」（King Yannai）〕，是如何：

> ……在與妻妾歡宴時，當著全城的面，下令將八百多位（法利賽人）釘上十字架；並下令在他們未死之前，在他們眼前割斷他們妻子兒女的喉嚨。

沒有人在閱讀約瑟夫斯的著作時，會對古典時代地中海世界權力政治的殘酷抱有一絲懷疑。

儘管約瑟夫斯在羅馬的結局圓滿，但在猶太地，戲劇性的最後結局卻正要上演。西元一三一年，哈德良（Hadrian）皇帝出巡東方。他已經和猶太人的小規模反叛周旋十年，這時卻發生一件劇烈事件，重新點燃約瑟夫斯親身經歷的戰爭激情。

實情已不可考，但若不是哈德良藉由一連串宗教限制布告挑起戰端，就是他在戰後發布這些嚴厲的命令作為報復。無論是哪一種情形，他都決定要將猶太人希臘化，將他們整合成帝國一分子，去除他看作猶太人不斷反抗起因的獨立認同。因此他禁止施行割禮，並下令在耶路撒冷的廢墟上建造新城市埃里亞城（Aelia Capitolina）；城市名稱來自他的氏族名埃里烏斯（Aelius）和羅馬眾神之王丘比特（Jupiter Capitolinus），他在猶太聖殿的遺址上建了一座神殿獻給丘比特。用意再清楚不過：猶太人的首都耶路撒冷已經不復存在。

對抗哈德良的是由西門（Simon）指揮的一支猶太軍隊，西門的支持者將他奉為救世主。這個大衛式的人物將要解救他們脫離困厄，帶領他們回到天主身邊，於是他們開始以救世主的稱號「巴爾科赫巴」（bar Kokhba），即「星辰之子」稱呼他。隨著起義擴大，巴爾科赫巴自封為王，奪取大片領土，並且開始鑄造錢幣，其上銘刻著「為了耶路撒冷的自由」等等意氣昂揚的字句。

哈德良不同於先前幾位皇帝，他是一個相信果斷行動的人，對這場（如今人們所稱的）「巴爾科赫巴反叛」，他以壓倒性的軍力應對，派出旗下最優秀的將領，當時駐防不列顛的塞維魯斯（Julius Severus）率領大軍征伐猶太地。

由此展開一場惡戰，大小戰役超過五十場，巴爾科赫巴和據說多達五十八萬名部下遭到屠殺（還不算死於饑餓和疾病的人）。隨後，羅馬人堅決地將猶太地全境化為焦土，幾乎殲滅全體猶太人口。

歷經人們記憶所及的多次反叛，哈德良決定預防勝於治療。埃里亞城是為了抹滅猶太人耶路撒冷的一切痕跡而興建，猶太這個地區名稱也因為猶太色彩太濃而被廢棄，代之以「敘利亞巴勒斯坦」（Syria Palaestina）。一切猶太宗教禮儀在猶太地都被禁止。猶太人也從埃里亞城被永久放逐，每年只有一天能夠入城，那就是聖殿被毀日（Tisha B'Av），猶太曆紀念巴比倫王尼布甲尼撒二世（Nebuchadnezzar II）摧毀第一聖殿（西元前五八七年），以及提圖斯在西元七〇年將重建第二聖殿最終摧毀的哀悼日。正如一九〇六年《猶太百科全書》簡明扼要的評述：「猶太民族的末日降臨了。」

結果，戰爭的代價對每一方都太過沉重。羅馬人也遭受慘重傷亡，狄奧提到，哈德良傳回元老院的戰勝消息，並未以慣常輕快的問候語「朕與將士皆安好」開頭。

回顧歷史，哈德良的報復是猶太人歷史上影響最深遠的事件之一。他們從自己一千多年前征服並占有的這座城市被永久驅逐；這遠比五百年前的巴比倫之囚更悲慘，因為巴比倫之囚在五六十年後就告一段落。

哈德良的埃里亞城從耶路撒冷的廢墟拔地而起之時，已是約瑟夫斯去世三十五年後。但他早已決定在羅馬帝國的中心，而非動盪的東方邊區生活。他甚至有可能猜想到，像哈德良的報復這樣戲劇性的事件，終有一天將不可避免。但他或哈德良都不可能預料到，埃里亞城在將近兩千年之間，會從羅馬人開始不斷易手，直到一九四八年再次成為猶太人的城市。

歷史見證了這片土地曾屬於許多統治者。在西元前一〇二〇年左右大衛王征服耶路撒冷之前，這裡就有一座耶布斯人（Jebusite）的迦南城市存在兩千年之久。而在「《聖經》中的」猶太人控制時期（約西元前一〇二〇年到西元一三五年），據約瑟夫斯記載，耶路撒冷曾五度被劫掠一空，而以尼布甲尼撒和提圖斯的破壞最為嚴重。猶太人之後是羅馬人統治（西元一三五到三二五年），然後是君士坦丁和拜占庭基督徒（西元三二五到六三七年），穆斯林（西元六三七到一〇九九年），基督徒十字軍（西元一〇九九到一一八七年），穆斯林（西元一一八七到一五一六年），土耳其人（西元一五一六到一九一七年），英國人（西元一九一七到一九四八年），最後回歸猶太人之手（一九四八年至今），其間還有數十次為時短暫的小規模征服，中斷了這一組順序。

地中海東部沿岸是一片動盪的地區，而且自古以來始終如此，太多的鮮血為了這樣那樣的理由而流淌，所有這些理由在當時看來似乎都很重要。正如邱吉爾如此直率卻又精準的說法，戰爭的第一個受害者是事實真相。而這片土地的真相，則是各種各樣相持不下的國族地位、身分認同，及記憶的網絡與根源繁衍千年，早已盤根錯節，深深嵌入土壤之中。

也正如約瑟夫斯所見：「至於戰爭，一旦開始，就不容易再次停戰。」歷史或許不會完全重複，但它確實能讓我們得到教訓。有件事倒是確定的：從今而後一千年，近東地區的面貌又會大不相同。或許這片動盪之地提供的教訓是：綜觀歷史，極端強大的軍力曾一再運用於此地。但在五千多年之中，卻還不曾為任何人帶來持久的和平。

第二題

狄奧多西一世：讓基督教成為全球宗教，卻被遺忘的人

西元三八〇年，羅馬皇帝狄奧多西一世宣告基督教為羅馬帝國的官方宗教。本文慶賀這項宣言的週年紀念，講述羅馬接受基督教的故事。

誰創造基督教？

這個辯論由來已久。

基督？嗯，對。當然。顯然如此。

聖彼得？也對。基督在磐石上建立教會。教友是這麼相信的，跟從《馬太福音》的記載。

聖保羅？還是沒錯。第一世紀的加利利，沒有學校供農民、漁民或勞動者求學。聖彼得是出身農業社會的一名普通工人，沒有理由推測他除了母語阿拉姆語之外，還能讀、寫或說別種語言。反之，聖保羅受過高等教育，是能讀會寫的知識人。他是基利家（Cilicia，位於

土耳其東南部）的羅馬公民，母語是希臘語。這使得他的書信和公開講道能在帝國廣大區域受到理解。他不眠不休的思考、宣教和書寫，大大定義了基督教，自是無庸置疑。

但在某種意義，詢問基督教由誰創造，卻是個欠缺考慮的問題。希臘文的敬稱受膏者（Christos）和基督宗教（Christianos），對約書亞（Yeshu'a）恐怕毫無意義，後者才是耶穌聽了會回應的阿拉姆語名字。這些字詞在祂一生中不曾有人使用。第一次得到記載的使用是多年以後，地點在安提阿（Antioch）西北數英里之處。

詞語之外，基督宗教據說多達四萬一千個宗派，他們今天能認出多少？這一切建築、行動、禮儀、神學、祭衣、迷狂的說方言（glosolalia），以及所有其他事物，都是他們熟悉的嗎？

無論答案是什麼，事實上還得在這份名單上再加一個人，而他必定會認得生存在今日世界的十五億天主教徒和東正教徒。他不是基督教的創造者，但他絕對是自古至今，基督宗教最重要的人物之一。

狄奧多西（Flavius Theodosius）西元三四七年生於西班牙，一生中有兩項成就最值得紀念。首先，他是最後一個同時統治東西羅馬帝國的人。

但他真正流傳後世的成就，或許是最有力地形塑羅馬帝國之後世界的十個決策之一。

就在這一天，西元三八〇年的二月二十七日，狄奧多西宣布將基督教定為羅馬帝國的官方宗教：

> 萬民一致期望，臣服於我們的寬容與節制之下的各民族，皆應繼續信奉這一由神聖的使徒彼得傳給羅馬人，受到忠實傳承，如今由達瑪穌主教（Pontiff Damasus）信仰的宗教……遵從本敕令者，准予「大公基督徒」（Catholic Christians）名號。〔狄奧多西一世，《「萬民」敕令》（*Cunctos populos*）〕

當時，帝國境內到處都是多采多姿的神殿，奉祀你能想像的各種神明。西塞羅說羅馬人是「最敬神的人民」（religiosissima gens），光是民間信仰的豐富多樣即足以證明。敬拜的對象從傳統希臘羅馬神明，埃及的伊西斯（Isis）、奧賽里斯（Osiris）和塞拉皮斯（Serapis）崇拜，到無所不在的近東密特拉（Mithras）、賽比利（Cybele）和阿提斯（Attis）祕教，還有數百位其他神明。全都因慣有的供品和傳統的神殿聖妓而更添情趣。

但是到此為止。為了強化基督教作為帝國唯一信仰的地位，狄奧多西將一切異教崇拜宣布為非法。

這個舉動引起重大爭議，他也必然清楚了解問題的嚴重性。

就連塞爾維亞人君士坦丁一世皇帝（西元三〇五到三三七年在位）都做不到這種程度。的確，據傳君士坦丁在官兵的盾牌畫上象徵基督的凱樂符號（Chi-Rho），在米爾維安橋（Milvian Bridge）戰役中贏得決定性勝利。他顯然是在天空中看到基督的符號，以及一行希臘文「你必以此而勝」（ἐν τούτῳ νίκα; en touto nika）顯現，使他受到啟發。當上皇帝之後，他立即在西元三一三年頒布《米蘭詔令》，確認帝國全境的宗教自由。

在有益於全體人類的事物之中，敬拜神明理應是我們首先及最主要的關懷。基督徒及其他一切宗教信徒，應當享有選擇信奉各自宗教的自由。因此我們宣示：選擇基督教的每一個人皆可繼續信奉，無須允許亦不受阻礙，也不會遭受任何困擾或騷擾。在此同時，其他一切宗教信徒亦可自由從事信仰，不受限制；因為每一個人應當享有選擇神明敬拜的自由，這切合國內良好秩序及時代安寧。（君士坦丁皇帝，《米蘭詔令》）

或許美國憲法第一修正案的起草者也想著這道詔令，儘管他們的版本顯然欠缺文采：

國會不得制訂有關下列事項的法律：確立一種宗教或禁止信教自由……

君士坦丁並未止步於將所有人從宗教迫害中解放。西元三二五年，他召開基督教第一次大公會議，親自出任主席並支付開銷。他在尼西亞〔Nicaea，今天土耳其的伊茲尼克（Iznik）〕舉行這次會議，會中將攸關早期教會及其架構的大量關鍵決策確立為決議。但君士坦丁召開這次會議時仍是一名教外人，具有大祭司（pontifex maximus）身分，即羅馬帝國非基督教信仰的首席祭司。即使在他個人晚年改宗基督教之後，他仍保有這一官方身分，直到去世。因此無需意外，狄奧多西成了第一個放棄祭司頭銜的皇帝，而這個頭銜此後逐漸轉移給教宗。

今天，基督宗教有二十二億信徒（占全世界人口百分之三十二），遙遙領先其他宗教，成為地球上最大，分布也最平均的宗教。伊斯蘭教以十六億信徒（占全世界人口百分之二十三）居次，其後則是十億信徒的印度教（占全世界人口百分之十五）。

基督宗教得以廣泛傳布，狄奧多西的功勞或許比聖彼得或聖保羅更大，理由很簡單：宗教及其宗派得益於政治支持，得以加足馬力、無拘無束向前衝刺。這應當不大出人意料。一般而言，人類社會就是如此運行。

我們也在英格蘭看過這樣的事。中世紀晚期，羅拉德派（Lollards）出現不滿的神學家不時抱怨。但仍需都鐸王朝君主將近一世紀的絕對專制權力及政治決斷，才能在古老的英格蘭土地上開創新教會。

同樣的宗教與政治結盟也可以在其他地方看見。

瓦哈布（Muhammad ibn Abd al-Wahhab，一七〇三—一七九二年）是一位伊斯蘭教士和改革者，他想要回復更簡樸、更能反映早期信仰的伊斯蘭教形式。從許多方面看來，他在伊斯蘭教的角色，相當於追求早年沙漠教父使徒生活的中世紀天主教徒，或是日後奮力帶領教會回歸他們所認知的，早期簡樸型態的歐洲新教改革者。瓦哈布的主張十分有力，但獲得影響遍及阿拉伯世界，其遺緒更塑造近代國家沙烏地阿拉伯的紹德（Muhammad ibn Saud）支持及宣揚之後，才能夠在全球舉足輕重。

因此，當狄奧多西在西元三八〇年將尼西亞派基督教定為帝國國教，他的首開風氣如今仍影響全球。因為隨著西羅馬帝國瓦解，往後一千五百年間遞補歐洲權力真空的君主，多半也以基督教為國教。當他們征服新的領土並進行殖民，他們也將宗教傳播過去。

但與古羅馬不同，我們如今再也不會消滅信仰其他宗教的人。

因此，當查爾斯王子（Prince Charles）為了獲頒「信仰捍衛者」〔起先是由教宗良十世（Leo X）頒贈給亨利八世，隨後撤廢，如今由國會授予。〕這一稱號而斟酌時，他得考慮幾個問題。

就歷史而言，捍衛信仰的意義是什麼？亨利八世獲頒這個稱號，是為了表彰他以最堅決的天主教姿態，撰文駁斥及咒罵他看來有害的路德派異端。亨利八世在一部精心取名為《七聖禮捍衛論》（*Defense of the Seven Sacrament*）的著作中寫下這些激情的論點，並將這本書獻給教宗。

在十六世紀早期，捍衛信仰是這個意思。但它如今又需要做些什麼？到了二十一世紀，信仰捍衛者是一個榮譽稱號，還是有更進一步的意義？

同樣重要的是，信仰捍衛者應當選擇效法君士坦丁，還是狄奧多西？他統治國家時，應當保障子民選擇信仰宗教的自由，還是只應當捍衛國教？

查爾斯王子明確表達了立場。他會成為一切信仰的捍衛者（Defender of Faith）。所幸，稱號的拉丁文「fidei defensor」並不因為少了定冠詞而改變。

歷史站在他這邊。因為很有趣的是，人人都聽說過君士坦丁大帝的宗教寬容。可是，儘管狄奧多西一世的歷史重要性震動世界，又有多少人記得他？

中古世界

第三題

羅馬並不文明，「黑暗時代」並不黑暗

馬丁（George R. R. Martin）的長篇小說《冰與火之歌》〔*A Song of Ice and Fire*，改編為電視劇《權力遊戲》（*Game of Thrones*）〕大獲成功，使得「黑暗時代」再次成為野蠻的代名詞，但這種觀點多半基於維多利亞時代的偏見。本文列舉中世紀早期（這段時期的適當名稱）某些美好之處，相形之下更勝於羅馬的某些不文明面向。

在一九八二年的劍與魔法經典電影《王者之劍》（*Conan the Barbarian*）中，肌肉發達的男主角被問到人生最美好的事物是什麼，他下達的命令讓人難忘：「粉碎敵人，看他們被驅趕著經過你眼前，聽他們的女人哀嘆。」

《王者之劍》和（它現在的後裔）《權力遊戲》一樣，都以一個虛構時代為背景，但這部長篇故事的形貌和感受，卻十足是黑暗時代的歐洲。

黑暗時代。自羅馬帝國瓦解到文藝復興開始之間填補空缺的一千多年：一個血腥、衝突、破壞和愚昧的時代。

啟蒙時代有教養人士視之為反常而避談。吉朋（Edward Gibbon）將整個時代摒棄為「野蠻和宗教的勝利」，這個論斷很出名。

即使今天，「黑暗時代」一詞仍讓人輕易想起身披毛皮的西哥德人（Visigoths）和汪達爾人（Vandals）搗毀羅馬城並付之一炬，滾滾濃煙遮蔽天空，令天國窒息長達一千年的畫面。

小學生都很清楚，羅馬的「光榮」是怎麼被一心只想劫掠的鐵蹄無情扼殺和踐踏。當帝國的大理石神殿和圖書館落入粗野的部族之手，希臘、羅馬的學問之光也被永久熄滅，將歐洲拖進騷亂和湮沒的漫長黑夜。

隨著羅馬陷入火海，歐洲大陸倒退回到木頭和泥土小屋。希臘文被遺忘了，拉丁文劣化成義大利語、西班牙語、法語、普羅旺斯語等原始羅曼語。羅馬的詩歌、文學，連同土木工程、建築、雕塑、金工、玻璃、搪瓷、數學、幾何學、法律、修辭學及其他藝術，全都被抹滅了。

羅馬帝國正式的死亡時間是西元四七六年九月四日。「文明」也就此終結，直到西元一四〇一年，佛羅倫斯聖若望洗禮堂（Baptistery of St. John）的大門青銅鑲板鑄造競賽觸發文藝復興，才再度甦醒。

好，我就說到這裡。你們自己想像畫面。

這是維多利亞時代妄作論斷最為惡劣的偽歷史。一種悲哀地情緒化和簡化看待過去的觀點，其歷史準確性一如弗林（Errol Flynn）飾演羅賓漢。它在十九世紀中葉的兒童歷史入門書或許夠用了，但我們如今知道，它在太多關鍵方面都是錯的。

首先，它認定野蠻人以武力壓倒羅馬，突然暴烈地終結文明。好萊塢電影或許是這麼演的，但完全不確實。

西羅馬帝國的解體已經持續數百年（一如先前羅馬共和國衰落的過程）。西羅馬帝國已經衰老、疲乏，逐漸四分五裂。它處在不治的衰敗之中。皇帝甚至早已做出不可想像之事，他們拋棄羅馬，改由特里爾（Trier）、米蘭，特別是拉韋納（Ravenna）發號施令。當版圖轉變，他們也了解到必須將權力東移，因此君士坦丁大帝最後才在君士坦丁堡（伊斯坦堡）建立雄偉的新羅馬。在那歐亞交會之地，一向愛好希臘的羅馬人繼續以拜占庭帝國之姿繁衍一千年。

因此，蠻族或許在五世紀時摙走了永恆之城褪色的殘骸，但帝國羅馬的大部分仍在博斯普魯斯海峽岸上延續到西元一四五三年（頂多被那次怪異的十字軍政變中斷）。

其次，羅馬讓位給「黑暗時代」的說法，預設了羅馬帝國的光輝、奇蹟和榮耀閃閃發亮。

在一定程度上是這樣。你怎能不對一個帶給我們卡圖盧斯（Catullus）和基督教、多達五萬個座位的石造競技場、巴勒貝克（Baalbek）令人驚豔的神殿、萬神殿（Pantheon）不靠支架的混凝土穹頂，以及大批栩栩如生的大理石雕像（多半是希臘風格），從妄自尊大的皇帝到臀部健美的女神無所不刻劃的文化印象深刻？無需懷疑，羅馬文化不同凡響。

但在這些成就之外，也有顯然不那麼光采的另一面。

羅馬人是侵略成性的擴張主義和軍國主義社會，他們對此毫不掩飾。羅馬和平（Pax Romana）是以老派的方式建立和治理的——由青銅器和鐵器武裝起來的百戰將兵。只需一讀塔西佗（Tacitus）對羅馬軍團遭遇安格爾西島（Anglesey）德魯伊人的記述，就能體會羅馬統治絕非柔和、鬆軟和包容的提案：

> 後來受到統帥的說服，他們之間又相互激勵不要在一群婦女和瘋子面前退縮，這樣他們才在旗隊前導下發動進攻。他們殺死所有迎擊他們的人，並且將敵人包圍在他們自己點起的火中間。〔塔西佗，《編年史》（*Annals*）〕[1]

要是羅馬人來了，被征服的人民若不敞開大門歡迎他們，就要面臨滅亡。不論是哪位羅馬的政治公關專家把「和平」放進「羅馬和平」中，想必都十分稱職。

1 譯注：此段中譯參看塔西佗著，王以鑄、崔妙因譯，《塔西佗編年史》（北京：商務印書館，二〇〇九年），下冊，卷十四，頁五三〇。

生存問題在帝國的遙遠邊疆可能會很嚴峻。但即使是在璀璨耀眼的羅馬城中，百萬居民之中的一半生活仍不盡理想。

倘若你是女性，在羅馬的經驗恐怕會很艱苦。除非你出身顯赫，來自貴族世家，否則你很有可能無法接受教育，在家門外既沒地位也不具影響力。這樣的生活方式遠比城市中的男性權勢者更黯淡也更不愜意。

再來是奴隸。在每一本初級拉丁文法教科書中搶盡風采的足智多謀角色，他們調皮地對彼此惡作劇，令全家人嬉笑不已，再以忠誠和勤奮為自己掙來應得的解放。

真是這樣嗎？我懷疑。縱觀歷史，奴隸始終是在奴隸主家中隱私保護下被買進、賣出、使用、濫用和虐待。人們只需要看看過去數百年來奴隸制合法或正常的國家，就會知道可怕而不堪辯解的剝削實況通常是怎樣。

在這個從吉勃遜（Mel Gibson）到小布希總統（George W. Bush）的各種意見形塑者，都鼓吹「自由」這項普世律令的時代，我們真能毫不批判地讚賞一個抹殺千百萬人名字、家庭和身世，給予更富有的公民對他們生殺及施虐權力，且多半不受控制的文化嗎？

答案是：不能。奴隸制就是一種體制化暴力的型態，沒有任何「光采」或「榮耀」可言。

事實上，暴力和冷酷都是帝國羅馬基因的根本要素。這個事實一再被皇帝強化。

人人都知道尼祿焚燒基督徒，作為花園照明的「羅馬蠟燭」。但不只有他。圖密善、圖拉真（Trajan）、德西烏斯（Decius）、戴克里先（Diocletian），及其他皇帝統治時期都迫害過基督徒。也有更加個人化的暴力。比方說，有一次卡利古拉對競技感到太無聊，為了增添刺激，他派出軍隊圍捕一整區的觀眾，把他們丟進場中任野獸撕裂。康茂德（Commodus）皇帝的嗜血則更勝一籌。他喜歡扮演英勇的角鬥士（但只參加作弊的格鬥），為了滿足渴望，他下令把城內的殘障者栓在柱子上，好讓他穿上角鬥士的戰袍，把他們當成巨人，在興高采烈的觀眾面前熱情地打死他們。

儘管古羅馬創造了文學和藝術的奇蹟，但我們同樣得承認，羅馬帝國社會是複雜的，也很難忽略其中確切無疑的「黑暗」面向頗為深沉。

因此，倘若羅馬在某些方面是不開化又野蠻，吉朋等人又何以對繼承他們的歐洲部族如此憎惡？

一定不是為了他們的征服很殘暴，因為羅馬的陷落相對而言始終是文明的。

西哥德王阿拉里克（Alaric）在西元四一〇年進入羅馬劫掠三天時，他的手下犯下許多竊盜行為，但沒有太多殺戮。四十五年後，西元四五五年六月，汪達爾王蓋薩里克（Gaiseric）洗劫羅馬整整十四天——經常被標榜為羅馬帝國末日的眾多日期之一——但他聽從教宗良一世（Leo I）的請求，不殺害居民或搗毀建築物，卻集中心力將永恆之城僅剩的貴重資產全都搶走。

阿拉里克和蓋薩里克展現的克制——他們兩人都是基督徒——簡直看不出在歐洲大陸所

到之處無不燒殺施暴的羅馬軍團模樣。

儘管如此，黑暗是否隨著「黑暗時代」開始而降臨，這仍是一個問題。在某種意義上沒錯。著作和記載在中世紀早期都大幅減少（如今沒人再講「黑暗時代」），讓我們能夠爬梳的資料更少。但仍有許多學習和書寫持續著。中世紀早期的編年史家寫下他們的見聞和閱讀，他們的著作和古代的任何著作一樣精妙。

就以桑德蘭（Sunderland）的聖者可敬者比德（Venerable Bede，生於西元六七二年前後）為例。他以當時的拉丁文優秀且澄澈地寫下英吉利人民歷史，是英語歷史上的偉大著作之一。沒有人能批評他愚昧。他的開頭至今仍是經典：

> 舊時稱為阿爾比恩（Albion）的海島不列顛，坐落在西北方向，正好與歐洲三個最大的國家日耳曼、高盧和西班牙，遙遙相望。如果你不計算一些遠遠伸到海上的海角和山尖，這個海島南北長八百英里，可是寬只有兩百英里。所以該島的範圍合計四十八乘以七十五（共三千六百七十五）英里。〔比德，《英吉利教會史》（*Ecclesiastical History of the English People*）〕[2]

在比德之後不久，歐洲出現一位有史以來最偉大的君王查理曼（Charlemagne，查理大帝，生於西元七四〇年代）。他不只是羅馬帝國滅亡後第一位被加冕為皇帝的歐洲統治者，對教育和智識也充滿熱情。他並不滿足於讓自己和廷臣都獲得完整教養，推動「加洛林文藝復興」（Caroligian Renaissance），鼓勵王國中最高水準的學問發展，延攬各方學者〔在強而有力的約克的阿爾琴（Alcuin of York）指示之下〕，任命他們監督全國各地教育的蓬勃發展：

> 雖然行為正當或許比知識重要，但知識先於行為。因此人人皆應研究自己期望成就的學問，知識愈豐富，心智就愈能行所當行。惟願追求學問的熱情，如同我們下令如此的真誠一般強烈。（查理曼，〈論研究學問〉）

僅僅一百年後，英格蘭也有了自己的查理曼，即阿佛烈大帝（Alfred the Great）。他十分樂於將神學和道德文獻親自從拉丁文譯成英文，以陶冶子民。他在自己最有名的譯作前言中，明確表達自己的當務之急：

2 譯注：此段中譯參看比德著，陳維振、周清民譯，《英吉利教會史》（北京：商務印書館，二〇〇九年），頁二三。

> 因此在我看來，我們也（像羅馬人和希臘人那樣）將某些最需要讓所有人都理解的書，翻譯成我們都通曉的語言是更好的；如此一來，當今英格蘭的所有自由人青年，只要有辦法致力於此，就能開始學習，直到能熟讀英文著作。〔阿佛烈王譯，《牧靈指南》（*Pastoral Care*）〕

有了這樣的學習方法，實在很難在這些王國看到什麼「野蠻」之處。將中世紀早期歸類為愚蠢無知的時代，就是大錯特錯而已。

然後還有藝術。

羅斯金（John Ruskin）有句著名的論斷：偉大的民族將最可信的傳記寫進藝術之書中（他的確如此）。但他的理論值得用來觀看中世紀早期的藝術。

至少任何人都看得出來，技藝純熟的工匠如同在羅馬時代一樣持續活躍。雕像不再用大理石製作，如今刻劃的是聖家三口和聖者，而非異教神明，但雕刻家的技藝並未減退。

在裝飾藝術上，我們的博物館充滿無與倫比的中世紀早期奇蹟：阿佛烈珠寶（Alfred Jewel）、薩頓胡（Sutton Hoo）寶藏、林迪斯芳福音書（Lindisfarne Gospels）、凱爾經（Book of Kells）、洛泰爾十字架（Cross of Lothair），族繁不及備載。考古學家發掘大量物品，在在證明這段時期的藝術天才。

至於建築，規模縮小了，但品質未曾下降。以查理曼的帕拉丁教堂（Palatine Chapel）

為例，它如今座落於亞琛主教座堂（Aachen Cathedral）的中心。它絕非泥屋、木棚、石頭碉堡，或者人們預期會在「黑暗時代」出現的任何東西。當你環顧它連綿起伏的多色石雕工藝，你看見的是一座運用所有從羅馬傳承下來的技法築成的羅馬／拜占庭式教堂。倘若還有任何疑慮，它足以說明我們的歐洲大陸鄰居何以不具備「黑暗時代」這個概念。這種表述在他們看來就是陌生而已，理由也非常充分。

「黑暗時代」根本不存在。

到現在為止，我們只回顧中世紀早期（西元四七六到一〇〇〇年）。對於吉朋和維多利亞時代的人們而言，黑暗時代一直持續到中世紀中期（西元一〇〇一到一三〇〇年），甚至中世紀晚期（西元一三〇一到一五〇〇年）。在他們看來，文明在文藝復興之前都不曾回歸。

但這種看法就是站不住腳。中世紀中期的知識和創造力用之不竭。十二世紀文藝復興在人類理解與成就上都突飛猛進，主教座堂、大學、學者、神祕主義者、科學家和哲人持續擴張人類心智的疆界。貶損但丁、馬可波羅、喬叟、佩脫拉克，及眾多其他人物輩出的中世紀晚期更是荒謬至極，他們的見解看來更貼近我們的現代經驗，而非羅馬時代的生活。

因此，儘管維多利亞時代的工業、機械、鐵路、建築，及眾多其他領域都開創絕妙的成就，他們卻在吉朋的基礎上，同時把過去浪漫化和扭曲得不成樣子，我們至今仍在奮力消除他們留下的這份遺緒。

其實，當我們仔細照亮維多利亞社會的幽暗弱點，從開膛手傑克（Jack-the-Ripper）出沒的貧民區、浸泡在杜松子酒中的貧困、濟貧院、負債人監獄，以及未必能流芳後世的帝國行政部門看來，或許正因如此，他們成了最後一群將任何時代詬稱為「黑暗」的人。

但最後還是要回到吉朋身上，他或許是第一個，也是成就最大的中世紀貶低者。他清楚總結自己看待這個時期的敵意：

> 教士不斷宣揚忍耐和退讓的教義，奮發圖強的社會美德就會受到阻撓，連最後一點尚武精神也埋葬在修道院。（吉朋，《羅馬帝國衰亡史》）[3]

姑且不論他對基督宗教眾所周知的敵視，照這樣看來，他對中世紀最大的質疑，並不在於中世紀充滿各式各樣的衝突——當然是這樣，如同今天或歷史上任何其他時代。令他驚恐的反倒是中世紀讓人們變得軟弱，消滅羅馬時代的尚武精神和戰爭狂熱。

那麼，我今天的工作就解決了。我已經一勞永逸釐清那個問題。午餐時間，我會跑一趟弗萊欽（Fletching）教區本堂，帶一套《權力遊戲》給吉朋。[4]

第四題
維京人不比盎格魯撒克遜人更壞

維京人受到負面報導，成了劫掠和屠殺的代名詞。但這其實不公平。本文穿透影視作品的迷思，探討維京人對世界文化的諸多貢獻，它是由倫敦大英博物館的一項維京人大展促成的。

過去數百年來，維京人在歐洲又重新流行起來。作曲家華格納（Richard Wagner）是這波流行的先驅，他聰穎而令人費解地深深埋首於

3 譯注：此段中譯參看吉朋著，席代岳譯，《羅馬帝國衰亡史》（臺北：聯經，二〇〇四），第三卷，〈西羅馬帝國衰亡的一般評述〉，頁四五一。

4 譯注：吉朋安葬於東薩塞克斯郡，弗萊欽聖瑪麗與聖安德烈教堂北側耳堂旁的謝菲爾德陵園（Sheffield Mausoleum）。

北歐埃達故事（Norse Eddas），將這些故事開發成素材，創造出《尼布龍根的指環》（*Ring Cycle*）。

大約同時，在他身邊，羽翼漸長的新異教團體也在煙霧瀰漫的晚餐廳（upper-room）產生，為棄置千百年的雷神索爾（Thor）天下無雙之鎚——妙爾尼爾（Mjöllnir）清理修復。

直接從這個傳統延續下來，在今天的斯堪地那維亞諸國，隨處可見成群結隊留著八字鬍的維京重金屬樂迷，隨著宣揚北歐神話傳奇中揮舞戰斧英雄人物的震耳欲聾樂聲吟唱。

一路上，我們也見識到幾乎相關的事物。從精銳的納粹黨衛軍（Waffen SS）第五裝甲師「維京師」，到現代輕鬆創作《恐怖哈格》（*Hägar the Horrible*）和《馴龍高手》（*How to Train Your Dragon*）。

之前，大英博物館舉辦三十年來第一次大型維京人展覽「維京人：真實生活與傳說」，許多在英國前所未見的展品引起矚目，其中也大量引用對於維京人的最新學術研究成果。

儘管維京人有時愈來愈容易被呈現為略具喜感的人物，但在八世紀晚期的英格蘭，沒人能對他們笑得出來。

例如阿爾琴。他是約克郡人，或許現在不大為人所知。但他曾經大名鼎鼎。

在一個沒有太多事物可供學習的時代，他展現出眾的才華，獲得法蘭克人的國王查理曼邀請前去設立學校。

他一到達查理曼位於亞琛的宮廷，就將枯燥的教科書撕毀，開始讓這些王公貴族學習英格蘭人文主義。

西元七九三年，他寫一封信給他的朋友諾森布里亞（Northumbria）主教希波德（Higbald）：

> 異教徒玷汙神的聖堂，將聖人的鮮血灑遍祭臺。他們搗毀我等希望所繫的屋宇，在神的殿堂中踐踏聖人遺骨，猶如街上的糞土。

令人意外的是，他並不是在告知希波德遠方災禍的消息，即使他的用語和三百年後第一次十字軍東征前夕幾乎完全相同。

不。阿爾琴敘述的事件發生在他的母國英格蘭，而且就在希波德主教的堂區裡。《盎格魯—撒克遜編年史》提及這次事件，但也提到事件之前某些震動人心的大難預兆：

> 這年諾森布里亞出現可怕的凶兆，把人們嚇壞了。包括狂猛的旋風和閃電，又看見火龍在空中飛舞。一場嚴重的災荒立即繼這些徵兆而來。同年不久之後……異教徒破壞林迪斯芳的天主堂，又搶又殺……[5]

5 譯注：本段中譯參看壽紀瑜譯，《盎格魯—撒克遜編年史》（北京：商務印書館，二〇〇九年），頁六五。

那一天是七九三年六月八日。維京人來了。

來自斯堪地那維亞的長船，在兩英里見方的諾森布里亞小島林迪斯芳（Lindisfarne）搶灘登陸，洗劫不到一百年前才煞費苦心創作出精美的《林迪斯芳福音書》那座舉世聞名的隱修院。

當然，維京人先前就劫掠過英格蘭，但規模不曾這麼龐大。從這時開始，情況變本加厲。往後三百年，不列顛的歷史將與前來劫掠的斯堪地那維亞水手們不可分割地交纏在一起。

如今人人都將他們稱作「維京人」，但這不是種族描述，丹麥、挪威、瑞典的斯堪地那維亞人是農民。但當男人，也只有男人，外出劫掠，他們就是「去冒險」。換言之：他們去當海盜搶劫。

在以水陸兩棲的打帶跑攻擊侵擾不列顛七十年之後，維京人決定更進一步，侵入內陸，從挪威和丹麥派兵征服英格蘭、愛爾蘭，和蘇格蘭西部的部分地區。

既然維京人做事從不半途而廢，他們的征服大獲成功，其遺緒至今仍可真切感受：在社會結構中，在考德（Cawdor）、費許加德（Fishguard）、格里姆斯比（Grimsby）、凱西克（Keswick）、瑟索（Thurso）和其他數百個地名中，甚至在艾瑞克（Eric）、葛斯（Garth）、霍華（Howard）、艾弗（Ivor）等名字之中。

但他們最大的貢獻或許在語言學。許多現代日常使用的英語字詞都直接源於古諾斯語

（Old Norse）：憤怒（anger）、狂暴（berserk）、出生（birth）、蛋糕（cake）、棍棒（club）、爬行（crawl）、死亡（die）、殘渣（dregs）、蛋（egg）、傢伙（fellow）、霧（fog）、訪客（guest）、殺價（haggle）、地獄（Hell）、打擊（hit）、丈夫（husband）、病（ill）、刀（knife）、結（knot）、法律（law）、鬆弛（loose）、錯誤（mistake）、髒東西（muck）、濕熱（muggy）、歹徒（outlaw）、犁（plough）、洗劫（ransack）、腐爛（rotten）、襯衫／裙子（shirt / skirt）、屠宰（slaughter）、牛排（steak）、巨怪（troll）、醜陋（ugly）。不可思議的是，就連「槍」這個字都來自諾斯語。來自一三三〇年倫敦塔的一份武器清單，其中包括一門壯觀的弩炮，名為根尼爾達夫人（Lady Gunilda。Gunnhildr這個名稱為戰爭或戰役之意）。

但維京人不只是向不列顛擴張。這些不知疲倦的漫遊者幾乎走遍地圖上的每個角落，甚至走出地圖之外。

美國小學生還是會唱：「一千四百九十二年，哥倫布航行在藍藍大海上」。但這首課堂小曲忽略的是，西元一〇〇〇年時，冰島人埃里克森（Leif Ericson）出發尋找一處劫掠地點時，意外發現新世界。精確地說，他發現加拿大的紐芬蘭（Newfoundland），並將它命名為文蘭（Vinland）。

到處劫掠過一陣之後，很有可能他對自己發現的地點沒有多大興趣，那或許是在今天的蘭塞奧茲牧草地（L’Anse aux Meadows）。無論如何，他很快就收拾行囊回家了，回到母國之後也不大看重這次航行。

事實上，哥倫布不曾踏上北美洲，他只發現加勒比海和委內瑞拉北部。埃里克森在歷史書中的不起眼，是驚人的不公平。他在被稱譽為「第一位」登上北美洲的歐洲人（英格蘭國王亨利七世委託）卡博托（Zuan Chabotto）之前五百年，就已經在北美洲不亦樂乎地東奔西跑。

斯堪地那維亞人不只是向西方冒險，他們也向東方發展，不久就和俄羅斯建立獲利豐厚的貿易路線，甚至成為君士坦丁堡皇帝的保鑣而賺大錢。

但在維京冒險者中經歷最為非凡的人物，或許是挪威國王西格爾一世馬格努森（Sigurd I Magnusson），又名「耶路撒冷航海者」（Jórsalafari）。思量過拉丁十字軍在一〇九九年攻下耶路撒冷的消息之後，西格爾躍上長船，帶領一支船隊加入。在英格蘭停泊過冬之後，他正式展開航行，中途只在西班牙、安達魯斯（al-Andalus）、福門特拉島（Formentera）、伊比薩島（Ibiza）和梅諾卡島（Minorca）等處停靠搶劫，而後在西西里島最後一次登陸，最終將長船停泊在十字軍控制的阿卡港（Acre）。耶路撒冷國王鮑德溫一世（Baldwin I）大感驚艷，西格爾也樂意接受國王的邀請，參與圍攻西頓城（Sidon，位於今天的黎巴嫩）並予以攻下。鮑德溫對這位新來的最好朋友刮目相看，於是從自己心愛的聖物真十字架（True Cross）上劈下一塊碎片，送給愉快的西格爾作為謝禮。

不用說，西格爾一向不是採行容易選項的人。當他再次不安於現狀，就離開鮑德溫國王，航行到賽浦勒斯，而後逆風穿過愛琴海，來到君士坦丁堡。或許他厭倦航海，也或許他只想尋找新的冒險，他把所有的船隻都送給皇帝，然後騎馬步行兩千英里回國，述說「十字軍西格爾」令人不可思議的故事。

我猜，阿爾琴也會認同他。

不過，多半因為隨著十九世紀維京人研究復甦而來的濃厚浪漫主義，漂泊的斯堪地那維亞人如今普遍被看成野蠻的未開化人，除了洗劫和屠殺別無所長。

其實，這種觀點大錯特錯。

不可否認，他們出奇凶暴，但輕賤人命並不是他們的專利。大英博物館展覽的焦點之一，是一個最近在多塞特郡（Dorset）發掘出來的集體墳場，一群維京人在這裡被當地人就地正法。任何人只要有興趣閱讀中世紀的編年史，很快就會發現善良的不列顛老戰士同樣劫掠修道院和村莊，把任何礙事的人都斷手斷腳或劈成兩半。極端而任意的暴力是每日生活的一部分。就算考慮到編年史記載的誇大之處，也沒有人能夠忽視中世紀早期墓葬裡許多殘缺不全、遭受凌虐，而且被砍去首級的屍骨，乃至那些顯然遭到活埋的可憐靈魂。

但撇開嗜血殘暴不談，維京人絕非無知、不潔和粗魯的民族。實際上，他們相當先進。

首先，他們的識字率很高。雕刻著鋸齒狀托爾金式（Tolkienesque）盧恩符文（runes）的大石頭〔稱作弗薩克文（futhark）〕遍布斯堪地那維亞，有些可追溯到西元四世紀。

也有更傳統的著作，尤其是埃達和吟唱敘事詩（Skaldic poetry），紀錄和保存了以世界之樹（Yggdrasil）串聯的九大世界奇妙的神話。

至於維京人邋遢又不洗澡的說法，也與事實恰好相反。考古發掘出土無數梳子、鑷子、剃刀、挖耳勺及其他清潔用品。他們使用特製的強效肥皂清洗，並將頭髮染成金色。而在髒兮兮的盎格魯撒克遜人看來，每年洗一次澡就已經太多，他們無法相信維京人定期每週末洗一次澡。（古諾斯語指「星期六」的字，原義是「清洗日」。）

最後，要是有誰以為維京人只會把鎚子塗上蜜酒砸爛東西的話，他們需要立刻造訪斯德哥爾摩瑞典歷史博物館的黃金室，該處收藏的銀製品和金製品，繁複程度都令人大開眼界，達到任何時代一切工藝品的最高水準。

因此，如今正是為維京人回復名譽的時刻。

他們將部族忠誠和報復冤仇經典地結合在一起，但這並不比同時期居住在不列顛的民族野蠻多少。

回到西元八世紀，維京人劫掠林迪斯芳前夕，英格蘭的盎格魯撒克遜人對維京人仍讚譽有加，高度直逼木造廳堂的屋椽。只需要看看盎格魯撒克遜史詩的顛峰之作《貝奧武夫》（*Beowulf*），是對丹麥和挪威戰士價值觀的頌歌；全詩三千一百八十二行都在讚頌維京表兄弟的英勇行為與心地。

事實上，盎格魯撒克遜人和維京人並沒有太多分別。他們的出身背景和戰士文化十分相似，主因之一是許多最初的盎格魯撒克遜入侵者也來自同一片土地：「鯨路之上」，《貝奧武夫》如此美妙地形容北海。

維京人入侵只是強化這些遠古以來的關係。

十一世紀時，英格蘭有過四位丹麥人君王。在他們之後的最後一位盎格魯撒克遜國王哈羅德二世（Harold II）有一半的丹麥血統，而在哈斯汀戰役擊敗哈羅德，再度改天換地的「征服者威廉」（William the Conqueror），他自己則更像維京人而不像法國人。他是丹麥維京人羅洛（Rollo）的直系後裔，羅洛帶領諾斯人入侵法蘭西北部並定居下來，歷經數百年吵吵鬧鬧地成了諾曼人。

因此是時候了，將維京人壯麗豐富的歷史、舉世無雙的冒險精神、美麗的盧恩符文和著作、堪稱楷模的衛生，以及在歷史中舉足輕重的地位還給他們。他們是需要得到更多理解的英格蘭少數族群之一。

去看看大英博物館的展覽吧！期待這場巡迴展覽能讓維京人引以為傲。

第五題

威塞克斯國王阿佛烈大帝是羅馬天主教徒

在溫徹斯特市立博物館（Winchester City Museum）裡逐漸凋謝的一塊髖骨，最近成了頭條新聞，一位專家提示，它可能是英格蘭最偉大的撒克遜國王之一：阿佛烈王的遺骸。本文探討阿佛烈王的世界，並聚焦於「白人盎格魯撒克遜新教徒」這個現代觀念的內在矛盾。

皇家考古學會（Royal archaeology）再次登上各大新聞版面，引起的興奮也持續攀升。一塊男性髖骨（精確地說，是右髖骨）不再凋謝於溫徹斯特市立博物館沉悶的紙板箱裡，而是突然成了鎂光燈的焦點。專家表示，它很可能是英格蘭最有智慧、最精力充沛，也最輝煌的國王之一：阿佛烈大帝唯一已知的遺骸。

不同於理查三世的遺骸出土，溫徹斯特的髖骨並不是在全世界媒體眾目睽睽之下被發掘出土，而是在十四年前經由社區發掘靜悄悄地出土。但由於資金短缺，它和一大袋混雜的人獸遺骸一同裝箱，然後無人聞問。

如今，有兩件事在最近突然登上頭版。

首先是碳定年的結論。身穿白大褂的專家說，髖骨的主人大約死於西元八九五到一〇一七年間。換言之，他是一位盎格魯撒克遜人。

其次則是遺骨發現的地點。

溫徹斯特著名的海德修院（Hyde Abbey）在宗教改革期間被夷為平地。克倫威爾（Thomas Cromwell）的特工在一五三八年九月寫信給他，告知他們成功地親手拆除那個地方。利奧泰斯利（Thomas Wriothesley）報告，他劫走將近兩千馬克的銀，並且愉快地參與砸毀祭臺，掃除「腐朽骨骸」的行動。

事實上，他和他的人馬進行如此全面的夷平行動，以至於古文物研究者李蘭（John Leland）隔年來訪時，發現修院已經蕩然無存。他只能簡潔地記下這段話：「這片郊區曾經矗立著壯觀的海德修院。」毫無意外，修院的年金這時已令人滿意地流入利奧泰斯利與克倫威爾的私囊。〔為免誤解，在此說明：利奧泰斯利這時正是吉星高照，劫掠海德修院的行動則令他的生涯突飛猛進。身為忠誠的克倫威爾派，他的努力使他獲贈從溫徹斯特連綿到南安普敦（Southampton）的大片土地作為回報。他在朝廷裡也得到矚目，甚至一度出任大法官（Lord Chancellor），這個職位讓他得以在惡毒拷問英格蘭早期詩人艾斯丘（Anne Askew）時

親手操作刑具，使她成了倫敦塔中唯一被拷打過的女人。我岔題了。〕

隨後數百年，在海德修院倖免於利奧泰斯利劫掠的屍骸，則被劫掠和拋散，因為剩下的棺木都被撬開了，棺木上的銅及其他有價值物品全都奪走。

儘管經歷過褻瀆和盜墓，溫徹斯特的盎格魯撒克遜人髖骨，還是從修院龐大的主祭臺區域發掘出來，這是人們所知阿佛烈王及其子愛德華下葬並受到崇敬之處，直到利奧泰斯利和他的打手帶著鶴嘴鋤抵達為止。

無人能確切說明溫徹斯特的骨頭究竟屬於阿佛烈王、愛德華王，或是其他人。ＤＮＡ測試需要近親提供樣本，這正是重大問題。

伊迪絲皇后〔Queen Edith，艾蒂尤絲（Eadgyth），西元九一〇到九四六年〕無疑是最適合的配對樣本。她是愛德華的女兒、阿佛烈的孫女，後來嫁給神聖羅馬帝國皇帝奧圖一世（Otto I）。她的遺骨是目前已知最古老的英國王室成員遺骸，至今仍安葬於柏林西方約七十英里處的馬德堡大教堂（Magdeburg Cathedral）。儘管最新的測試證明安厝其中的遺骸幾乎確定是她沒錯（少女時代經常大量飲用威塞克斯富含白堊的水，在牙齒的琺瑯質留下痕跡），但可悲的是，遺骸的保存程度卻不足以提供ＤＮＡ分析樣本。因此，目前仍在尋找可用的ＤＮＡ樣本，以確證溫徹斯特髖骨是否與盎格魯撒克遜威塞克斯王室成員相符。

這又讓我們回到最大的挑戰。要是溫徹斯特髖骨證實屬於阿佛烈王，那麼我們應該在何處、用何種方式，和目前他已出土的任何其他遺骸一同重新下葬？哪裡會是重新安葬英格蘭最有成就君王之一的適當地點？

理查三世遺骸正在上演的爭奪戰頗為發人深省。他的遺骸在萊斯特（Leicester），但約克（York）最近認真投入競逐，將整個爭議頗為聳人聽聞地提交最高法院覆核。同時，牛津的一位中世紀音樂學者正在背後不動聲色地以一四七五年的改葬儀式為藍本，精心建構一套儀式。

那麼，應當如何對待阿佛烈王？

這就是重點所在。按照傳統，西撒克遜王室都在他們的首都溫徹斯特入土長眠。

然而，雖說在溫徹斯特大教堂重新將阿佛烈安葬在他的家人身邊〔克努特（Cnut）、哈德克努特（Harthacnut）、艾瑪（Emma）、魯夫斯（William Rufus）等人就更別提了〕，足以為這座歷史極其悠久的王城喚起歷史記憶，過去千百年，阿佛烈卻已躍升為更重要的人物。如今他被歌頌為「英格蘭」國王〔即使幅員廣大的獨立維京王國派兵占據惠特靈大道（Watling Street）[6]以東〕。而且，他在英格蘭君主中獨具一格地被奉上「大帝」尊號。

6 譯注：英格蘭歷史悠久的道路，首先是不列顛人使用的小徑，後來由羅馬人鋪設為道路，從東南方的多佛港口向西北伸入內陸，在倫敦越過泰晤士河，再向西北經由聖奧爾本斯（St. Albans）到達羅克塞特（Wroxeter）。在維京人占領不列顛土地建立維京國家的時代，這條道路以東是由維京人控制的丹麥律法區（Danelaw）。

無庸置疑，他已經成了國家寶藏。

說實在的，將國族榮光、觀光事業及其他相加起來，最適合他重新下葬的地方是倫敦。

既然我們這次要適切地完成這項工作，向他的遺骸致敬，我們何不面面俱到，對他的信仰也同等尊重？

讓他在柔軟如夢的改革宗經文歌與詩意動人的伊莉莎白時代，英國國教會禮儀伴送下，長眠於壯麗的聖公會大教堂，這種做法太容易了，也是漂亮的英國式蒙混。

但這在許多層面都錯誤。

阿佛烈並不是白人盎格魯撒克遜新教徒，這種說法是歷史悖謬。他和他所有的親戚一樣，都是白人盎格魯撒克遜羅馬天主教徒。

阿佛烈是老派教徒。他四歲時到過羅馬朝聖，由教宗良四世（Leo IV）任命為執政。他看顧境內的教會，和教宗馬林一世（Marinus I）友誼深厚，使得羅馬的英格蘭學校得以豁免稅賦。阿佛烈將最重要的教士和神學家召集到宮中，向他們問學，甚至任命一位博學的威爾斯修士主教為他撰寫編年史。信仰對他是如此重要，使他在與占領半個英格蘭的丹麥人完成曠日持久的和談之際，親自監督古斯倫國王（King Guthrum）改宗基督教，並以阿佛烈為教父。

除了其他成就之外，阿佛烈也是一名篤實的學者，他的著作全神貫注於宗教信仰。他將許多拉丁文本譯成盎格魯撒克遜文，包括《詩篇》前五十首、教宗大國瑞（Gregory the

Great）的牧靈指南，乃至聖奧古斯丁（Saint Augustine）的《獨白錄》（*Soliloquies*）。

基於以上理由，為阿佛烈辦一場彬彬有禮的現代聖公會葬禮，不論有多麼激動人心，看來就是不尊重，而且對歷史不誠實。

阿佛烈深深關懷自己的天主教信仰，他不斷思索，也和子民分享他所見的天主教智慧寶藏。

我們應當尊重這一點。

因此，如果溫徹斯特的髖骨真的是阿佛烈的遺骸，就讓我們在西敏主教座堂（Westminster Roman Catholic Cathedral）為他興建一座恰如其分的墳墓，用他熟悉的語言（他三十多歲時就學會流利的拉丁文）舉行肅穆的儀式，將他下葬在那裡。

同時也讓我們看看自己，能否不要在提及英格蘭令人尷尬的天主教歷史時，就想大聲咳嗽蓋過，不再欺騙自己中世紀英格蘭的英雄人物全都是祕密的基督新教先驅，全都暗中猜忌羅馬教廷。

或許，倘若溫徹斯特的考古學家真的發現阿佛烈大帝最後的肉身遺骸，我們也就可以開始承認羅馬天主教在將近一千年的歲月中，曾是英格蘭的堅實信仰。

且讓我們向阿佛烈大帝（Ælfred Kyning）獻上完整的古英語稱號！

第六題

哈羅德國王時代的英格蘭文化多元，而且無疑是歐洲的

歐洲議會選舉在英國定期引發文化上的自我耽溺。隨著歐洲的選舉近在眼前，本文在英格蘭最後一位盎格魯撒克遜國王：哈羅德・戈德溫森（Harold Godwinson）的加冕紀念日寫成，以構成中古英格蘭的許多不同民族為主旨，讓我們記起英格蘭與歐洲大陸有漫長且複雜的歷史。

隨著至關重要的歐洲選舉臨近，此時正是思考英國與歐洲人民歷史聯繫的大好時機。一〇六六年一月六日，英格蘭最有名的一位君王加冕登基。但一年內，他熟悉的英格蘭就被粉碎，永遠不復存在。

哈羅德二世一〇二二年生於安格拉之地（Ængla Land），也就是盎格魯人（Angles）的土地。他在母親懷中學會的語言是盎格魯語（Ænglisc），我們今天稱之為盎格魯撒克遜語或古英語。

在哈羅德的朝廷裡東奔西跑的統治階級，是日耳曼人的後裔：盎格魯人、撒克遜人、朱特人（Jutes）和弗里斯蘭人（Frisians）。這些族群在西元五世紀，羅馬帝國統治日暮西山之際遷入英格蘭。儘管這些日耳曼移民起初是受邀前來抵抗盜匪，他們的出現最終卻成了全面征服，原住民不列顛人（Britons）被驅趕進入威爾斯邊區（Wales Marches）、德文（Devon）和康瓦爾（Cornwall）。這也是凱爾特人（Celts）抵抗的時代——亞瑟王的時代。

日耳曼部族的湧入，是原居於此地的凱爾特人遭受的第二波征服。五百年前，義大利人率領的羅馬軍團歷經幾個不同階段，制伏了不列顛人。儘管羅馬統治天高皇帝遠，施加於凱爾特文化之上且未將其抹滅，羅馬帝國的四海一家性質，仍從遠方吸引商人、軍人和公民前來，許多人自此永久定居在英格蘭。

但盎格魯撒克遜人的統治，並不像人們最初期望的那樣能夠確保和平。過不了多久，維京人就成功奪取不列顛中部、北部和東部的大片土地，在不列顛諸島又嵌入一種文化，並帶來了與斯堪地那維亞的強大王室之間波動不定的關係。

因此，四十二歲的威塞克斯伯爵哈羅德在一〇六六年即位時，他的王國在文化上是多元且複雜。

儘管他的加冕帶來興奮與承諾——這是在新得發亮的西敏寺（Westminster Abbey）舉行的第一次加冕儀式，油漆幾乎都還沒乾——哈羅德的統治對於盎格魯撒克遜人的英格蘭，卻成了災難。

英國王室官方網站將哈羅德二世稱為「一名出色的指揮官」，他無疑也是如此。但維京人和諾曼人反覆進攻他的王國，終於超出他的能力範圍。

到了這一年的十月中他就喪生了（眼睛中箭，或者沒有，不得而知），不列顛被另一次征服震撼，王座落入一名外來軍閥之手——諾曼第的「雜種」威廉。（他對自己身為非婚生子這點非常敏感，因此中世紀非諾曼人的編年史家頻頻提及這點。）

但威廉和他的貴族們並不認為自己是征服者。他們主張懺悔者聖愛德華（St. Edward the Confessor）和哈羅德二世都曾承諾讓威廉繼位。不論事實為何，威廉帶來的貴族們完全不打算與既有的人民或社會結構合作。他們把社會結構連根拔起，幾乎沒收所有土地，強行施加新的一套軍事統治、文化和法律體系。

出於興趣，既然英格蘭人民是出了名的缺乏語言技能：英格蘭在一〇六六年成了三語國家。統治者以諾曼法語（最後成了盎格魯諾曼語）和拉丁文對話。英格蘭人繼續讀寫盎格魯撒克遜語，它逐漸變形為威克里夫（John Wycliffe）、朗蘭（William Langland）和喬叟（Geoffrey Chaucer）使用的中世紀英文。大量的法文字彙跨越語言分界，嵌入英文之中。但即使到了今天，還是有些盎格魯撒克遜語突出地留存下來，最著名的是一星期的日子。歷經這麼多個世紀，仍然令人聯想到早期日耳曼人的異教信仰：提烏（Tiw，戰爭和天空之神）之日、渥丁（Woden，最高神明，勝利之神與死神）之日、圖諾（Thunor，雷神）之日，以及弗麗嘉（Frigga，渥丁之妻，愛神與灶神）之日。

因此，當我們思考自身在二十一世紀相對於現代歐洲的位置，有件事值得我們記住：縫進現代英國的質地之中、深入人們認可的英國特質核心的，是定居於如今稱為義大利、德國、斯堪地那維亞和法國的土地上，這些歷史民族所留下的遺產；他們每一個民族，都為不列顛諸島的獨特文化認同做出切實的貢獻。

英國參與歐洲聯盟的經濟和社會理由是關乎未來，而非過去，必須以現代意義衡量。但任何基於英國或其住民在某種意義上獨具一格、不同於歐洲大陸民族，而反對英國參與歐盟的論點，都是完全錯誤。

兩千年來的歐洲入侵，已經讓英國在基因、文化和語言，都成了世上最具歐洲性格的國家。

第七題

一〇六六年的哈斯汀戰役沒有這麼大不了

哈斯汀戰役通常被浪漫地描繪成古英格蘭的末日。本文刊載於哈斯汀戰役紀念日，說明戰事的各個階段，而後將它放進同一時期更大規模的北方戰爭脈絡中，呈現出諾曼人並非完全異質於盎格魯撒克遜文化。

當我們等待《權力遊戲》的下一季，我忍不住想，這一切我以前都看過了。王朝家族間通婚過於密切，家族成員變得只忠於自己；野心互不妥協，戰爭成為必然結果；屠殺如此全面，戰敗的威脅攸關生死存亡。可是每次故事情節把我帶到君臨城（King's Landling）紅堡（Red Keep）的王座廳，我所看見的只有西敏寺。因為這是一個古老悠久的故事。

我們傾向於認為，盎格魯撒克遜人的英格蘭在一〇六六年（意外地）一場只持續一天的戰役中被野蠻斬斷。為了強化假定，我們仍著迷於維多利亞時代或好萊塢，那種邪惡諾曼人處決淡黃頭髮撒克遜人的情節劇刻板印象，它們出現在《劫後英雄傳》（*Ivanhoe*）的套書，或是托爾金（J. R. R. Tolkien）略加掩飾的中土世界故事裡。

但實情當然複雜得多。

首先，一〇六六年的英格蘭並不是只由盎格魯撒克遜人統治，諾曼人也並非異族。盎格魯撒克遜人和諾曼人的領袖家族早已密切通婚，比方說，十一世紀那位著名的盎格魯撒克遜國王懺悔者聖愛德華就是混血兒。他的父親「決策無方者」埃塞爾雷德二世（Æthelred II unraed，不聽諫言或不智之意）是道地的盎格魯撒克遜人。但他的母親艾瑪是權勢強大的諾曼人貴族女性——她是諾曼第公爵（ducs de Normandie）理查二世的女兒。

愛德華一生和諾曼第的淵源深厚。他雖然出身牛津郡的艾斯利普（Islip, Oxfordshire），維京人毫不放鬆的威脅卻讓他不得不在一〇一三年前往諾曼第避難，隨後從一〇一六到一〇四一年再次到諾曼第尋求庇護。因此，當他在三十七歲（一說四十歲）繼位英格蘭王，他已經在諾曼第度過二十五年。可以理解的是，他一有機會就在英格蘭政府和教會的許多重要職位上任命諾曼人。因此，在哈斯汀戰役前數十年，已經有許多諾曼人來到。

這個時代的國王和公爵首先就是軍閥，他們的價值是以擁有的土地和手中沾染的人血衡量。因此，隨著盎格魯撒克遜人和諾曼人的政府與貴族家庭愈發密不可分，諾曼人遲早要來索取英格蘭王位。

通往哈斯汀之戰的道路起點，再平凡無奇不過了。有個男人重病垂死。這人正巧就是懺悔者愛德華。讓這個事情如此引人注目的原因在於，他無法履行身為國王的一項重要責任：

他去世時沒有子嗣。因此毫不意外，他在死期臨近時指定四十六歲的連襟：威塞克斯伯爵哈羅德．戈德溫森為繼承人。

哈羅德是王國之中最富有的貴族，也是一名優秀的軍事指揮官，他在一〇六三年征服威爾斯。賢人會議（Witenagemot）立即任命他為國王，坎特伯雷大主教斯蒂根德（Stigand）隔天則在愛德華新建的閃亮西敏寺為他加冕，那天是一〇六六年一月六日，愛德華也在這一天葬於西敏寺。

但先王的無能領導為哈羅德帶來一大麻煩，因為愛德華慣用的一種政治策略，是向各色人等承諾他會指定對方為繼承人。既然他和諾曼第的關係如此密切，很有可能在一〇五一年承諾由他的遠房表兄弟之一——諾曼第公爵威廉繼承王位，也就不令人意外。實際上，諾曼人的史料進一步提到，愛德華甚至在一〇六四年派遣哈羅德到諾曼第確認這項安排。同時，就在威廉和一口聖物箱面前，哈羅德顯然向天主起誓，維護威廉繼承英格蘭王位的權利。

麻煩還不止於威廉，還有其他人也在索取英格蘭王位。挪威國王「無情者」哈拉爾三世（Harald III ‘Hardraada’）也經由哈德克努特（英格蘭及丹麥國王）與馬格努斯一世（Magnus I，挪威及丹麥國王）早先的協議而要求繼承王位。在匈牙利，顯貴者埃德加（Edgar the Ætherling）也以「鐵漢」艾德蒙二世（Edmund II ‘Ironside’）的孫兒身分要求繼位。哈羅德心懷叛意的弟弟，流亡在法蘭德斯和諾曼第的戈德溫森（Tostig Godwinson），也對盎格魯撒克遜政權心懷惡意，蓄勢復仇。

因此，加冕時敷在哈羅德頭上的聖油還沒乾，海峽彼岸從諾曼第到挪威，到處都有人磨刀霍霍指向他。

哈羅德確認諾曼第公爵威廉是最迫切的威脅。

威廉和他的先輩一樣都有維京血統，他的直系男性血統可以追溯到維京人羅洛，後者在西元九〇〇年左右從斯堪地那維亞南遷到法蘭西，當時他和族人被稱為北方人（Nortmanni），諾曼人的名稱由此而產生。他們改宗基督教，開始學說法語，放棄駕船航海，學習法蘭克人的騎兵戰法，但骨子裡仍受傳統的戰爭和劫掠生活所驅動。

威廉的童年過得很辛苦。他的父親是貨真價實的諾曼貴族，諾曼第公爵「惡魔」羅伯一世（Robert I 'the Devil'）。但他的母親埃爾蕾瓦（Herleva）卻是情婦，而且是皮革匠的女兒。因此威廉終其一生都被取笑成私生子，他對這件事極度敏感。比方說，阿朗松（Alençon）一座城堡的守軍在城牆上懸掛獸皮嘲笑他，他則攻下這座要塞，並砍斷全體守軍的手腳。

當他在七歲那年意外繼位為公爵，諾曼第立即陷入無序及戰亂，因為大小貴族（包括他的家人）都企圖利用他的年幼。他的三名監護人遭到殺害，甚至連他的師傅也無法倖免。但他設法在這場大亂鬥中存活下來，經驗也讓他剛硬起來，成了一位生存者。十五歲那年受封為騎士之後，他立刻著手進行綏靖，恢復公國的秩序，奪回自己失去的產業，並將擾亂他世襲領地的無法無天投機分子，逐一繩之以法。

這段冷酷無情的鮮血與權力見習經驗，將他造就為那個時代最成功的戰士和統治者之一。他以刀劍贏得權威，這些早年的經驗也深深地形塑他的人格。他總是大方接納發明創造，戰爭和統治策略則始終務實——無情地利用對手的弱點，局勢不利則知難而退。離開戰場之後，他則改革領地上的教會，以符合身分地位的虔誠給予支持，並任命同母異父的兄弟厄德（Odo）為貝葉（Bayeux）主教。

到了一〇六六年哈羅德在西敏寺獲得加冕之時，三十八歲的威廉已經戎馬一生，對於取回自認應得的事物，累積了極其豐富的經驗。

威廉在哈斯汀戰役之前做足萬全準備，甚至不惜爭取教宗允許，教宗則祝聖戰旗賜予威廉，這表現出教廷對於哈羅德涉嫌發假誓的不滿，以及整體來說，對於遭受破門律絕罰（excommunication）的斯蒂根德大主教，領導下的英國教會現狀的不滿；斯蒂根德同時自命為溫徹斯特主教和坎特伯雷大主教。

歷史由勝利者書寫，哈斯汀戰役〔更精確地說，是森拉克戰役（Battle of Senlac）〕自然也不例外。我們所能讀到的主要記述，是《哈斯汀戰役之歌》（*Song of the Battle of Hastings*，一〇六六年）、諾曼人教士瑞米耶日的威廉（William of Jumièges）撰寫的編年史（一〇七〇年），以及軍人出身，曾任征服者威廉隨軍神父的普瓦捷的威廉（William of Poitiers）編年史（一〇七一年）。而後，在一〇七〇或一〇八〇年代的某個時候，非凡獨特的貝葉掛毯（Bayeux Tapestry）問世，可能是由威廉的弟弟貝葉主教厄德（當時是英格蘭攝政、肯特伯爵）委託，奉其命令在英格蘭織成的。還有一些次要記述，包括幾部盎格魯撒克遜記載，其中最著名的是《盎格魯─撒克遜編年史》的不同版本。但這些紀錄全都有其偏見，也沒有一部含有逐分逐秒重建事件全貌所需的細節。因此，關於一〇六六年仍有大量令人爭議和不得而知之處。

九月二十七日，在因天候惡劣被迫延遲八週之後，威廉率領可能為數七千的步兵和騎兵，乘坐約六百艘運輸船渡過海峽。他在海面上或登陸佩文西（Pevensey）時都沒有遭遇抵抗，東進哈斯汀也沒有受到抵抗。

哈羅德正在別處忙碌。這個夏天很漫長，他的王位遭受四面八方的威脅。五月，托斯蒂格（Tostig Godwinson，哈羅德國王流亡在外的兄弟）侵襲東海岸，但被麥西亞伯爵艾德溫（Duke Edwin of Mercia）擊退。哈羅德坐鎮南方海岸，防範預期中的威廉來犯，但在夏末糧草用盡，不得不讓民兵回家收穫農作。隨後在九月中，挪威國王「無情者」哈拉爾率軍在約克附近登陸，很快就得到戈德溫森率隊增援。九月二十日，他們在富爾福德戰役（Battle of Fulford）聯手大破北方諸伯爵的聯軍。

為了抵禦這次極其迫切的威脅，哈羅德再次召集兵馬，迅速趕往約克東部，在九月二十五日斯坦福橋戰役（Battle of Stamford Bridge）殲滅「無情者」和戈德溫森的聯軍，兩名入侵軍的統帥都戰死沙場。

但哈斯汀與約克郡之間的距離，使得哈羅德直到十月二日才聽說威廉登陸的消息。他和疲憊的部隊最不想要的就是在南方海岸再打一仗，但他還是南下了。經過十一天——途中在倫敦停留招募民兵，獲得一些欠缺經驗的生力軍——他在十月十三日逼近哈斯汀，大約七千名部隊在哈斯汀西北方十英里開外，威爾登森林（Wealden Forest）南方的森拉克山脊上紮營。

舞臺布置就緒。

十月十四日日出時分，威廉出兵迎戰哈羅德。他以弓兵為前鋒，步兵跟進，三個分隊的騎兵殿後。這是由諾曼人、布列塔尼人（Breton）、法蘭德斯人（Flemish）和法蘭西人組成的混合軍，含有為數眾多的傭兵和冒險家。

哈羅德的軍隊就單純一些，只有盎格魯撒克遜式的步兵，他們騎馬前往戰場，但下馬步戰。大多數人來自地方招募的民兵，但位居中央的則是國王的職業親兵侍衛軍，這是當時全歐洲最強悍的步兵。

有些中世紀史料記載，一位諾曼吟遊詩人泰勒菲（Taillefer）率先出陣，一面拋接佩劍，一面熱情朗誦《羅蘭之歌》（*Chanson de Roland*）激勵同袍。他斬殺一個前來將他消音的盎格魯撒克遜人，而後遭遇大隊敵軍慘遭殺害。

威廉從南面發動攻擊，弓兵首先從山頂上殺傷盎格魯撒克遜人，但許多弓箭手也喪生於標槍和彈弓之下。他隨即派出騎兵衝上山坡，但他們被盎格魯撒克遜人雙手揮動戰斧痛擊，又受到威廉戰死的傳言驚嚇而四散奔逃。

威廉脫下頭盔，向全軍證明自己仍然健在，他將騎兵重新整隊，設定節奏，交替運用弓箭齊射和騎兵衝鋒。盎格魯撒克遜人的盾牆在山頂上堅守不退，但威廉兩度詐退，引誘盎格魯撒克遜人整隊下山追擊，再將他們包圍屠殺。

近身戰鬥的消耗和血腥持續一整天。威廉先後損失三匹坐騎，但他持續進攻，直到盎格魯撒克遜人在騎兵衝擊下終於開始疲於防守。隨著日影漸長，哈羅德的兩個兄弟先後倒下，到了傍晚，哈羅德也陣亡。他的兵馬堅持奮戰了一會，但在黃昏時分終於潰散。戰鬥結束了。施洛普郡（Shropshire）的教士維塔利斯（Orderic Vitalis）記載：

> 曾是英格蘭貴族和青年之花的這些血肉模糊的屍體，覆蓋了視線所及之地。〔《教會史》（*The Ecclesiastical History*）〕

威廉毫不浪費時間。他揮軍指向西北方的倫敦，殘存的盎格魯撒克遜領袖在伯克翰斯德（Berkhamstead）向他投降。一〇六六年耶誕節，他在西敏寺被加冕為英格蘭王。就像預示即將發生的分歧似的，當教堂內的群眾以英語和法語向他歡呼，教堂外的衛兵卻被外語的叫囂聲驚擾，以為發生叛亂而縱火焚燒四周房屋。加冕儀式淪為一團混亂，人群衝出教堂大肆劫掠，威廉則和主教、教士和修士們將儀式完成。

為了鎮壓接踵而至的反叛，威廉迅速在全國各地興建城堡（最有名的就是倫敦塔），作為鎮壓反抗的基地。最危險的一次反叛發生在一〇六九到一〇七〇年的諾森布里亞，但被威廉的軍隊撲滅，而後在近乎種族滅絕的「犁平北方」（Harrowing of the North）行動中，毀壞英格蘭北部大片土地，其主旨在於以荒廢土地防止後續的維京人入侵〔如同早年的丹麥律法實行區（Danelaw）〕，不讓他們得到接濟：

> 國王不顧一切地獵捕他的敵人。他斬殺許多人，毀壞家園和田地。他從未表現過如此殘暴，這真是一大轉變。讓人以他為恥的是，威廉不曾試圖克制怒火，玉石不分，一律懲罰。他下令將作物、牲口、工具和糧食全部付之一炬。超過十萬人死於饑荒。我在本書中一再讚頌威廉，但對這場殘酷的屠殺無言以對。天主會懲罰他。（《教會史》）

小規模的抵抗在孤立陣地中仍然持續，最有名的是守護者赫里沃德（Hereward the Wake）以沼澤地區的伊利島（Isle of Ely）為基地發動的反抗，但反抗沒多久就沉寂下來。關於哈斯汀戰役的一個不解之謎，是哈羅德的最終下場。貝葉掛毯上的著名圖像描繪他眼睛中箭落馬，但六部概略的同時代編年史沒有一部提及此事，而掛毯可能是在十幾二十年後製作的。最大的可能是，掛毯織工以這個圖像表示象徵性的死亡。這個視覺符碼指出哈羅德的發假誓，一如《聖經》中的西底家王（Zedekiah），失明是對發假誓常見的懲罰。傳說中，哈羅德安葬在博斯漢姆（Bosham）教堂或沃爾瑟姆修院（Waltham Abbey），而在理查三世的遺體發現之後，目前也有一組電影製作團隊紀錄在沃爾瑟姆修院尋找哈羅德的考古發掘。

勝利之後，教宗亞歷山大二世（Alexander II）向威廉和諾曼軍科以重補贖（heavy penances），這完全是因為他們在哈斯汀殺死的人數。因此威廉下令興建一座修院，讓修士能在其中為死者靈魂祈禱。這是諾曼人在英格蘭興建的第一座宗教基礎設施，既是諾曼人力量的象徵，也是為殺戮做出的補贖。儘管在遠離水源的山丘上興建修院面臨重重困難，威廉仍堅持在戰場上興建這座修院，主祭臺就建在哈羅德倒下之處。這座修院蓬勃發展，為附近的巴特爾鎮（Battle）帶來繁榮，在英法百年戰爭期間組織地方防務、供應流亡者衣食的作用尤其重要。哈莫院長（Abbot Hamo）可說是修院最著名的院長，他以一三三七年在溫切爾西戰役（Winchelsea）率領地方部隊戰勝法國人而名留青史。巴特爾修院一直是英格蘭最著名的修院之一，直到一五三八年克倫威爾將它解散，收藏在修院中的征服者威廉斗篷，也在此時從歷史上消失。

那麼，哈斯汀戰役是英格蘭歷史的重要轉捩點之一嗎？威廉的投機和幸運永久改變了英格蘭的命運嗎？小學生的基本英國歷史指南當然是這樣認為：

> 征服者威廉登陸的時候，他躺在沙灘上，吞了兩口沙。這是他的第一項征服行動，發生在南方；後來他也摧毀北方。諾曼人征服是好事，因為從這時開始，英格蘭

再也不曾被人征服，得以成為世界一流國家。〔塞勒（W. C. Sellar）和葉特曼（R. J. Yeatman），《一〇六六年及相關的一切》，一九三〇年〕

一代代歷史學家都指出，征服過後英格蘭人民生活的產生巨大斷裂。盎格魯撒克遜貴族被全面替換，諾曼貴族完全掌控國家的權力槓桿：王位、政府和法律。所有土地都被王室占有，再分配為大約一百八十位諾曼貴族的領地，他們擁有土地的交換條件是服騎士役，由此革新土地持有和軍力基礎的結構。教會也在盎格魯撒克遜主教和修院院長去職，轉而安插諾曼人選之後受到變革。數百年來與斯堪地那維亞各國王室的關係也斷絕了，和法國的關係變得更密切。權力語言也改變了，書面英文多半不復存在，諾曼法語（後來的盎格魯諾曼語）和拉丁文幾乎完全取代它的用途。

另一方面，對於絕大多數平民而言，許多事物其實並未真正改變。他們繼續說盎格魯撒克遜語，這種語言直接演變成我們今天使用的現代英語。它在征服之後吸收許多諾曼法語字彙，但語言的基本運作方式並未受到結構性衝擊，仍堅定保持日耳曼特性。即使吸納法文字彙，新字通常也是增補而非取代。因此我們今天有豬／豬玀（pig/swine）和豬肉（pork）、牛（cow）和牛肉（beef）、羊（sheep）和羊肉（mutton）、謀殺（murder）和殺人（homicide）、鬼（ghost）和幽靈（phantom）、海港（harbour）和港口（port），諸如此類。這是語言充實而非毀滅的過程。

要是你想知道哈羅德和他的部下，在森拉克山頂上彼此叫喊的古英語聽來怎樣，《貝奧武夫》開頭的這幾句可以讓你有些概念：

> 如此這般。昔日善戰的丹麥人和他們的國王勇敢且偉大。這些君王英勇戰績如雷貫耳。〔奚尼（Seamus Heaney）[7]英譯〕

其他許多重要的盎格魯撒克遜發明也獲得保留。中央和地方政府的結構多半不受影響，盎格魯撒克遜法律體系的機制也獲得保留，包括其瑰寶：陪審團審判，這個國家的古老法律遺產得以保存，使它不同於歐洲大陸的羅馬化程序。

事實上，就外力入侵而言，這個國家有過更壞的遭遇。原居的不列顛人六百年前的流離更為悲慘，那時正是盎格魯撒克遜人（準確地說，是盎格魯人、撒克遜人、朱特人和弗里斯蘭人）入侵，將他們外來的斯堪地那維亞—日耳曼方式強加於不列顛諸島的凱爾特人，並把後者從中央驅逐到威爾斯邊區、德文和康瓦爾。盎格魯撒克遜人在那次入侵之中大量前來定居，但諾曼人從未如此。

7 譯注：奚尼，一九三九—二〇一三年，愛爾蘭作家、詩人，曾任哈佛大學、牛津大學教授，一九九五年諾貝爾文學獎得主。

歸根結柢，不管盎格魯撒克遜人還是諾曼人，這些民族全都是北歐／維京式的戰鬥民族，他們無止盡的爭戰在中世紀早期蹂躪了北歐各地。為此後每一個世紀的爭戰埋下禍根，直到一九四五年為止。

在這些爭奪土地和財富的無盡爭戰大局中，哈斯汀戰役更像是地方「紛爭」，而非劃時代的重大事件。儘管如此，對不列顛諸島帶來的結果，仍形塑英格蘭此後的歷史，將人們束縛在英格蘭各王朝對法國的領有之中，直到一五五八年加萊（Calais）失陷，懺悔者愛德華在五百年前開啟的事端，才終於畫下句點。

第八題
對《大憲章》的信仰在歷史上純屬一派胡言：克倫威爾稱之為「大響屁」

《大憲章》在世界上具有獨一無二的經典地位，被廣泛地視作奠定民主政體的憲章。本文撰寫於《大憲章》在蘭尼米德（Runnymead）誕生的紀念日，以說明這是一部被誤解的文本，在神乎其神的描繪中面目全非。

《大憲章》具有一種偶像般的地位。在許多人看來，它是英國自由權利的基石：保障我們所珍視的自由權，為我們千百年來的生活方式奠定嚴肅的法律基礎。

它在許多方面都是獨特的，也被廣大世人如此認知。二〇〇七年，一份一二九七年大憲章的「原件」在紐約蘇富比拍賣會上出售，最後以兩千一百三十萬美元成交，創下單張羊皮紙的天價紀錄。

對《大憲章》的重視也擴及英倫諸島之外。《大憲章》空泛的措辭，在美國被珍視為繼承英格蘭的政治遺產，成了《美國憲法》，以及麻薩諸塞、馬里蘭、康乃狄克、羅德島、卡羅萊納、喬治亞等州憲章（它們都在一六二九到一七三二年間頒布）的根基。小羅斯福總統（Franklin D. Roosevelt）在一九四一年的就職演說中，總結這個被廣泛接受的美國觀點：「對民主的想望絕非晚近歷史的最近階段才出現……它已明載於《大憲章》中。」

儘管英格蘭並沒有成文憲法，大多數人仍認為若有成文憲法的話，非《大憲章》莫屬。它的地位不可非議，就連上世紀以見解獨到而廣受愛戴的法官丹寧勛爵〔Lord Denning，一九六二到一九八二年間曾任卷宗主事官（Master of the Rolls）〕，也讚頌它是「個人自由權利不受獨夫專斷權威侵害的基礎」。不久前，卡麥隆首相（David Cameron）才提到，在《大憲章》中「約翰王不得不接受自己的臣民是公民——第一次賦予他們權利、保障及安全」。他繼而鼓勵所有學校在教導英國價值（原文如此）時講授《大憲章》，並敦促全國各城鎮紀念《大憲章》，舉辦慶祝活動。

只是很悲哀，將《大憲章》奉為英格蘭人民權利綱領之一這種普遍通行的崇拜，其實在法律和歷史上都沒有根據。實際上，人們通常歸屬於《大憲章》的每一件事幾乎都是錯的。

首先，一二一五年六月十五日在蘭尼米德高舉示眾的那份文件不叫做《大憲章》，約翰王也沒有簽署。

儘管對這份憲章的內容有許多廣泛流傳的信念，它的內容其實無關緊要。《男爵法案》

（*Articles of the Barons*，當時為人所知的名稱）並未保障每一位英格蘭人民的自由權，並未將國王約束於議會之下，並未莊嚴記載陪審團審判的觀念，並未保障言論自由，並未嵌入「沒有代表權就不納稅」的概念，也沒有從這些原則衍生的任何內容。它多半是一份枯燥的文件，處理的是數十件行政事務（繼承法、封建義務、教會、土地與林地權利、漁堰、囚犯等等）。它也包含一些我們如今無意強調的條款，例如「不得因女人提告殺人而將某人逮捕或監禁，除非死者是她的丈夫」，以及針對猶太銀行家的懲罰條款。

另一個未能得到廣泛認知的事實是，對《男爵法案》中賦予的權利心存感激的受益者，並非長年受苦的英格蘭人民，而是貴族：約翰王的盎格魯—諾曼（法國人，但居住在英國）男爵，他們要為國內持續發生的壓迫負起大半責任。基本上，《男爵法案》是約翰王和他傲慢的貴族軍人黨羽訂立的協議。比方說，其中一位男爵不是別人，正是我們的好朋友約翰王的諾丁罕郡長（Sheriff of Nottingham），英格蘭民間故事中最大的壞蛋之一。

因此，在蘭尼米德集會的並不是心存感激的英格蘭農奴。《男爵法案》對他們隻字未提，他們仍是受欺壓的大眾。

如果這從《大憲章》的神話地位看來還不夠驚人，那麼以下這件事或許更奇怪：事態發展證明，蘭尼米德協議只被男爵這方遵守，約翰王只遵守九週就將它忽視，扔進廢紙堆。

那麼，為何整個英語世界的哲學家、政治學家、法官和訴訟當事人，都將《大憲章》尊奉為自由權利的源頭？

一如往常，這決定於對事實並無透徹了解的人們。要不是十七世紀的議會黨人（parliamentarians）奮力尋求應對斯圖亞特王朝專制王權之道，《大憲章》很有可能湮沒無聞，只有想要知道的人才會知道。他們最後將目標鎖定在《大憲章》，從積滿灰塵的法律文摘中將它發掘出來，並標舉為英國憲法歷久彌新的根基。

唯一的問題是，他們完全無視對他們的說法構成妨礙的所有細節，自行將它簡化成符合需求的事物。比方說，他們將四個完全不同版本的《大憲章》，壓縮成他們自己那份具有歷史意義的《大憲章》。

毫無意外，這份文獻的真實歷史遠遠更為複雜，也更有趣。

規定國王良善行為的王室憲章，在此之前一百多年就已經有了。這個習俗是從征服者威廉的四子，諾曼人國王亨利一世（一一〇〇到一一三五年在位）開始的。亨利登位後頒布「加冕憲章」，向所有人保證他會遵守懺悔者愛德華國王的良好法律和習俗。當然，他後來無法履行這點。

亨利頒布這份憲章，是因為國家當時仍處於將盎格魯撒克遜和諾曼法律兩相結合的陣痛期，所以這份宣言是為了向臣民確保他會循規蹈矩。但這種想法不是他發明的。在他之前半個多世紀，懺悔者愛德華自己就曾在登基加冕時宣誓維護克努特王的法律。

當亨利一世在一一三五年去世，布盧瓦（巴黎南方的一座城市）的史蒂芬（Stephen of Blois）篡奪王位，他也遵照傳統，頒布加冕憲章。可想而知，他的目的是要向新臣民確保，即使對英格蘭一無所知，他仍會正當且負責地統治。當然，墨跡一乾，內戰和混亂即已侵襲而來，英格蘭在他統治下焚燒了二十年。

等到一一五四年史蒂芬去世，王位傳給亨利二世，英格蘭的局勢變得更緊張。亨利二世出身鄰近諾曼第，並與諾曼第激烈衝突的安茹（Anjou），因此在亨利即位時，英格蘭的盎格魯—諾曼男爵們忽然發現自己必須臣服於宿敵的統治。亨利二世也遵照傳統，適時頒布加冕憲章。

可以預見（這時是十二世紀），亨利二世和他的兩個兒子：理查一世和約翰，都證明自己的殘酷和貪腐。他們所屬的金雀花家族成了謀殺和褻瀆神明的同義詞。想想亨利殺害貝克特（Thomas Becket），或是約翰涉嫌殺害他的十二歲侄兒亞瑟（他的王位競爭對手，也是他理當照顧的對象）。亨利二世當然不是天使，但約翰在殘暴和性侵貴族妻女兩方面更勝一籌。他的廷臣恨他入骨，幾乎不是祕密。

在此同時，金雀花王室又盡其所能向英格蘭課稅。他們侵吞金錢的程度前所未見，即使亨利二世的法律改革為我們的現代司法體系奠定基礎，他改革的目的卻是要將罰款的徵收專業化，而罰款的金額愈來愈趨近使人傾家蕩產的程度。

儘管亨利很壞，但約翰更加惡劣。他喪失英國在法國的多數領地，而且在兄長理查為了參加十字軍出鋒頭而把教會和男爵榨乾之後，他又把他們辛苦積攢的金錢榨得涓滴不剩。因此約翰受到所有人咒罵。修士派瑞斯（Matthew Paris）在聖奧爾本斯修院（St. Albans Abbey）

寫下的這段話，總結多數人的感受：「地獄黑暗，約翰的存在卻令它更加黑暗。」

到了一二一五年初，約翰的男爵們已經對他發動全面叛變。最後一擊在五月十七日落下，他們攻占倫敦。約翰面臨首都和金銀財寶的喪失，不得不屈服，同意在溫莎會見教士和男爵的首領，以避免全面內戰爆發。

數輪匆促的談判展開，坎特伯雷大主教朗頓（Stephen Langton）則在兩陣營之間往返協調，由此促成六月十五日在蘭尼米德的最終會議。約翰在當天蓋上御璽的那份文件已經佚失了，但在往後幾個月內，他的王室祕書官抄送將近四十份憲章副本到各郡，在郡法院裡公開宣讀。但這份文獻還不是《大憲章》，它只被稱作《自由憲章》（*Charter of Liberties*）。這些一二一五年憲章的副本現存四份：分別保存於索爾茲伯里大教堂（Salisbury Cathedral）、林肯大教堂（Lincoln Cathedral），另兩份保存在大英圖書館。

當然，約翰在一二一五年發送的四十份文件，並沒有哪一份是供其他文件「抄錄」的「原件」。每一份都是完全相同的原件（稱為謄本），由約翰蓋上國璽。

《自由憲章》的形式詳細參照亨利一世的加冕憲章，但約翰的這份文件用意完全不同。英格蘭當時正在全面反叛的邊緣。促成蘭尼米德會議的一連串談判，其實是阻止內戰全面爆發的孤注一擲。這將是一百年內第二場內戰。約翰蓋上御璽的這份文件，並非展現國王恩典和慷慨的姿態，它是一份鋌而走險的和平條約。

結果，蘭尼米德憲章在它所宣示的目標上完全失敗。其中許多莊嚴的承諾（撤換被點名的王室顧問、特定人質的命運、外籍戰士的遣返，諸如此類）都未能履行。這份憲章在一二一五年九月即已完全失效，距離國王初次用印還不到三個月。雙方都明確拒絕這份憲章。男爵們隨即撤回對約翰的效忠誓言，宣告對他全面開戰。同時，教宗英諾森三世（Innocent III）也解除約翰履行憲章的義務，因為這些義務是被武力強加的，是可恥、有辱人格、不具法律效力。不僅如此，教宗還把反叛的貴族逐出教會。

隨著國家再次陷入內戰，法國人占領倫敦，蘭尼米德憲章也被遺忘了——它是一份失敗的協議，尋求妥協的拙劣嘗試。蘭尼米德憲章成了昨日黃花。

然而一次意外的事態演變，卻在不久之後離奇地使它重生。隔年十月，約翰駕崩，他的九歲兒子亨利三世繼位。為了證明他勝任大位，一二一六年，他的攝政們讓他在布里斯托（Bristol）頒布加冕憲章。亨利無法引用亨利一世、史蒂芬和亨利二世等先王不甚充分的加冕憲章為先例，因此他以約翰的蘭尼米德憲章為藍本。不過相較於約翰在戰爭的痛苦之下被迫讓步，亨利三世的憲章則重新成為王室恩典及善意的高貴行為。

在亨利三世漫長的統治期間（一二一六到一二七二年），他的憲章曾多次重新頒布或重新確認，特別是在一二一六、一二一七、一二二五、一二三七、一二四六、一二六五等年度。一二一七年的版本很重要，它刪去關於英格蘭森林的內容，另行頒布《森林憲章》（*Charters of the Forests*）。為了將剩下的內容定名，它大約從一二一八年開始被稱作《大憲章》（拉丁文Magna Carta，「大」指的是長度而非內容）。

《大憲章》最後兩次頒布是在愛德華一世時期，分別是一二九七和一三〇〇年。一二二五年之後的多次重新頒布，原因並非當下的政治緊張或強有力的民主制度興起，倒不如說是為了確認全國每一個郡都有一份。一三〇〇年之後不再頒布的理由，是國王從一三〇一年起不再經由郡法院傳達訊息，轉而在國會中宣讀憲章。

因此，《大憲章》並非備受尊崇的單一文件，它實際上分別由三位國王在不同時候頒布，如今為我們留下十七份實體版本。

一如人們所料，《大憲章》在多次重新頒布的過程中受到更新和增補，產生至少四個明顯不同的版本。最大的轉變發生在一二一六年亨利三世第一次頒布時，他刪除了對王權行使妨礙最甚的條款。例如，約翰接受的其中一條最可恥的條款，是由二十五位男爵組成委員會審查國王的決策。要是他們不同意國王的行動，他們擁有對國王宣戰的最終權利。無需意外，一旦內戰的威脅消退，亨利三世就不再需要讓自己的權力遭受如此制約，因此他逕自取消這個條款，並拋棄協議中他看不順眼的部分。這不只是小規模刪改；到了一二二五年，蘭尼米德會議僅僅十年之後，《大憲章》原文已被刪去三分之一，最強而有力的條款全數刪去。

這部憲章不只是在十三世紀遭到屠宰，一八二八年之後，剩餘的部分也被全面拆解，只剩三項原有條文至今仍列入法律之內。它被廢棄到只剩幾個句子，也讓我們明白君王和國會對於《大憲章》令人不適的真正想法。

今天仍收錄於法令全書的《大憲章》條文全都言語含混、缺乏定義，因此在法律上多半稍微派上用場。

毫無意義，或許不令人意外；唯有在非同尋常的情境下，它們才可能在任何現代司法訴訟中

僅存的三個條文（出自一二九七年《大憲章》）實在慘不忍睹：

一、英格蘭教會應不受王室干預；
二、倫敦市及其他市鎮、鄉鎮和港埠的習俗與自由應受尊重；
三、自由人未經審判不應被貴族拘禁，法官職務不得買賣。

作為英國憲法的保障，這三條簡直聊勝於無。

教會自由顯然是時空錯置。貝克特等神職人員奮力將教會從王室干預中解放的時代早已過去。實際上，這個條文在宗教改革後的世界裡毫無意義，因為君王成了英國國教會的領袖；除非我們為這一條勉強賦予新義，否則這個條文便已完全過時，一如城市習俗和自由的條文那樣。

唯一一條有點重要的條文，是禁止貴族不經司法裁判即行拘禁。這是我們每個人都會贊許的，但就連這條都與我們的認知有所出入。它並非前所未見，而且只適用於自由人（因此不適用於受主人保護的廣大農奴）。它還精心說明了不適用本條，轉而適用空泛地無可救藥的「國家法令」之可能性——巧妙地為老一套的國家直接干預大開方便之門。無論如何，這

個條文顯然不曾被遵守：無論是在《大憲章》之前、同時或之後。要是這個條文在今天有任何意義，也就不會有這麼多人羈押獄中苦等審判長達數月，審判一到又有許多人被判無罪，九一一事件後由國家採用的特殊權力也是違憲。

所以《大憲章》究竟有什麼地位？

寫下某件事或將它訂為法律，並不表示會被遵守。恰好相反。在獨夫和暴君統治下，法律經常成為對外宣傳的防護罩，它們被頒布實施，隨即被忽略。比方說，史達林政權一九三六年頒布的蘇聯憲法，以具體而詳盡的條文保障諸多人權。當然，《大憲章》頒布後數百年間的英國君王歷史裡，也不乏一時興起將犯人就地正法的紀錄：亨利八世、瑪麗．都鐸（Mary Tudor）和伊莉莎白一世在此與亨利諸王、約翰王或愛德華如出一轍。其他不屬於王室的英格蘭統治強人，也樂意加以輕蔑。它在克倫威爾（Oliver Cromwell）面前出示時，被克倫威爾蔑稱為「大響屁」（Magna Farta）。歷史告訴我們，對英格蘭的大多數專制君王而言，《大憲章》就像國會一樣，是有用的門面擺飾，但幾乎不會被他們認真看待。

圍繞著我們對《大憲章》戀物情結的真正問題在於：要是它真的如此神聖不可侵犯，我們為何將它刪改到只剩無意義的三個條文？倘若它真是「英國一切法律和自由的基礎」（卡麥隆首相引述《島國故事》（*Our Island Story*）[8]），我們又為何將它拋棄大半？

事實是，《大憲章》的用處從來不是作為重要的憲法文獻，它擺明就是個和平條約，在國家被捲入內戰之時拼湊而成。不多也不少。但如同阿佛烈王、亞瑟王、羅賓漢、戈黛娃夫人（Lady Godiva），以及英格蘭眾多的中古歷史，也受到後人運用，在神乎其神的描繪中面目全非。

8 譯注：作家馬歇爾（Henrietta E. Marshall）創作的兒童英國史讀物，一九〇五年發行，從羅馬占領不列顛一直寫到維多利亞女王駕崩。二〇一〇年，卡麥隆首相宣稱《島國故事》是他最喜愛的兒童歷史讀物。

第九題

催生《大憲章》的男爵犯下叛國罪

本文為配合一場在西敏宮（Palace of Westminster）富有中世紀情調的大廳中舉行的模擬審判而撰寫，由演員出庭面對真正的法官。被告是逼迫約翰王批准《大憲章》的男爵，主要問題在於他們是否觸犯叛國罪。本文探討支持男爵的一方往往加以掩飾的某些更重大問題，例如男爵將英格蘭王位奉送給法國國王。

在國會歷史悠久的西敏廳（Westminster Hall），來自英語世界各地的法學泰斗齊聚一堂，聆聽一場針對《大憲章》男爵的模擬審判。這些古代貴族面臨的指控嚴重得無以復加。叛國罪。

它或許不是我們思考《大憲章》時首先想到的字眼，但在一二一五年八百週年慶祝活動中，這樣的傾向被激發出來。

我料想，多數人會同情男爵一方。他們的辯護團隊無疑會竭盡全力汲取大眾的這份同情。我們會被要求思考男爵為後世留下的無價之寶——在英語世界都受到尊崇的議會民主政體基礎。人們猜想，辯方的陳述會很有力道，結辯時還有可能含淚高唱「統治吧，不列顛尼亞！」（Rule Britannia!）[9]，一切順利的話甚至還會唱「耶路撒冷」（Jerusalem）[10]。

而在廳堂另一端，控方則要打一場無比艱辛的硬仗。但得知事實與他們同在，應當能讓他們士氣大振。他們的任務是運用法庭辯論拆解男爵的愛國故事，揭露華而不實的野望傳說，並還原真貌。

起訴將從事實開始，幸好事實相當簡單。

一二一四年，約翰在布汶戰役（Battle of Bouvines）中落敗〔戰場就在今天的里耳（Lille）機場外面〕，由此喪失英國在法國境內的大片領土。這是英格蘭王遭遇的一大災難，等於第二次哈斯汀戰役。

而在國內，約翰的男爵們憤怒至極。他們為了這場背運的戰爭耗盡血汗錢，到頭來卻一

9 譯注：英國著名的愛國歌曲，一七四〇年創作，歌詞取自湯姆森（James Thomson）的詩作，阿恩（Thomas Arne）作曲。英國皇家海軍和陸軍都將它用作軍歌。

10 譯注：英國愛國歌曲，歌詞取自布萊克（William Blake）的短詩，由帕里（Hubert Parry）在一九一六年作曲。體育賽事經常演奏，英國大眾耳熟能詳，被譽為《天佑吾王／女王》之外的第二國歌。

無所獲——沒有勝利、沒有戰利品，在法國的權力也無法維持。他們展開全面反叛，拒絕為約翰服兵役或繳稅的封建義務。

這是將風險推到最高的戰爭邊緣手段（brinksmanship）。不到一百年前，英格蘭就曾處於「無政府狀態」。那是一場悲慘的內戰。

到了這時，控方可以指出，絕非每一個約翰的男爵都參加反叛。許多人退縮了。英格蘭正在危急存亡之秋，這不是對國王罷工的時候。反抗者多半是以北部為根據地，但他們很快就將戰火向南蔓延，最後攻下倫敦。

眼看著國家陷入大亂，坎特伯雷大主教朗頓主動介入，穿梭斡旋於雙方之間，力圖實現停火。

他的努力在一二一五年六月十五日取得成果，交戰各方在蘭尼米德集會。由此產生的和平條約呈現為一份細長彎曲的文件，名為《男爵法案》。隨後數月之間，約翰的祕書官為這份條約的四十份副本用璽，將它們發送到全國各郡，即使無人能確知他抄送各地的這份文件是否即為蘭尼米德條約的原件。

令朗頓大主教大失所望的是，它並非原件，和平也維持不久。九星期之內，國王和男爵雙方都把朗頓的文件撕得粉碎，進入交戰狀態。或許它對任何人來說都只不過是一種拖延戰術。不管怎麼說，雙方都不曾履行他們在文件中共同承諾的事項。

國家淪入另一場內戰。

往前快轉，後來的事眾人皆知。往後八十五年裡，接連幾位英格蘭王都定期重新頒布《男爵法案》，他們先是將名稱改為《自由憲章》，再將它拆成兩份：《森林憲章》和《大憲章》。餘留的部分最終在一二九七年載入法令全書。

而在多次再版的過程中，這個法案被大加刪改。約翰死後一年之內，唯一具有憲制影響力的條款就被迅速廢棄，該條文將約翰的一切決策從屬於二十五位男爵組成的委員會，要是他們不同意約翰的主張，就可以對他宣戰。少了這一條，《大憲章》就沒有任何約束力。它成了金雀花王室的一件門面擺飾，一種良善意圖的宣告，宣告過後即可有條有理地棄之不顧。

控方會試圖拆解男爵的動機。他們會盡責地指出，《大憲章》裡的特權只與英格蘭的富有貴族相關，與平民百姓無關。它從來不是為了不列顛列島的善良人民而頒布的憲章，僅只是為了貴族強索而來的特權。

倘若法官對辯方的「民主意義」說法產生共鳴，控方就有必要溫和地闡述，歷史是如何篡改《大憲章》真正的內容。如今並沒有太多人真正讀過，反倒只靠口耳相傳。太危險了。

他們可以說明，《大憲章》事實上並未包含任何保障所有公民接受陪審團審判的條文。對於「沒有代表權就不納稅」也隻字未提。這些全都是虛構。它對於女性同樣不懷好意，因為它高聲宣告女人在謀殺案審判的證供不可採信，除非事關自己的丈夫。它也不大支持猶太放債人，他們的財產以各種方式遭到剝奪。

倘若法官想要惡作劇，他們可能會問辯方：既然《大憲章》這麼重要，為何國會把六十三條撤銷到只剩三條？這聽來實在不像我們尊為民主基石的文獻會遭受的待遇。因此，在《男爵法案》裡並沒有多少內容是為了英格蘭一般平民，男爵們的動機也開始顯得不那麼無私，利己的成分恐怕更多一些。

不過，男爵們民主英雄故事遭受的致命一擊，恐怕發生在他們提議由日後的法王路易八世接掌英格蘭王位的那一刻。年輕的法國王太子急切地把握機會，在賽內特（Thanet）登陸，向倫敦進軍，並在聖保羅大教堂（St. Paul Cathedral）被宣告成為國王。路易隨後征服半個英格蘭，直到約翰在絕妙的時間點打出王牌——他死了。約翰的輔臣立即宣布擁立約翰九歲的兒子亨利為王。男爵眼看有機會和英格蘭的新王和睦相處，立即翻臉把路易趕回法國，而後蜂擁到他們的新摯友——少年亨利跟前。

進行到這個階段，想必有些觀眾會開始坐立不安了。畢竟，學校教的歷史不是這樣。把法國王太子路易找來的這樁齷齪事，應當能讓控方恰如其分地說明：男爵不曾藉由綁住暴君手腳，締造什麼偉大的嶄新憲制原則。實情是，當時的國王經由貴族合意進行統治，約翰的問題正在於他喪失貴族合意。《男爵法案》對於約翰必須聽從男爵的確認，只不過是在重新聲明自古以來的傳統。

事實上，《大憲章》的大半內容都只是將約翰之前幾位國王頒布的加冕憲章冷飯熱炒而已。唯有在十七世紀初英格蘭律師柯克（Edward Coke）重新發掘，並且（完全錯誤，卻正符合他反對斯圖亞特王朝的觀念）稱它為一份限制國王權力的古老憲法文獻之後，才成為人民對抗君王的民主論戰中一件工具。而在遠方的美國，起草各州憲法的律師都樂於傾聽也願意接受，《大憲章》的近代神話就此誕生。

證人總是能為審判增添趣味。很遺憾，控方和辯方都無法傳喚到具有明星地位的獨立證詞。除了這個人：教宗英諾森三世。

英諾森三世會是控方很有力的證人，即使他和約翰並非你所以為的好友。英諾森（一位成就卓著的法學家）才剛解除將約翰逐出教會四年的處分，起因又是一次中世紀典型的教會和國家權力鬥爭。儘管如此，英諾森得知蘭尼米德協議之後卻大為憤慨，他宣告約翰不受協議的向神起誓約束，因為這個條約是以武力強迫簽訂、自始無效。不僅如此，他更將涉入這樁醜聞的男爵逐出教會。

受命法官做出總結時，會說明叛國罪的構成要件。它在一二一五年時是普通法罪行，直到一三五一年才在法典中成為主題，法典將其定義為殺害國王、王后或王位繼承人；侵犯王后、長公主或王太子妃；向國王發動戰爭；擁護國王的敵人；以及殺害多名高官。

那麼，法官將會如何判決？（這場審判不設陪審團是個有趣的諷刺，可不是嗎？）

假定他們依法裁判，而不是在「耶路撒冷」之後接著唱「祖國我向你立誓」（I Vow to Thee My Country）[11]，這些男爵恐怕沒什麼指望。他們毀棄了自己在封建制度下對約翰的效忠誓言。他們起兵對抗國王，還邀請一個法國人前來倫敦即位。

這不是叛國罪的話，我不知道怎樣才算。

我推測，已經有個僕役奉命去張羅三頂黑帽了。[12]

以防萬一。

第十題

搶救一二六七年《馬爾伯勒法》：最古老的法律

每隔一陣子，國會都會從法令全書中刪去不知所謂地充塞其間的古老法律。當前這一輪刪減將把國會最古老的法律——備受尊崇的《馬爾伯勒法》（*Statutes of Marlborough*）刪到只剩兩條。本文回顧多項年久過時的法律，並說明為何應當予以保留。

要是你細讀法令全書，你會看到身穿甲冑進入國會至今仍是犯罪行為。更驚人的是，它從一三一三年之後就成了罪行。

---

11 譯注：英國愛國歌曲，原詩由第一次世界大戰期間的英國駐美大使斯普林—萊斯爵士（Sir Cecil Spring-Rice）寫成，後來改動第一段，紀念英國軍人在一戰中的慘重犧牲；作曲家霍爾斯特（Gustav Holst）在一九二二年譜曲。經常在陣亡將士紀念日演唱。

12 譯注：英國高等法院法官在宣判死刑時，會在假髮上再戴一頂方形黑帽，是法官全套禮服的一部分。現今在各種莊嚴、正式場合都會配戴。

我提到這件事，是因為如今又到了國會從法令彙編中清除某些累贅的法律雜訊之時。這是一個由來已久的過程，而且光是因為現代法規的卷帙浩繁就變得愈來愈複雜。

隨意到一間合適的圖書館瀏覽一下，就會顯現出英國中世紀君王統治時期通過的法律，都簡潔地匯集在薄得出奇的少少幾卷書中。當時，良好的規範並不以法律書的長度為衡量標準。可是時光飛逝到今天，圖書館需要好幾個書架才放得下國會每年發行的法令全書。從某種角度看來，《大憲章》傳統上僅僅被分成六十三條，反觀布萊爾（William Blair）政府以量產的規模立法，光是它的刑事案件彙編就列舉出超過三千項新罪行，換言之，他們在位九年間每天大約立法規範一項新罪行。（這麼說來，我們必須感謝柴契爾政府制訂出那條份量最重的現代罪行，「在可疑情況下處理鮭魚」。）

隨著新一波的法令撤廢進行，幾乎沒人會想念十九世紀和二十世紀大量令人費解的稅法。同理，一九九七年准許蘇格蘭議會和威爾斯國民議會舉行公投的法案，已成多餘且不再需要。但一八六五年協助英屬印度阿薩姆茶公司的法案，則耐人尋味地提醒我們帝國中心的殘忍經濟行為，地主與佃農法令中一個默默無聞的條款，或許正是這一切當中最為出類拔萃之處。

這也是英國現存最古老的國會立法——《馬爾伯勒法》的一部分。它可以追溯到一二六七年，由亨利三世在威爾特郡（Wiltshire）召開的國會通過；它值得注意的原因也很多，包括被國會通過成為法律的時間，早於一二九七年的《大憲章》。

《馬爾伯勒法》最重要的條文，是禁止未經法院審理任意報復債務人。但它原有的二十九個條款如今只剩四條未被刪除。法律委員會如今正研議再將其中兩條剔除，因為它們涉及「扣押財產」（distress）這個概念，但這項地主救濟權在新政府二〇一五年引進，名稱讓人不易記住的《行政裁判所、法院及強制執行法》（*Tribunals, Courts and Enforcement Act*）之中並未保存下來。

在英國準備拋棄最古老法律的一半遺骸之時，值得回顧一下，這麼多年來悄悄被撤廢的其他法律。

最著名的當然是《大憲章》本身，它曾經包含眾多內容。儘管人們廣泛相信，《大憲章》某種程度是英國法律神聖不可侵犯的支柱，實際上，只有三條在一波波狂熱的撤廢過程中存活下來：英格蘭教會不受王室干預的自由；尊重倫敦及其他城市的習俗和自由；不得買賣法官職務、貴族未經審判不得拘禁自由人。

說實話，就算已過了一二一五年《自由憲章》（《大憲章》前身）八百週年紀念，《大憲章》如今剩下的內容，對於今天任何人實在派不上多少法律用場。亨利八世自命為英國國教會領袖時，強力輾碎君王不得插手教會事務這項規定。城市的自由和習俗如今多半只是儀式。接受陪審團審判的權利，也被地方法官的使命偏離，以及法律扶助預算驟減無止盡削弱。

撤廢過時法律和失效的交互引用，是全然合乎邏輯、按部就班，但在這麼做的同時，也冒著喪失某些輝煌的反常之處的風險，它們的價值有時正在於無害地存在這麼久，超乎任何實用意義之外。如此說來，真有必要撤廢這麼多歷史悠久的法律嗎？即使條文已被其他法律取代，或是現實上的法律效力為零，將它們留在法令全書裡，為國會的基礎和英國法律的獨特歷史增添莊重與延續性，又有什麼不好？

比方說，死刑在一九六五年暫時廢除，而後在一九六九年永久廢除。但仍有幾項歷史罪行的死刑仍繼續保留在國會櫥櫃堆滿灰塵的角落裡，直到被各自撤廢為止。包括在王后碼頭（Queen's Dock）縱火（一九七一年廢除）；間諜罪（一九八一年廢除）；海上暴力搶劫罪（一九九八年廢除）；叛國罪，包含侵犯威爾斯王妃、王后及長公主（一九九八年廢除）；以及多項軍事犯罪（一九九八年廢除）的死刑。實際上，這些刑罰在一九六五年之後從未使用過，而且很有可能不曾使用過，儘管旺茲沃斯監獄（HMP Wandsworth）盡責地維持一座絞刑架運作，直到一九九四年。所以，這些法律真的應該刪去嗎？其中一些條文驚人地古老，且具有歷史意義。例如，叛國罪條文中的死刑可以追溯到愛德華三世的一三五一年《叛國法》（*Treason Act*，其中部分內容仍有法律效力）。

一二九七年《大憲章》中極少數過時且不具意義的條文，以及一三一三年迷人卻不知所謂的禁止穿戴甲冑進入國會得以留存至今，證明我們可以為了歷史價值及固有的文化利益，而非現代功能性意義而保存某些法律條文。因此，在我們向一二六七年《馬爾伯勒法》僅剩四條的一半道別之時，讓我們盼望能留下另外兩條；這樣的話，再過兩百年，國會就可以為它最古老的法律慶祝一千週年了。

第十一題

中世紀大教堂再次充滿色彩

法國沙特爾大教堂（Chartres Cathedral）正在進行的修復工程引發爭議，由於在神聖的古老灰石建築上使用亮色塗料而引起憤慨。本文說明修復工作者其實完全正確：中世紀禮拜堂和主教座堂都是用色強烈醒目的建築，以繪畫、彩畫玻璃和彩虹光線裝飾。

當人們湧入大教堂，參加一年一度的聖誕詩歌聚會和子夜彌撒之際，坐在長椅上的許多信友，甚至神職人員，可能都無法完全認識他們所在這座建築物的真實歷史。

要想對中世紀的室內裝飾發表意見，首先就應當想起英格蘭神父格羅塞特（Robert Grosseteste）。他的眾多理念之一，即是以光的展開（神說：要有光）、色彩和冷光為基礎的早期「大霹靂」創世理論。因此，他有充分理由名列於科學之父，今天所有造訪沙特爾大教堂的人也應當以他的著作為必讀書目。

像是路過沙特爾，享受大教堂陰森幽暗的建築師菲勒（Martin Filler）。他匆匆離去，被他痛斥為「丟臉」、「褻瀆」，近乎「為米羅的維納斯加裝手臂」的景象所激怒。他有所不知，令人興奮的修復工作從二〇〇九年即已展開，因此他所見到的不再是習見的油煙與煤灰燻黑的高聳牆壁逐漸消失的半影，不時被鑽石般的彩畫玻璃穿出洞眼，而是被漆成淡赭色的聖所，如今呈現為骨白色的肋拱，以雕工精細的金色、紅色、綠色和黑色浮雕裝飾。這一切都令他忍無可忍。

另一方面，我卻興奮地坐立不安。中世紀建築是色彩和光影的嘉年華。美妙的是，法國政府和歐盟提撥一千兩百萬英鎊，讓我們得以再次體驗首先踏進中世紀大教堂的人所見的景象。可是像菲勒先生，情願讓教堂呈現基督新教式素樸的人卻大為震怒。大教堂裡竟然有色彩？成何體統？

實際上就是這樣。這才是真正有見識的做法。

中世紀大教堂都是令人驚嘆的建築，它們以人工興建而成，不靠電力或燃氣機械，但仍聚集於城市中心，成為觀光客造訪的博物館。它們再也不是一國宗教生活的活躍重心。那麼，何不改弦更張，發揮教育意義？

沙特爾正在進行一項開創新局的改造工作。它沒有引進冰果吧、充氣城堡，或庸俗的中世紀藝術；而是以它自己的大霹靂向格羅塞特致敬，讓我們從內心感受大教堂在祝聖當天應有的樣貌。

中古世界熱愛光影和色彩。那時沒有閃亮的塑膠、歡快的衣著，或彩色列印。但人們可以讓自己在視覺上受到重擊的唯一去處，正是本地的大教堂，它的內部塗上色彩，外部通常也著了色：牆壁、天花板、雕像，尤其是大門西側正面密集排列的人物。一旦走進門內，壁畫和窗戶上講述的則是《不識字者福音書》（*Biblia Idiotarum*），目不識丁的大眾可以由此看到《聖經》故事以圖畫形式銘刻於建築肌理之中。它們是叢書和電影的混合。

在沙特爾施工的團隊並不是一群怪異的業餘愛好者，或一堆幸運抽中頭彩贏得補助的少數派學者。法國人（當然是大革命之後）十分慎重對待他們獨一無二的建築遺產。他們在二十年前發現十五世紀的繪畫，其下則是十三世紀的原始繪畫，證明整個大教堂都用亮色，是一座光影的聖殿，充滿了從彩畫玻璃映射而來、躍動的彩虹隧道。大教堂的建築者想要把天國一角帶進濁世之中，沒有別的方法比鮮豔的色彩更能鼓舞人心。我們可別忘了，大教堂舉世聞名的藍色是由磨碎的青金石提煉而成，它只出產於阿富汗，比黃金更貴重。

他們也有古典先例可供參照。我們或許習慣雅典帕德嫩神廟（Parthenon）這座沙色的古蹟。但西元前五世紀的希臘人卻盡情揮霍色彩，鮮豔描繪的顏料僅因時光而消褪。菲勒先生應當記住這點，而後前往巴黎，排隊參觀聖禮拜堂（Saint Chapelle）。隊伍無休無止的觀光客，想看的是另一座灰色的哥德式教堂嗎？才不是。他們正等著體驗午夜的藍金色在這座聖路易國王為了貯存十字軍寶藏，而興建的殿堂中迸發開來。這是一座攝魂奪魄的十三世紀利摩日（Limoges）琺瑯珠寶盒，但是以石頭和玻璃築成。

對菲勒先生而言，哥德式建築的昏暗沉鬱攸關美學。但在中世紀人看來，他們所見的景象更加複雜。雙眼之所見進入體內，〔根據亞里斯多德和蓋倫（Galen）的理論〕，由腦內的動物本能吸收。有益或有害健康只有一瞥之隔。凝視花朵能讓身體強壯，亮色和寶石能夠激勵和治癒，淫蕩圖畫則腐蝕健康，讓心靈淪為臭水溝。因此，沙特爾的光亮、通風和色彩本身不僅攸關靈性啟迪，也攸關身體健康。

當菲勒先生咆哮著說，試圖重建中古世界是「魯莽的」，因為我們現在有了電燈，他完全不能理解，修復完成的沙特爾大教堂正是要把中世紀的哲學與靈修、敬畏與啟迪交還給我們，這樣一個世界長久以來被謬稱為「黑暗時代」，卻正座落於我們現代認同的核心。領會這份與過去歷史在文化上親密的重新連結，真的與開燈或關燈無關。

第十二題

獅心王理查與薩拉丁：騎士精神與暴行

獅心王理查（Richard the Lionheart）是英格蘭最有名的君王之一。但人們近年來愈來愈質疑：他究竟是不是我們一直以為的那個騎士英雄？還是他的宿敵薩拉丁（Saladin）更為高貴？本文撰寫於理查逝世紀念日，分別探討兩人的生平與遺產。

青年巴西爾（Pierre Basile）從哈盧什—夏布洛城堡（Châlus-Chabrol Castle）強風吹拂的城垛上向下望去，簡直不敢相信自己的眼睛。那天是一一九九年三月二十五日，就在十字弓射程之內，殺害他父親和兩個哥哥的那個聲名狼藉的軍閥就在眼前。而他甚至沒把鎖子甲穿在身上。

巴西爾做了任何一個出身利穆贊（Limousin）、擁有自尊心的十二世紀男孩都會做的事：他挽弓搭箭，射中那位歷史上最偉大的戰士。

當肩膀上的箭傷逐漸潰爛，生出壞疽，這位四十二歲的軍人赦免巴西爾，還賞給他一袋錢。然後，一一九九年四月六日，在中箭十一天後，舉世聞名的阿基坦（Aquitaine）和諾曼第公爵、安茹伯爵（comte d'Anjou）暨英格蘭國王傷重不治。

八百一十五年過去，獅心王理查仍是耀眼奪目的國族英雄，在大眾文化中享有獨特地位。每個小學生被要求舉出一位偉大的中世紀英格蘭國王時，都會信心十足地複誦他的名字。理查激發一種朦朧的景仰，相當程度上，他和亞瑟王一樣成了某種歷史悠久的英國人性格典型。一座不屈不撓的理查騎馬像，甚至昂首闊步地立在西敏宮外，抽出長劍巡行著——挑戰著敢於對抗英格蘭良善政府的任何人。

他毫無保留體現出的正義，是如此深植於我們的集體意識中，使得羅賓漢等等民間故事英雄都經由對他忠心不二，來證明自己的道德情操。自從一九三〇年代開始，每當好萊塢需要半人神，他們都忍不住要從戎裝騎馬的理查身上塑造出這樣的角色。

而最為家喻戶曉的，或許是理查從生前到死後一直持續的一場生死鬥，它成了這個時代的隱喻。

他的對手是一個在西敏以東兩千英里處的大馬士革（Damascus）長眠的男人。儘管這位東方武士安葬在一個簡樸的木棺中，木棺旁一座高雅的大理石棺卻述說著同樣震撼人心的故事。德皇威廉二世在一八九八年獻上這個大理石棺，作為一位偉大君王向另一位偉大君王表達的敬意——德國皇帝暨普魯士國王，獻給人稱薩拉丁的阿尤布（Yusuf ibn Ayyub）。

即使歷史執迷於理查作為熱情背負十字架的十字軍戰士形象，但相對於在歐洲沒完沒了的引戰長達二十五年，他實際上只在聖地戰鬥一年多。儘管如此，大眾情感仍將他的十字軍年代抬高成史詩，和中世紀中期的轉捩點——從流過整個騎士時代的洶湧浪濤中萃取精華。

理查和薩拉丁各自的人品，數百年來一直是取之不盡的魅力之源，鐘擺在兩人之間擺盪許多次。兩人都曾多次被譽為騎士精神最真實的化身，或被貶斥為嗜血的屠夫。

就理查的狀況來說，儘管他自古至今得到英國人各式各樣的恭維，過去兩百年來的歷史學家對他卻不這麼寬容。比方說，斯塔布斯主教（Bishop William Stubbs）是牛津大學的歷史學欽定教授，比起同時代的英國歷史學家遠勝一籌。但他對理查的評價，卻不是那些在西敏的舊王宮庭院（Old Palace Yard），樹立意氣風發騎馬像的維多利亞時代人喜聞樂見的。斯塔布斯如此論斷理查：「壞兒子、壞丈夫、自私的君主、邪惡的人。」

或許最令人震驚的是，他接下來的總結：「他不是英格蘭人。」

事實上，斯塔布斯並不是唯一如此評價的人，就算在他的時代也不是。當時及其後，大多數歷史學家都不大覺得有必要修正他的負面評價。

我們可以從理查不是英格蘭人這點說起。儘管這句話蘊含著對他道德標準的批判，但重點在於理查鄙視英格蘭。這話聽來不敬，但是無論我們幾百年來有多喜愛他，簡明的事實卻是：理查就是受不了英格蘭。

他成年之後只造訪英格蘭兩次，每一次都盡其所能停留最短時間。第一次是一一八九年，他來訪四個月接受加冕（這件事他幾乎不可能推託），並且監督清倉大拍賣，把未曾釘牢在地上的一切事物拋售一空。他說了一句名言：找得到買主的話，他連倫敦都會賣掉。

戴著閃亮的英格蘭王冠到法國，他對於治理自己的新王國一點都沒有持久的興趣。他成了在外地主，只在乎英格蘭上繳多少地租，供應他個人鞏固王朝和擴充權勢的戰爭。

他第二次來訪是一一九四年，在他結束十字軍遠征，英格蘭協助籌措令人痛心淚目的十萬馬克贖金，讓他從神聖羅馬帝國的囚禁中獲釋之後。在英格蘭全境辛勤工作兩個月之後，理查立刻設法搭上第一班船返回法國戰場。他說，英格蘭很冷，總是在下雨，顯然不留給他任何餘地。這幾乎不令人意外，因為他是純粹的法國人。

他的母親，阿基坦的埃莉諾〔Aliénor（Eleanor）of Aquitaine〕是中世紀歐洲最有權勢、最令人難忘，也最不同尋常的人物之一。但她雖是英格蘭的王后，卻無疑是個法國南方人。

他的父親，英格蘭王亨利二世，同樣來自海峽彼岸。他有諾曼人和安茹人的血統，掌控六邊形國度（L'Hexagone，即法國）從海峽到庇里牛斯山的大片領土。對於從未注定繼承英格蘭王位的理查來說，多佛白崖（White Cliffs）以北的一切都是次要。他的遺產和繼承權都在法國，這完全反映在他使用的兩種語言：奧克語（Occitan, langue d'oc）和古法語（langue d'oïl，奧依語）。沒有證據顯示，他曾對英語表現出興趣。他很可能根本搞不清楚「獅心王」這個尊號是什麼意思。

即使在他身後，這時他已擁有英格蘭王位十年，他的王國仍然不夠重要，無法獲得他的遺骸。他的身體葬在楓特孚羅（Fontevraud）的皇家修院，腸子葬在哈盧什，心臟（近年來的化學分析顯示，以乳香、香桃木、薄荷、楊木、風鈴草和石灰予以防腐）則送往盧昂（Rouen）。

事實是，理查在遍布法國全境，多得令人嘆為觀止的領地上是公爵、伯爵或大人。但他（和充滿惡意的兄弟）真正最想要的還是王位——進入一個更高級的群體必不可少的貴賓證。英格蘭最終給理查這個機會，他也把握機會，連這個國家的財富一併占有。這是達成目的所需的手段，他的興趣就到這個程度。

所以，斯塔布斯主教說他不是英格蘭人，對不對呢？多數人會發現很難不同意。他是個「壞兒子」這個說法也很難否認。理查是他母親最愛的兒子，他也孝敬母親，但他對父親亨利二世並未展現同等的忠誠。

亨利十分認真地承擔，為戰禍蹂躪撕裂的英格蘭療傷止痛的工作。在他即位之前二十年，布盧瓦的史蒂芬篡奪王位，掀起一場凶殘的內戰，讓英格蘭焚燒長達二十年之久。維多利亞時代的人們稱之為混亂時期，中世紀的《彼得伯勒編年史》（*Peterborough Chronicle*）將這個時期稱作「基督和祂的聖者沉睡之時」。

亨利秉持獻身精神和技能治癒國家的創傷，但理查及兄弟亨利、傑弗瑞（Geoffrey）、約翰卻破壞和擾亂他，他們在成年之後連年和亨利的敵人結盟，派兵對抗他（並且不時下令殺害他），只為了早日奪取繼承權。

他們這一切忘恩負義、陰謀和背叛，終於讓亨利二世力竭早死。威爾斯的傑拉德（Gerald of Wales）寫道，亨利在臨死前悲嘆，他所有的子女之中，婚生子女才是真正的壞蛋。

所以就算理查孝順母親，他和父親的關係仍然大有可議之處。

他身為丈夫的紀錄也同樣不佳。我們接下來要觸及爭議話題，就讓編年史發言吧。以下是豪登的羅傑（Roger of Howden，亨利二世和理查的心腹之一）在一一八七年對理查與法王腓力・奧古斯都（Philip Augustus，腓力二世）兩人友誼的敘述：

> 他們每天同桌吃同一碗飯，夜晚在床上也不分開。法國國王愛他一如愛自己的靈魂，他們深深相愛，使得英格蘭國王（亨利二世，理查的父親）對兩人的激情驚恐不已。

少數歷史學家堅信，這段文字記載的只不過是兩大王室領主之間，政治和諧的儀式性象徵表現。多數歷史學家卻從未聽聞君王之間有這種「同床共食之禮」，他們認為羅傑的記述就是字面意義。

不管怎麼說，四年之後，理查和納瓦拉的貝倫加麗亞（Berengaria of Navarre）締結政治婚姻，這對夫妻在參加十字軍東征途中的賽普勒斯（Cyprus）成婚。可是，無論原因為何，貝倫加麗亞僅僅停留數月，就迅速返回法國。

但事情尚未了結。一一九五年，豪登的羅傑向我們透露，一位隱修士告誡理查，要他停止某些同性性行為，羅傑明確指出這些行為，而我無需重複。羅傑說，儘管理查受到警告，卻沒有聽從，直到身染重病才找回妻子，但兩人始終貌合神離，最終也沒有留下子嗣。

因此，也不會有人把年度最佳丈夫獎頒給理查。（附帶一提：貝倫加麗亞是英國歷史上唯一一個在位期間不曾到過英格蘭的王后。）

雖然是這樣，但理查確實有許多令人刮目相看的美德，讓廣大人民深深仰慕。

在一個暴力時代，他身為格鬥士和戰略家的戰鬥技能確實出眾。他對部下的忠誠有時也不同凡響。例如他曾營救一群身陷危機的斥候，他說：「派他們出去的是我。要是他們犧牲了，我卻不在身邊，願我從此不再是國王。」

他也是熟練的演說家。他被神聖羅馬帝國皇帝俘虜時，以一段有力的自我辯護成功折服眾人，推翻了收買聖地的伊斯瑪儀阿薩辛派（Ismaili Assassins，英語「刺客」一詞即源出於此），刺殺競爭對手蒙費拉的康拉德（Conrad of Montferrat，十字軍建立的耶路撒冷王國國王）這項控罪。（但他極有可能確實犯下這項罪行。）

他略懂拉丁文，穆斯林史料記載，他也強烈熱衷於阿拉伯文化。他不是音樂家，但他熱愛音樂，也用奧克語和古法語寫過詩歌。一位伊斯蘭編年史家將他概述為一個擁有智慧、經驗、勇氣和力量的人。

難處在於，這些特質卻被他愈來愈殘暴的記載給永久玷汙了。

最著名的事件發生在聖地的阿卡（Acre）附近。理查和薩拉丁已經談判數月。理查同意交還數千名戰俘給薩拉丁，薩拉丁則會支付贖金，並交出一一八七年在哈丁角（Horns of Hattin）戰役中擄獲的真十字架。當薩拉丁把談判拖延一會兒，理查暴跳如雷。他下令將三千名穆斯林俘虜（包括許多婦女和兒童）帶上附近的艾亞迪耶（Ayyadieh）山丘，當著薩拉丁和他的全體將士面前，把他們全部斬首、開膛剖肚。即使在一個暴行頻傳的時代，這都是野蠻異常、令人震驚的行動。

因此，相對於傳說中充滿騎士精神的高貴「獅心王」，理查無疑是個大不相同，更加複雜的人物。

暫且不談理查，薩拉丁的故事同樣迷人，並且出人意表。

阿尤布（約伯之子約瑟）是來自伊拉克北部提克里特（Tikrit）的庫德人。他的家族為阿勒坡和摩蘇爾的統治者贊吉（Zengi），以及贊吉之子努爾丁（Nur ad-Din）效力，追隨努爾丁南下。歷經一連串陰謀之後，薩拉丁發現自己在三十二歲這年成了埃及的統治者，他逐漸擴張勢力，到了一一八七年已經控制近東的大片領土。

薩拉丁的領土被首次團結起來的十字軍國家包圍，於是他著手驅逐十字軍。儘管獲得幾次驚人勝利，他終究無法驅逐歐洲殖民者，一一九三年去世時已是一文不名，這正是理查離開聖地的隔年。

在今天的中東各地，薩拉丁是文化上的英雄。不只是因為他的「聖戰」獲得廣泛支持，也由於他的騎士精神、榮譽、正直和慷慨。

怪誕的是，他現在在穆斯林世界的名聲，很大一部分來自於西方人對他的記憶。看來他多半在東方被遺忘了，被一二九一年最終完全驅逐十字軍的蘇丹拜巴爾（Baybars）所掩蓋。但十字軍編年史家和歐洲作者強烈仰慕薩拉丁的品格，將他的故事流傳下來。

比方說，十二世紀參與十字軍的大主教，泰爾的威廉（William of Tyre）就曾寫過，薩拉丁擁有：「……敏銳活潑的心智，作戰時的英勇，以及無盡的慷慨。」十三世紀的暢銷書《騎士之道》（*Ordene de Chevalerie*）讓他成為受到全歐歡迎的英雄。但丁將他和高貴的希臘羅馬英雄一起安置在地獄邊緣的靈薄獄（Limbo），藉此向他致敬。薄伽丘也在《十日談》讚揚他。最後，作為維多利亞時代將東方浪漫化的一部分，史考特爵士（Sir Walter Scott）在一八二五年的小說《護符》（*The Talisman*），將他刻劃為騎士價值的完美化身。有了這些恭維，也難怪德皇威廉二世要特地去參拜他的陵墓。

薩拉丁的騎士精神並無疑問，兩個眾所周知的例子足以有力地說明。

第一個事件發生在雅法戰役（Battle of Jaffa），獅心王理查的坐騎倒下了。薩拉丁立刻派遣一位馬伕穿過戰場硝煙，送給理查兩匹新馬，以及一句絕妙的訊息：像理查這樣偉大的國王不該徒步作戰。

幾個月後，當薩拉丁得知理查生病發燒，他就贈送以黑門山（Mount Hermon）的冰雪冷藏的桃子和果露當作禮物。（或許他只是想派間諜偵察理查的營帳，但不管怎樣，都展現了風度和優雅。）

這兩次事件都發生在艾亞迪耶大屠殺之後，由此讓我們看到，先前的野蠻行徑是多麼迅速地被遺忘。

一般公認為薩拉丁騎士精神極致的事件，是他在一一八七年攻下耶路撒冷時的表現。但實際上，騎士精神的圖像正是由此開始出現裂縫。人人都知道十字軍在一〇九九年第一次攻占耶路撒冷時，把整個城市變成一座巨大的停屍間。相對於此，薩拉丁的支持者則極力強調他在八十八年後奪回耶路撒冷時展現的仁慈。

但實情複雜得多。基督徒和穆斯林共通的標準做法是，被圍攻的城市或城堡居民皆可保命，試圖抵抗者一律格殺。（姑且不論其他，光是餵飽這些人的花費就已經很高昂。）因此薩拉丁一直都打算處決被俘的耶路撒冷居民，但他最後決定運用他們賺取軍費。他擬訂的方案是讓居民支付買路錢安全出城：每人十第納爾（Dinar，貨幣單位），每個女人五第納爾，每個兒童兩第納爾。

不用說，當然不是所有人都付得起。確切的數字是一萬六千人。儘管薩拉丁並未殺害他們，但也沒有釋放他們。根據他的心腹伊瑪丁（Imad al-Din）所述，女人和女孩全被他的將士強行帶去洩欲，而後和男人與兒童一起成為奴隸。

這也正是我們更能深入理解這兩人之處，因為他們在大眾中的名聲都不足以呈現出中世紀的完整樣貌。

比方說，雖然十字軍被泛指為宗教狂熱分子（許多人無疑確實是），穆斯林編年史家同樣秉筆直書：薩拉丁也會將不願改宗伊斯蘭教的基督徒斬首。

而在全面混亂這方面，我們都知道歐洲騎士每隔一段時間就會摧毀鄉村（理查在法國和賽普勒斯當然做過這種事），薩拉丁同樣這麼做也應當不令人意外。一位穆斯林編年史家告訴我們，有一次薩拉丁未曾遭遇十字軍的抵抗，於是：「……得以圍攻及掠奪、焚燒及蹂躪整個地區，他也如此而行。」

雙方都犯下暴行。薩拉丁在哈丁戰役之後處死千百名十字軍。理查在艾亞迪耶殺害三千名俘虜之後，薩拉丁也將自己俘虜的基督徒男人、女人、兒童全部屠殺以示報復。

歸根結柢，歷史學家將理查和薩拉丁兩人互為對照，是因為就算考量兩人大不相同的文化背景，他們的人格和觀點仍然強烈相似。儘管薩拉丁大了二十歲，他們仍然都是一代戰士。

比方說，兩人都理解取得並保護權力這件事的本質，對政治暗殺手段也不陌生。我們在前文已看到理查涉嫌殺害蒙費拉的康拉德；薩拉丁的過往也有類似紀錄。他開始在法蒂瑪王朝的埃及（Fatimid Egypt）步步高升時，處死唯一真有能力和他爭奪努爾丁領土的沙瓦爾（Shawar）。

即便如此，薩拉丁還是比理查更有教養。他來自一個以禮節、端莊、謙遜，和尊重作為文明人不可或缺特質的文化——早在歐洲騎士發展出騎士價值有意義的表象之前很久。

另一方面，理查或許是更好的軍事戰略家。他們在第三次十字軍東征的戰役紀錄顯示理查三戰三勝，但理查無法和薩拉丁在耶路撒冷正面對決，這正是他參與十字軍的目的，而他返回歐洲看似一場失敗，為了防衛陰謀家染指他利益的更急迫需求，而在大獎當前時抽身。

到頭來，騎士之道在於旁人的看法。西方和東方的評述者都大肆宣傳他們的禮節，但他們兩人照現代標準看來都不特別開明。理查甚至很喜歡自己是怪物這種想法，編年史家威爾斯的傑拉德記載，理查很喜歡說自己是梅露辛（Melusine，一位邪惡的歐洲仙女）下凡，他的全家人「來自魔鬼，也將回歸魔鬼。」

儘管雙方都有閃亮的傳說，故事卻沒有快樂的結局。理查在十字軍中失敗了，也無法確保他在法國的領地。也可以說，他連作為英格蘭國王都失敗。而在中東，薩拉丁無法趕走十字軍，而在個人層面，他的阿尤布王朝也開始四分五裂。

更可憐的是巴希爾，即使理查寬恕他用十字弓射中自己，但他隨即被理查長久以來的得力助手梅卡迪耶（Mercadier）俘虜，活活被剝皮，然後吊死。

真相是，不管傳說怎樣形容理查、薩拉丁或十二世紀晚期，中世紀的騎士精神還要再過很多年才能完全成熟。

第十三題
薩拉丁與一一八七年決定性的哈丁戰役：現代中東須記取的教訓

一一八七年七月四日，薩拉丁大破十字軍部隊，奪回基督徒統治將近九十年的耶路撒冷。十字軍始終無法從這次戰敗中恢復。本文為紀念哈丁戰役週年而撰寫，藉以提醒讀者，中東的土地易手是何等迅速而頻繁。

自地中海東岸向內陸延伸的黎凡特（Levant）地區，數千年來始終是兵家必爭之地。自遠古以來，連結安納托利亞和北非、阿拉伯的商業及軍事要道即行經此地，受各方保衛和覬覦。控制就是一切，摩西離開西奈，要從君王大道（King's Highway）[13]北上進入以東（Edom，今天的以色列南部）時，他吃盡苦頭才明白這點：

「求你容我們從你的地經過，我們不走田間和葡萄園，也不喝井裡的水，只走大道（原文作王道），不偏左右，直到過了你的境界。」以東王說：「你不可從我的地經過，免得我帶刀出去攻擊你。」以色列人說：「我們要走大道上去，我們和牲畜若喝你的水，必給你價值，不求別的，只求你容我們步行過去。」以東王說：「你們不可經過。」就率領許多人出來，要用強硬的手攻擊以色列人。這樣，以東王不肯容以色列人從他的境界過去；於是他們轉去離開他。（《民數記》二十章十七至二十一節）

無數文化彼此相爭，試圖支配這個地區：迦南人、非利士人、希伯來人、亞述人、巴比倫人、波斯人、希臘人、羅馬人、拜占庭人、正統哈里發國（Rashidun）、烏邁雅王朝（Umayyad）、阿拔斯王朝（Abbasid）、法蒂瑪王朝、塞爾柱人、十字軍、阿尤布王朝（Ayyubid）、花剌子模王國（Khwarazmian）、馬穆魯克王朝（Mamluk）、鄂圖曼帝國、英國人、法國人、猶太人，族繁不及備載。大多數征服過程都很血腥，而且都導致地區動盪。其中一些影響更廣，震動東方和西方世界。

最近是十字軍史上兩次重大事件的週年紀念，兩者都對全歐帶來深遠影響。一一八七年七月四日，薩拉丁在哈丁角戰役大破十字軍。這是中古世界最重要的軍事衝突之一。九十年後，一二七七年七月一日，蘇丹拜巴爾去世。儘管拜巴爾在西方的名聲不如薩拉丁響亮，他卻是殘暴和效率遠勝薩拉丁的軍閥。正是他發動的毀滅性作戰重創十字軍，將整個遠征推向黑暗無光的末日。

當十字軍在一〇九九年第一次征服耶路撒冷，歡欣鼓舞的浪潮席捲整個拉丁基督教世界。耶路撒冷是世界的肚臍，是歐洲認知的世界中心，一如赫里福德（Hereford）壯麗的世界地圖所描繪。天主顯然站在歐洲殖民者這邊，祂將耶路撒冷賜給他們的軍隊就是證明。

十字軍並不是基督徒第一次統治耶路撒冷。聖地在拜占庭帝國時期是由基督徒統治（西元三二五到六三七年）。君士坦丁大帝和母親海倫娜皇后（Empress Helena）重新將這座城市回歸基督教，恢復耶路撒冷原名，並清除西元一三〇年哈德良皇帝在耶路撒冷的廢墟上興建的埃里亞城異教遺跡。君士坦丁在新建的耶路撒冷城中心興建聖墓教堂（Church of the Holy Sepulchre），使它成為最受歡迎的基督徒朝聖地點。然而，大烏瑪爾（Umar the Great）的正統哈里發國在西元六三七年征服近東之後，耶路撒冷即由伊斯蘭教統治。

和一〇九九年十字軍最初的雀躍一同浮現的，是如何控制遠離本國、孤懸「海外」的大片新占領區這個現實問題。結果是，十字軍進駐黎凡特的一百九十二年間，發生無數的著名戰役，勢力平衡時而有利於這方，時而有利於另一方。儘管許多次衝突至今仍然聲名響亮，像是雅各淺灘（Jacob’s Ford）[14]和血田（Field of Blood）[15]，哈丁角之戰作為世界史轉折點

13 譯注：君王大道是古代近東連結非洲與美索不達米亞的重要貿易通道，從埃及出發跨越西奈半島後，北上經由外約旦、大馬士革，最後到達幼發拉底河谷。

的地位，卻遠遠勝過它們。

如今，隨著敘利亞和伊拉克兩地在政治上無關且各自獨立發展的衝突合流，升級為耗時費力的地區權力鬥爭，哈丁角戰役值得回顧，好讓我們記起這個地區持續重劃邊界，在血泊中改造自身面貌的無情能力。

首先，忘掉史考特（Ridley Scott）二〇〇五年的史詩電影《王者天下》（*Kingdom of Heaven*）。這部片的長處在於，重新喚起十字軍王國在「痲瘋王」鮑德溫四世（Baldwin IV “leper king”）末年面臨的生存危機。它也呈現出一個視覺上華麗而誘人的世界，信仰、榮譽、理想、愛與野心、嗜血、貪婪，以及軍國主義不知節制的黑暗面相持不下。但它並未忠實敘述導致哈丁戰役的災難，以及伊貝林的貝里昂（Balian of Ibelin）注定無法守住耶路撒冷的一連串事件。首先，真實歷史中的貝里昂在哈丁戰役時四十四歲，從來不曾打過鐵，妻子是拜占庭皇室的一分子，而且終其一生都是十字軍國家中一位強大而富裕的貴族。

儘管如此，哈丁戰役的真實故事卻同樣浸潤於愛情與野心之中，完全不遜於史考特的《王者天下》。

數年前，美麗而富有的黎凡特女繼承人拜特龍的露西亞（Lucia of Botrum），被屈辱地放在巨大的秤上公開秤重。有個來自比薩的商人將金幣放進另一端的秤盤中，直到量出她的體重為止，而後將等值的黃金付給她的領主，獲准娶她為妻。而在旁邊的人群中，一位任性的法蘭德斯十字軍誓言報復，他名為雷德福（Gerard de Rideford）。他先前曾向露西亞的領主——的黎波里侯爵雷蒙德三世〔Raymond III，來自土魯斯（Toulouse）〕請求娶她為妻，卻被拒絕了。即使雷蒙德是王國最聰明也最冷靜的智者，雷德福仍然立刻離棄雷蒙德，而他胸中的怨恨終將顛覆一個王國。

重病痊癒之後，或許也察覺到身為職業十字軍戰士更快的晉身之道，雷德福跨出戲劇性的一步：他宣發隱修重願，加入聖殿騎士團（Knight Templar），獻身於嚴守獨身、唯有禱告和戰鬥的團體生活。他出眾的能力迅速獲得認可，在騎士團內迅速攀升，成為第十任總團長。這個獨特的地位使他得以和基督教世界——尤其是耶路撒冷——的王室成員建立優越的關係，他運用這層影響力進行的工作之一，就是把握一切機會對雷蒙德施以阻撓破壞。

一一八五年，痲瘋王鮑德溫四世駕崩，他七歲的外甥繼位，由雷蒙德攝政；但年幼的國王不到一年就去世，王位落入他的母親耶路撒冷的西碧拉（Sibylla of Jerusalem），以及繼父呂西尼昂的居伊（Guy of Lusignan）之手。王國立即被敵對的兩派人馬撕裂。支持西碧拉

---

14 譯注：一一七九年八月下旬，薩拉丁率軍圍攻位於耶路撒冷北方，約旦河上游雅各淺灘的聖殿騎士團堡壘，並將它攻陷。雅各淺灘在歷史上是從戈蘭高地進入加利利海北部的必經之地，後世歷史學家認為，這場勝利開啟了薩拉丁奪回耶路撒冷的行動。

15 譯注：一一一九年六月二十八日，安提阿公國攝政薩萊諾的羅傑（Roger of Salerno）率領的四千名兵力，在薩瑪達（Sarmada）隘口被統治阿勒坡的穆斯林阿爾圖格（Artuqid）王朝軍隊圍殲，這場十字軍慘遭屠殺的戰役被稱作血田之戰。但穆斯林勢力未能趁勢攻下安提阿公國。

王后和居伊國王的雷德福及聖殿騎士團，以及支持西碧拉同父異母妹妹伊莎貝拉的雷蒙德伯爵。

隨著王國徹底分裂，災難的場景也準備就緒。只需要有人點燃火苗。

居伊國王的陣營十分倚重一位自行其是的勇夫沙蒂永的雷納德（Raynald of Châtillon），人稱「基督徒的大象」。雷納德自從第二次十字軍東征就來到十字軍國家，曾被穆斯林俘虜十五年，而後率領十字軍部隊在廣受讚揚的蒙吉薩戰役（Battle of Montgisard）大勝薩拉丁，這也是薩拉丁最慘痛的敗戰。因此，雷納德在這個地區是身經百戰的老手，獲封外約旦（Oultrejourdain，約旦河對岸地區）的領地。但一般來說，他最令人難忘的卻是殘酷、無止盡的海盜行為和掠奪、不服從國王，以及一再破壞脆弱的停戰，讓雙方大為惱火。

一一八七年，雷納德再次破壞停戰，又在他紅海沿岸的據點卡拉克（Kerak）附近劫掠一支沿著君王大道行進的穆斯林商隊，這次薩拉丁忍無可忍。他宣告休戰作廢，率軍渡過約旦河入侵。雷納德無法無天的行徑，終於引來十字軍前所未見最強大的穆斯林聯軍。

末日很快就開始了。一一八七年五月一日，在拿撒勒（Nazareth）附近的克萊松泉（Springs of Cresson），大約一百四十名聖殿騎士和醫院騎士（Hospitallers）的小隊，遭遇薩拉丁之子阿富達爾（al-Afdal）率領的七千名穆斯林部隊。醫院騎士團團長和數名資深的聖殿騎士建議撤退，但雷德福斥責他們怯懦，下令進攻。結果成了一場大屠殺。雷德福和另外兩名聖殿騎士是唯一的倖存者。

回到耶路撒冷。居伊國王和他的朝臣都知道，薩拉丁三萬大軍的全面進攻迫在眉睫。他們只能等著看事態如何演變。

薩拉丁首先採取行動。他向加利利海西岸的太巴列（Tiberias）進軍。這座城堡屬於的黎波里伯爵雷蒙德三世，但他前往朝廷不在城中，由他的妻子艾斯奇瓦（Eschiva）防守。

七月二日，居伊國王召開軍議，決定應對之道。在十字軍王國歷史的這個關鍵時刻，會議室充滿拜特龍的露西亞在黃金秤上的記憶。雷蒙德伯爵冷靜地建議居伊國王，薩拉丁正設下陷阱，誘使十字軍放棄塞佛里斯（Sephoris）的安全處所和飲水；雷蒙德說明，他想要誘使十字軍進入乾燥的開闊地，讓穆斯林的人數優勢得以發揮到極致。但雷蒙德說的每一句話，在雷德福和沙蒂永的雷納德聽來都是錯的，他們咆哮著壓過他，指控他怯懦。他們直到夜裡都在爭論，要求居伊國王立刻率領十字軍向提比利亞進擊。居伊國王做出的決定，無疑是一生中最大的錯誤：他聽從雷德福和雷納德，下令軍隊整裝出發。他是政治人物而非軍人，缺乏經驗的他，即將讓十字軍付出慘痛代價。

隔天，七月三日，十字軍的精銳部隊衝出塞佛里斯，向東方的太巴列和加利利海進發。從他們出發的那一刻起，結果就注定了。薩拉丁幾乎什麼事都不必做。夏日炎熱難耐，身穿鎧甲的十字軍飽受缺水之苦。為了讓他們更加乾渴，薩拉丁還在他們周遭點燃柴火，讓行進的十字軍隊伍籠罩在滾滾濃煙中。驚嚇、窒息和脫水的十字軍開始脫隊四散，薩拉丁得以乘機包圍。最後十字軍在距離太巴列僅僅六英里之外，被圍困在名為哈丁角的兩座山丘上，屠殺就此展開。

居伊國王、雷德福、沙蒂永的雷納德都被俘虜。十字軍最珍貴的聖物——西元三二〇年代由海倫娜皇后發現的真十字架也被繳獲，作為戰利品送往大馬士革，從此下落不明。

正如《王者天下》的呈現，薩拉丁邀請居伊國王和沙蒂永的雷納德進入他的大帳，給了虛弱無力的居伊一杯冰水解渴。當居伊把水杯遞給雷納德，薩拉丁回應：雷納德未經他同意就喝水，因此他沒有任何義務予以善待。他質問雷納德為何多年來不斷毀約背信。雷納德回答：國王都是這樣做的，他的行為並不過份。然後薩拉丁親手砍下雷納德的腦袋，將他的無頭屍體拖到驚恐的居伊身邊。「國王不殺國王」，他向居伊保證，同時說明雷納德是個毀約者，他一再重複的「罪行和背叛」理當立即處死。

居伊和其他被俘的貴族最後全都被贖回，除了兩百三十名聖殿騎士和醫院騎士之外；薩拉丁判斷他們在軍事上太危險，不可釋放。他下令當場將他們斬首：

> 跟隨他的是一整群學者和行者，以及一些信士和苦行者，每個人都請求准許他們殺掉一人，他們抽出劍來、捲起衣袖。薩拉丁坐在高臺上，臉色喜悅，不信者則陰暗絕望。（伊瑪丁，《聖城征服行動》）

元氣大傷的十字軍只能眼睜睜看著一座座城市失守。西碧拉王后和希拉克略宗主教

（Patriach Heraclius）展開防衛耶路撒冷的最後努力，他們說服前來迎接家眷的伊貝林的貝里昂。貝里昂的參戰直接違反他為了獲准前往耶路撒冷，而向薩拉丁許下的不交戰誓言，但他寫信向薩拉丁說明自己的為難，薩拉丁似乎也樂見貝里昂試圖組織耶路撒冷的防務。不管怎麼說，他們兩人都知道耶路撒冷撐不過圍攻。貝里昂可用的騎士極少，於是他將城裡的大地主全部自動授予騎士地位，以協助守城。

但這多半只是象徵性姿態。

十月二日，貝里昂前往薩拉丁的營帳。薩拉丁確認他曾誓言殺光耶路撒冷的所有男人，奴役女人和兒童；貝里昂的回應則是揚言處死耶路撒冷的五千名穆斯林俘虜，殺光十字軍的家屬和家畜，摧毀一切貴重物品，將阿克薩清真寺（al-Aqsa Mosque）和圓頂清真寺（Dome of the Rock）全部夷為平地，然後再率領人馬出城，在薩拉丁手上光榮赴死。心慌意亂的薩拉丁提議和平投降，貝里昂同意，而後薩拉丁為所有能支付買路錢的居民提供出城的安全通道，剩餘的男人、女人和小孩則賣為奴隸。

基督教世界各地對此的反應是完全不能置信。很難想像耶路撒冷再也不是基督徒的城市。四代的西方兒童從小到大都知道，耶路撒冷是基督徒國度的一部分。失去耶路撒冷的悲痛深深撕裂西方的靈魂。聽聞噩耗，教宗伍朋三世（Urban III）驚嚇而死。兩年之內，歐洲最優秀的戰士獅心王理查就前往海外，試圖撥亂反正，但大勢已經逆轉，他連耶路撒冷都還沒看到就失敗了。

儘管十字軍國度還會從泰爾和阿卡的新總部繼續蹣跚存活一百零五年，中世紀的基督教國度從此再也無法完全擁有耶路撒冷，留下的十字軍和殖民者，生活更是無比艱困。尤其在蘇丹拜巴爾發動一連串攻勢之後，他死於一二七七年七月一日，這也是另一個意義重大的黎凡特紀念日。

拜巴爾不同於十字軍先前遭遇的任何對手，他是一部戰爭機器。就某些方面而言，薩拉丁並不是才能出眾的將領。他和十字軍交戰的十七年之中，其實經常在戰場上失利。反觀拜巴爾卻是一名高效能的將領。他殺害埃及的兩位蘇丹（包括薩拉丁阿尤布王朝的末代君主）掌握權力，最後親自取得蘇丹大位，率領來自埃及和敘利亞的強悍馬穆魯克軍團。這位軍閥一手將埃及的奴兵階級（馬穆魯克即「奴隸」之意）打造成所向披靡的龐然巨物，同時輾壓十字軍，以及從東方入侵的蒙古人。

客觀說來，蒙古人不久前才剛從中國一路打到波蘭，沿路大肆屠城。他們帶來的恐怖前所未見，在許多城市，就連堆積如山的腐屍都無人收拾。

當拜巴爾率領馬穆魯克軍團在一二六〇年的艾因賈魯特〔Ain Jalut，位於加利利海的耶斯列谷（Jezreel Valley）〕戰役擊敗蒙古軍，這是蒙古大軍第一次遭受決定性失敗。難怪伊斯蘭世界不斷傳誦拜巴爾的事蹟，薩拉丁則相對沒沒無聞，直到被西方人的興趣復甦為止。

薩拉丁或許打碎十字軍的心臟，但最終撲滅十字軍運動的卻是拜巴爾。如同來自敘利亞和伊拉克的消息所揭示的，黎凡特地區的格局再次轉變了。伊拉克的權力真空和敘利亞的社會解體，創造出新的組織、同盟及利益。我們最好記住，這是一個任何事物都不曾長久存續的地區。

第十四題

忘掉《達文西密碼》：這才是真正的聖殿騎士團之謎

從一九八〇年代早期開始，大眾對於謎樣的聖殿騎士團興趣不斷增長，如今任何一套像樣的陰謀理論都必須包含他們在內。這些陰謀理論幾乎全是胡說八道，但還有一個真正的謎題尚未解答。本文探討時下對於聖殿騎士團的癡迷，同時向讀者呈現法國南部一個小小的聖殿騎士禮拜堂，在八百年後的今天仍保守自己的祕密。

不久之前，在文雅的對話中隨意拋出聖殿騎士團這個詞，是一種心理健康程度的試金石。艾可（Umberto Eco）《傅科擺》（*Foucault's Pendulum*）的其中一個角色完全概括這點。他宣稱，你會因為「面對舉證義務時信口開河，還自告奮勇想要找出啟迪……遲早一定會說到聖殿騎士」而被認定為瘋子。[16]

不過好景不長。這群謎樣的中世紀隱修騎士，再也不是專屬於癡迷者的邊緣興趣了。他們如今已進入主流。隨著三月十八日逐漸接近，聖殿熱（Templarmania）大概又要升高幾度。

人人都愛紀念日，尤其二〇一四年很盛大。此年是聖殿騎士團最後一任總團長，大名鼎鼎的莫萊（Jacques de Molay）在巴黎被綁上火刑柱活活燒死七百週年。一三一四年莫萊被處死後的數百年裡，人人都想把恐怖事件的灰燼掩蓋起來。官方說法是：一度身為基督教世界寵兒的聖殿騎士誤入歧途。他們產生權力欲，墮落成（至少以中世紀修士團的標準來說）難以名狀的東西：向基督受難像吐口水和撒尿、崇拜偶像，而且彼此發洩淫欲。

法國國王「美男子」腓力四世（Philip IV "the Fair"）親自監督對這個團體可疑行徑的調查有七年之久。根據調查揭露的事證，他確信自己挖掘出社會中的腐敗成份。他相信這個世界少了這種人會更好，於是採取行動將這個修會徹底消滅。最後，由於敬神的腓力始終不肯息怒，當時在位的怯懦教宗（這個傀儡完全是腓力扶植的）別無選擇，只能解散聖殿騎士團，因為他們的名聲已經壞到無可救藥。往後數年，腓力都在攫取聖殿騎士團的龐大財富，他認為自己出錢調查揭發他們的大罪，理應獲得補償。

其後數百年，實際上沒人提起聖殿騎士。他們丟人現眼，越少說越好。彷彿他們不曾存在似的。

16 譯注：本段譯文參看Umberto Eco著，倪安宇譯，《傅科擺（新譯本＋註解本）》（臺北：皇冠，二〇一七年），頁九九。

為他們恢復名譽的努力，首先從十八世紀初的一位蘇格蘭共濟會員開始，但他的觀點未能流傳到接收他陳情的詹姆士黨（Jacobite）朝廷之外。一百年後，聖殿騎士會作為墮落病態之徒的傳統名聲再次顯現，這時他們成了書籍中的大反派，以史考特（Walter Scott）的《劫後英雄傳》最著名。

把時間快轉到二〇一三年，出於某些原因，滿街都是聖殿騎士。書店的展售櫃臺被流言終結類的聖殿騎士陰謀書籍壓得變形。金魚眼的電腦玩家穿上聖殿騎士團著名的繪有血紅十字的白袍，在大膽的歷史冒險中揮舞劍盾攻防。觀光客乘坐遊輪走訪原來的聖殿騎士團建築。在倫敦市中心，你甚至可以在聖殿騎士酒吧喝杯啤酒放鬆一下。

但聖殿騎士今日持續增長的人氣卻多少是一個謎，因為很難看出現代世界如何或為何與這個修會相關。聖殿騎士是中世紀的修士兼騎士，是十字軍的精銳部隊。他們在戰場上強悍而令人畏懼，使得薩拉丁曾經因為害怕再次遭遇，而下令處死所有被俘的聖殿騎士。這些騎士也實驗跨國金融事業，作為獲取軍費的兼職；他們在這方面天賦異稟，不久就比歐洲最有權勢的君王更加富有，而他們也盡責地融資給這些君王。

從任何人的標準衡量，他們在那時或現在都是令人震驚的一群人，唯有中古世界才能想像得到。很難想像現代有什麼事物能和他們相提並論。或許是一群守貞好戰的基督徒組成的龐大跨國軍團，同時恰好掌握全世界多數的投資銀行？很難想像這樣一個團體在現代會受到大眾一丁點歡迎。那麼，人們究竟在聖殿騎士身上看到什麼？

更黑暗的興趣聚焦於聖殿騎士團，則是作為暴烈的歐洲白人至上主義匯聚之處——一套得以吸引極端主義的種族仇恨指南。聖殿騎士對極端分子的吸引力或許是不可避免。聖殿騎士團畢竟創立於十字軍時期，那絕非宗教和文化寬容的時代。但聖殿騎士總是出人意表，歷史紀錄顯示，就算是在那樣的氛圍，聖殿騎士宣誓的使命其實是保衛朝聖者和弱小者。在超過六百條的中世紀規範裡，沒有任何一條內容可以解讀，他們有權因意識型態差異而殺害不同信仰的人。

極端分子將聖殿騎士團視為納粹黨衛軍，種族滅絕部隊的某種原型，這種看法純粹就是與歷史脫節，不受史料證據支持。我們可以舉蒙奇德（Usamah ibn Munqidh）為例，他是一位敢於冒險犯難的十二世紀敘利亞貴族、外交官和詩人。他記載自己前往耶路撒冷時，與他友好的聖殿騎士會允許他進入他們位於所羅門聖殿（阿克薩清真寺）的總部，空出一塊地方供他祈禱。有一次，某個無名的歐洲騎士一再抓住他，強行將他轉向面朝東方，命令他像基督徒那樣祈禱。聖殿騎士立刻介入，趕走那位騎士，然後向蒙奇德烏薩瑪道歉，並解釋那位騎士剛從歐洲來到，不了解東方的習慣。

這類記載催生一個不斷增長的群體，他們關注聖殿騎士的靈修層面，在騎士會身上發現一個有趣的謎題。有趣的是，聖殿騎士有一種替代信仰，甚至可說是略帶神祕主義色彩的信仰，這樣的想法並不是新紀元的發明。早在聖殿騎士團解散之前，人們就這麼說過。詩人騎士艾申巴赫（Wolfram von Eschenbach）大約在一二〇〇到一二二五年之間，為日耳曼人帶來第一部聖杯史詩：《帕西法爾》（*Parcifal*）。他在其中敘述聖杯保存在拯救之山（Munsalvaesche）的城堡裡，由一群名為聖殿武士（Templeise）的貞潔騎士看守。這是聖殿騎士與魔幻的超自然首次產生聯繫，比《聖血與聖杯》（*The Holy Blood and the Holy Grail*）的讀者早了至少七百五十年。

聖殿騎士與超自然力量的另一種古老聯繫或許更為人所知，悲哀的是，也被甚多扭曲。根據中世紀編年史家記載，當火刑柴堆的烈火逐漸吞噬莫萊，他預言國王和教宗（他和國王一起摧毀聖殿騎士團，並譴責他，讓他以異端之名受死）一年之內就會在天國的審判裡和他相見，並因腐敗而被定罪。儘管這兩人在這一年之內都死去了，莫萊「詛咒」的故事似乎是從他實際上說的話渲染而來，而他真正說過的話，或許就只是揚言天主會為他的冤死報復。

儘管如此，這個傳說的各種版本仍然廣為流傳，長久以來已經成為聖殿騎士之謎的一部分。即使法王腓力四世對聖殿騎士的一切公開發言，全都浸潤著黏稠的虔誠，以及無止盡重複的充當教會保護者的欲望，實情卻恰好相反。

他的「調查」實際上是殘暴的迫害，包括長達七年的野蠻監禁、恐怖酷刑，以及將許多人火刑處死。即使貌似神聖地花言巧語，腓力真正的動機卻與宗教遠不相干。他的金庫已經空無一物，而他急需鉅款支應在歐洲參與的戰事。同時，刺激教宗又在他的嗜好中名列前茅，他顯然覺得，摧毀梵蒂岡戰無不勝的軍團，在法國躋身為支配歐洲強權的奮鬥，必定成為一座醒目的里程碑。

無需意外，將聖殿騎士看作腓力骯髒齷齪的政治手段下全然無辜的犧牲品，也是盛行多年的看法。腓力極盡所需地對聖殿騎士編派罪名，以激發大眾憤怒和反感的手法，確實很無恥。他是羅織這種絕招經驗老到的專家，先前就曾以同樣的異端和同性戀罪名爭取支持對付前任教宗。這一招當時大獲成功。他的手下甚至擄走年邁的教宗，當教宗驚恐而死，腓力還堅持對死去的教宗進行身後審判，以坐實這些捏造的罪名。因此腓力無疑是個天生的霸凌者，一個不知羞恥到極點的操弄者，完全不顧自己遂行所欲要讓多少人流血。

然而，關於聖殿騎士的故事總有意想不到的結果，腓力看來有可能真的發現聖殿騎士異端行為的一小塊殘火，並巧妙地煽動成燎原大火，吞噬這個修會。

細讀基層騎士和騎士會領袖一連串複雜的自白和翻供，會讓人毫無疑問地感受騎士團確實在做某些事。腓力國王指控他們敬拜一顆能讓樹開花、讓土地發芽的人頭純屬虛構，也不曾發現過任何足以聯想至此的事證。同樣地，他所指控的騎士團慣常從事同性性行為也證明是捏造。但許多騎士，包括莫萊和幾位他最資深的副手在內，確實在未受刑求的狀況下公開

17 譯注：一九八二年由培金（Michael Baigent）、雷伊（Richard Leigh）、林肯（Henry Lincoln）三人合撰的暢銷著作，假定耶穌基督並未死於十字架，而是與抹大拉的馬利亞結婚生子，其後裔前往法國南部定居，與當地貴族通婚並建立王朝。由於論點新奇且挑戰天主教會權威而風行全世界，但歷史學者認為全書內容其實多屬含沙射影及陰謀理論。多部歷史小說發揮該書提出的命題和推論，包括丹布朗（Dan Brown）的成名之作《達文西密碼》（*The Da Vinci Code*）。

承認，騎士會新進成員在修院歡迎儀式之後被私下帶到一旁，他們被要求否認基督，並向基督受難像吐口水。沒有一位騎士能說明為何這麼做。他們說，這只不過是行之有年的傳統，新進弟兄通常口服而未必心服。

過了這麼多世紀之後，我們只能猜測這個怪異儀式的特殊意義為何。或許它起初是一種性格測試，試圖了解新進成員被俘並被施壓改宗時會怎麼回應。但沒有人能夠確認。儘管如此，它確實清楚呈現聖殿騎士有意的話，是能夠發揮顛覆力量。事實上，聖殿騎士表裡不一的最明確證據多半不為人所知，就連專門研究聖殿騎士的學者也不知所以然。但它有可能特別重要。它表現為一座原為聖殿騎士團使用，至今仍然矗立，坐落於青翠鄉野靜謐一角的建築。這座建築之內含有一個謎題，或許正是因為它，學者至今尚未重新考察聖殿騎士宗教信念的全盤問題。

那不是蘇格蘭的羅斯林禮拜堂（Rosslyn Chapel），它是在聖殿騎士會被鎮壓一百五十年後才興建，和聖殿騎士毫無瓜葛。那座建築是在法國庇里牛斯山麓，蒙特索內（Montsaunès）村中的一座十二世紀中葉禮拜堂，就在中世紀從法國通往西班牙的其中一條主要道路旁。它的位置至關重要。從伊斯蘭教手中奪回西班牙的鬥爭正如火如荼展開，蒙特索內正在戰略防禦線上。現存的中世紀特許狀，毫無疑問地證明這座教堂是由聖殿騎士興建，並由騎士會使用和維護一百五十年。它位於該會歐洲主要會所（要塞化的修道院）之一的中心，即使會所的其他部分已經湮滅。

一踏進這座古建築，就會立刻明白為何它對於質問聖殿騎士的信仰如此重要。如同大多數禮拜堂和主教座堂，整個建築內部都上了色；但聖殿騎士為這座教堂選定的裝飾卻不是聖人、《聖經》故事和常見的宗教繪畫主題。現存的壁畫是星星和輪子的怪異集合，以某種神祕不可解的形式在牆壁和天花板上滾動。點綴其間的還有網格和棋盤，以同等精準描繪——但也看不出明顯的意義。其中毫無基督教色彩。整體效果是曆法與星象上的，帶有卡巴拉（Qabbalistic）色彩。它像是某個怪異的赫密斯（hermetic）神殿，除了具有基礎知識的人之外，所有人都不解其義。

極少數看過這些壁畫的中世紀美術學者得到的結論是，完全不像他們先前所見的其他畫作。它們是「未知的祕傳裝飾」。研究這些驚人繪畫的任何人很快就會明白，它們完全超越八百五十年來所藏身而不為人知的這個法國小鎮。它們要求解答。它們對於聖殿騎士究竟有什麼意義？為何他們如此細心地畫下這些圖案？又是什麼原因使得他們在教堂中，在他們靈性生活的中心，每天要進去祈禱九次的建築裡畫下這些圖案？

我們就是不知道答案。但蒙特索內的教堂以其本身謎樣的方式證明，聖殿騎士團的宗教生活或許不像我們逐漸相信的那樣簡單明瞭。在艾可筆下的瘋子，以及愈來愈多更為尋常的人們準備紀念莫萊逝世週年之際，關於個人自由和權力濫用、政治性的作秀公審和冤獄，以及歐洲自神權轉型為專制的過程必定會有一番討論。但也會有時間讓人們重新思考，隨著莫萊一起被燒成灰的，隨著其他騎士一起進了墳墓的，究竟是怎樣的知識。

蒙特索內鮮為人知的禮拜堂提醒我們，我們至今對於聖殿騎士團仍有許多不明之處，而且發現得愈多，就愈讓我們迷惑。

第十五題

歷史的汙點：聖殿騎士團總團長莫萊遭受火刑

許多人都知道聖殿騎士團是在異端、偶像崇拜、謀殺、通姦，和同性戀的指控中被解散，但很少人知道，法國國王將這些不實「罪行」推在十字軍騎士身上時，是多麼冷酷和狡詐。本文寫在莫萊被處死的紀念日，這場齷齪的事件在此畫下句點。

一二九一年的阿卡陷落，是中古世界最具決定性的戰役之一。在馬穆魯克軍團推倒城牆時，基督教世界一百九十五年的十字軍實驗，也和大片石造防禦工事一起落入海中。

蘇丹哈里勒（al-Ashraf Khalil）壓倒性的大軍匯集城外時，大多數名流都從海路逃生，只留下聖殿騎士團和一群驚恐的平民。聖殿騎士團的總團長戰死，於是由另一位資深騎士塞維利（Peter de Severy）向蘇丹提議投降，條件是開放安全通道讓平民撤退到賽普勒斯。蘇丹同意，但在聖殿騎士打開城門時，進攻軍開始對婦女和兒童犯下暴行。聖殿騎士立刻關閉城門，將驚慌失措的平民裝上僅剩的船隻。最後一艘船出海之後，他們轉身迎戰敵人。蘇丹召喚塞維利再次前往他的大帳，以表示道歉之意。但塞維利抵達時卻沒有得到道歉，而是被蘇丹當著阿卡城牆上所有聖殿騎士的眼前將他斬首。

聖殿騎士盡可能地持久防守阿卡。但結果從來不構成問題。城市陷落，聖地不再受到基督徒統治，直到大英帝國及其盟友在一九一七年將它奪回。中世紀十字軍城市阿卡的陷落，是震撼歐洲歷史的一刻。最晚到了一八五三年，皇家海軍仍以一艘艦名紀念它——炮艦阿卡聖約翰號（HMS St. Jean d'Acre）。

幾乎無人生還，但有個名為莫萊的人是一名生還者。不久，聖殿騎士團就選他為總團長。

在當地的拉丁基督徒看來，聖殿騎士團是英雄。但在騎士團返回歐洲之後，他們遭逢的命運一如歷史上許多軍人。

兩千年前，當奧德修斯在特洛伊征戰十年，又花十年奮力找到回家的路，他幾乎認不出眼前這個社會。更悲哀的是，也幾乎沒人認得衣衫襤褸的他（除了他的忠犬亞哥斯（Argos），但垂死的牠只有向主人搖搖尾巴的力氣）。

從越南戰場歸來的美國軍人，返鄉後同樣面臨這種脫節。莫萊和最後的十字軍戰士也是如此。歐洲向前邁進，他們流血拚搏的戰役再也不被大多數人民，或是戰鬥大義名分所繫的君王所珍惜。

聖殿騎士團最後一任總團長莫萊遭受火刑的紀念日，也是歷史為這些被拋棄的軍人留下的最鮮明也最動人的故事。

兩百年來，聖殿騎士為了歐洲人民所要求的基督徒統治耶路撒冷而浴血奮戰。可是當這些戰敗的十字軍回到家鄉，十四世紀初的歐洲正要迎接但丁、喬托、馬可波羅、佩脫拉克、薄伽丘、馬修（de Machaut）、喬叟，以及一個充滿新發現的世界。這些決意收復三千英里之外一片東方沙漠的騎士，在社會上沒有位置。

一三〇七年十月十二日星期四，莫萊還在巴黎，為法王腓力四世的弟媳，（名義上的）君士坦丁堡皇后的王室葬禮擔任榮譽扶靈者。但就在隔天清晨，十月十三日星期五，腓力四世的部下踹開法國全境聖殿騎士團會所的大門，逮捕全體騎士，只有少數人逃脫。（人們至今仍然相信，這些逮捕行動正是十三號星期五之所以不吉利的由來。）

腓力指控聖殿騎士的罪名，專為引起大眾反感和驚恐而設計：否認基督、向基督受難像吐口水、崇拜偶像、褻瀆神明和淫穢行為。他說，他也難以置信，但他的首要任務是捍衛基督教世界的基本結構。這是：

> 令人憤恨、悲嘆、思之驚恐、聞之駭異的可憎罪行，可厭的邪惡，令人髮指的行為，可恨的恥辱，近乎非人之事，冒犯天主權威的普世醜聞。（腓力四世，逮捕令狀）

大多數指控都是腓力編造，他虛偽的悔恨也一樣，因為他需要讓人民群情激憤，把教宗對這種無緣無故、明目張膽攻擊教會的行徑，必定產生的憤怒給淹沒。

儘管如此，腓力還是信心十足。這種遊戲他玩得駕輕就熟。教宗克勉五世（Clement V）可能會叫嚷咆哮，但腓力兩年前才為平庸無能的克勉弄到教宗地位，任人唯親的原則仍然適用。這一切全都逃不過但丁的雙眼，他痛斥克勉諂媚腓力、貪戀權力、搞裙帶關係和買賣聖職。他指控克勉是個無法無天的牧者，把教宗職位變成「流著人血和餿水的陰溝」，並且特地在地獄第八層「罪惡之囊」（Malebolge）留一個位置給他。

克勉聽到逮捕的消息時，對這種全面攻擊教宗主權的行徑大為憤怒。但他無計可施。因此他沒有效法前任教宗〔像是額我略七世（Gregory VII）和博義八世（Boniface VIII）那樣〕與腓力正面衝突，而是選擇盡可能主導事件發展，以撫慰受創的自尊。

時序進入十一月，法國的聖殿騎士遭受無情的拷打。幾乎每一個聖殿騎士（包括莫萊在內）都招認了腓力指控的罪狀。腓力證明自己的正確，對他自以為的正義激動不已，他寫信邀請歐洲各國的國王一同效法他虔誠至極的行動。

在英格蘭，國王愛德華二世（Edward II）沒有意願加入腓力損人利己的遊戲。他認識且喜歡莫萊，聖殿騎士也為英格蘭及歷任國王立下汗馬功勞。愛德華反倒採取攻勢，寫信向歐洲各國國王痛批腓力的說詞。

同時，為了主導事態發展，克勉發布《牧靈優先》（*Pastoralis praeeminentiae*）詔書，命令歐洲各國國王奉教宗之名逮捕所有聖殿騎士。

英格蘭的愛德華國王感到自己不得不聽命，但他實在不想這麼做；他在兩週前就向騎士會預告逮捕一事，然後圍捕幾名聖殿騎士，將他們遷移到舒適的住所，其他人則留在各自的會所。

回到法國，克勉指派樞機主教前去訊問莫萊和他的一名重要副手。讓法王腓力驚恐的是，這兩位騎士既然是在跟教宗的部下、而不是法王的爪牙說話，他們立即推翻供詞，確認騎士會對於腓力的一切指控完全無罪。

克勉鼓起勇氣延遲審訊。大為光火的腓力以暴力恫嚇克勉，堅持要他重啟審訊。克勉最終默許了，宣告最終審判將在一三一〇年於維恩（Vienne）舉行。

但經驗老到的腓力不可能顧此失彼。為了持續施壓，腓力逼迫克勉把整個教廷遷移到亞維儂（Avignon）。這正是惡名昭彰的「巴比倫之囚」（一三〇九到一三七七年），這段期間有七名法國籍教宗在佩脫拉克描繪的駭人環境之中，自亞維儂發號施令。

為了讓克勉不再懷疑誰有權做主，腓力也逼迫他對幾年前遭到腓力的人馬強行擄走，因此驚嚇而死的教宗博義八世進行身後審判。腓力的法律專家甚至還起草同一套捏造的罪名：異端、偶像崇拜、殺人、買賣聖職、通姦和雞姦。

而在倫敦，愛德華國王還是沒把這些指控當回事。英格蘭尚未建立宗教裁判所，但在教宗克勉堅持之下，兩位法國審判官在一三〇九年九月抵達，開始在倫敦、約克和林肯審問聖殿騎士。但他們沒能取得供詞，因為即使審判官最終迫使愛德華允許他們使用刑訊，他們也找不到有經驗或願意配合的拷問者。

然後他們提出一個相當耳熟，頗有後九一一時代邪惡腔調的請求：他們要求將英格蘭的聖殿騎士轉移到皮卡第（Picardy）的蓬蒂約郡（County of Ponthieu），該處仍是英格蘭王的領地，但受法國法律管轄。他們說，那樣一來他們仍在英格蘭的土地上，但可任意使用他們所需的刑訊手段。愛德華拒絕。

回到法國，克勉想要親自和此時被關押在希農（Chinon）法國王室城堡的莫萊說話，但莫萊遭受長期酷刑之後已經無法旅行，於是克勉派出三位樞機主教前去訊問他。就在羅亞爾河谷的這個城堡裡，這幾位樞機主教起草了人稱「希農羊皮紙」（Chinon parchment）的文件，二〇〇一年它從梵蒂岡機密檔案被發現時，曾令許多人興奮。〔其實這些檔案並不是祕密。所謂「機密」（Secretum）指的是「私有」，意思是這些檔案不屬於教廷任何特定部門，而是教宗個人所有。〕儘管受到大肆宣傳，但這份羊皮紙的內容其實早已經由其他文獻而為世人所知。

它記載著包括莫萊在內五名最資深的聖殿騎士，在未經拷打、意願自由的情況下，全都自願公開招供。

但真正重要的正是他們招認的「內容」。對於陰謀理論家來說很悲哀的是，其實他們沒說太多。他們說，新進的聖殿騎士在入團儀式之後會被帶到一旁。戈納維爾（Geoffroi de Gonneville）敘述如下：

接收人員將聖殿騎士斗篷頒授給新進成員之後，向他出示某本書上描繪的一座十字架，並要求他譴責十字架上所呈現那一位的形象。當這名新進成員拒絕聽從，接收人員多次要求他聽命。由於他完全拒絕做這件事，接收人員看出他的抗拒，於是對他說：「你願不願意向我起誓：要是有弟兄問起，你會回答你已經譴責過了，只要我允許你不這麼做？」這名新進成員回答：「願意」。他也表示接收人員要求他向前述的十字架吐口水。當他拒絕如此，接收人員把自己的手蓋在十字架圖案上，表示：「至少吐在我手上！」由於這名新進成員害怕接收人員會把手移開，使得唾液沾上十字架，他不願吐在手上，而是選擇向十字架旁邊吐口水。（《希農羊皮紙》，一三〇八年）

這個怪異的傳統或許是某種早被遺忘的性格測試，或是為可能被俘而做的心理準備。戈納維爾自己有兩種解釋。他聽說這種否認是在效法聖彼得三次不認基督。或者，過去曾有一位總團長被敵人生擒，釋放他的交換條件是將這個儀式引進騎士團——作為羞辱，同時預示任何一名聖殿騎士被俘之後的下場。

不論這個離奇的傳統起源和功能為何，莫萊等人都招認這種行徑，並向樞機主教祈求饒恕，樞機主教則給予赦罪，讓他們與教會和好。

我們無法得知在希農發生的真實情況。或許資深的聖殿騎士編造這些小小的入團儀式，以求赦罪？或者他們知道，自稱無辜會讓他們成為復發異端（relapsed heretics）而遭到處死？不然也有可能是樞機主教編造這些內容，無論是為了牽連聖殿騎士，還是防止聖殿騎士出現反覆？誰知道。隔年，莫萊堅稱自己在希農不曾對任何重大罪名招供。而且最奇怪的是，還有另一個聖殿騎士供認曾在蒙彼利埃（Montpellier）見過那尊著名的偶像〔一般稱作巴風特（Baphomet）〕，這幾乎讓羊皮紙的內容進入魔幻範疇。唯一的問題在於：這是誰的幻想？

到了這一年年底，有個重大事件開始發生：聖殿騎士開始還擊。他們一個接一個撤回被血染紅的供詞。隔年五月，約有六百名聖殿騎士撤回自白。克勉感受到事情沒完沒了，於是再把維恩的最終審判延遲一年。

腓力國王在巴黎察覺局勢逆轉，他必須採取決定性行動。於是他召見桑斯（Sens）主教，逼迫他重新審問教區內的聖殿騎士。五十四名聖殿騎士繼續堅稱清白，主教則盡責地將他們宣告為復發異端。

腓力知道，告白悔罪的異端會成為迷途羔羊受到歡迎，給予補贖，並與教會和好。但這名悔罪者倘若再次淪入異端，他就拒絕一切聖寵，摒棄救恩，成為基督徒社會直接的威脅。

一三一〇年五月十二日，正如腓力所預期，桑斯主教把這五十四個聖殿騎士活活燒死。這場駭人聽聞的殘酷行為，正是腓力所需的興奮劑。殘存的聖殿騎士逐漸不再抵抗。

這個悲哀的故事逐漸進入尾聲。一三一一年十月，期待已久的維恩審判開庭，準備給予最後判決。但證據其實不大多。對腓力指控的一百二十七項罪狀全盤認罪的，只有在他的地牢裡飽受凌虐，或是在他領土上對他效忠的聖殿騎士。實際上沒有任何自白來自海外。

腓力一如既往地現身，威脅要對克勉動粗，直到他解散聖殿騎士團才肯罷休。其他教會代表對此提出抗議，他們感到聖殿騎士並未得到機會為自己辯護；他們也指出這些罪狀跟腓力最近指控已故教宗博義八世的罪狀如出一轍，令人起疑。但這些都幫不了克勉，他揚言再有人多嘴一律逐出教會。

一三一二年三月，腓力的意志終於能夠不受阻礙地遂行，克勉在腓力父子隨伴下發布《高處之聲》（*Vox in Excelso*）詔書。他指出，聖殿騎士團的名聲已經敗壞不可回復，並以一種完全迴避有罪或無罪問題的套路宣判：

> 經神聖會議許可，我們發布不容違反、永久有效的詔令，查禁聖殿騎士會及其法規、服裝與名稱，並即刻全面禁止任何人進入該修會、收受或穿著其服裝，或擅自做出如同聖殿騎士的行為。（教宗克勉五世，《高處之聲》詔書）

一切到此結束。再來只剩下處理枝節問題。自白認罪的聖殿騎士被判入獄服刑，不發一言的則被送往其他修會。

為了讓事件最終落幕，一三一四年三月十八日，四名仍然在世的最資深聖殿騎士被押解到巴黎。在聖母院大教堂前庭搭建的講臺上，他們被公開判處終身監禁。佩爾德（Hugues de Pairaud）和戈納維爾默默接受判決。但莫萊和查尼（Geoffroi de Charney）卻令群眾大吃一驚：他們以壓過樞機主教的聲量，宣稱自己和聖殿騎士團都是無辜的。

這個令人震驚的消息立刻傳遍全城，在羅浮宮裡的腓力國王也知道了。他不顧一切地要粉碎這個危險的最新抵抗，將法律程序棄之不顧，下令立刻燒死這兩位年邁的聖殿騎士。於是，當暮色降臨，聖母院的詠禮司鐸為晚禱前的點燭（lucernare）點燃蠟燭和香火時，巴黎的男性市政官點燃鄰近的兩個柴堆，在詠禮司鐸的禱告聲中，將莫萊和查尼兩人燒成灰燼。

一位在現場見證的王室司鐸（以韻文形式）敘述莫萊的遺言：

> 「天主知道有錯和犯罪的是誰。禍事很快就要臨在冤枉我們的人；天主會報復我們的死。不要懷疑，反對我們的人必因我們而受苦。求你們讓我面向童貞瑪麗亞，我主基督由她所生。」他的要求獲得滿足，死亡輕柔地帶走他，人人為之驚嘆。（巴黎，《編年史》（Geoffroi de Paris, *Chronicle*））

謠言開始流傳：莫萊臨死前也高聲呼喊，召喚腓力和克勉在一年零一天之內到天主面前與他相見，屆時他們的罪惡將受到審判。[18]

莫萊和查尼隨即被人們視為殉道者。在寒冷的曙光中，巴黎人在火刑堆的灰燼裡搜尋他們的遺物。中世紀作者談到大眾的憤怒。但丁指控法王腓力危害基督教世界。托斯卡尼的一位編年史家甚至宣稱，聖殿騎士團的解散是引發黑死病的主因之一。

腓力花了七年時間，但他終於得償所願。他垂涎已久的聖殿騎士團巨大財富，同時展現他摧毀教會最強大組織之一的能力。但結果證明，他沒能活著享受這兩大勝利。

克勉和腓力在這一年結束前都死了。莫萊的「詛咒」應驗了。

莫萊的死亡不只是一位七十二歲的老兵被殘酷處決而已。它是一場損人利己、政治操作的司法冤獄最終的完成，由一位冷酷的君王幕後策劃，並由懦弱的教宗助長。他們兩人都虧欠莫萊和聖殿騎士。

倘若莫萊學過高階政治技巧，或許可以拯救自己的修會。但他只是個單純的修士和軍人，信任權威與指揮體系。直到最後都相信教宗會出手救助他們。他和軍人一樣仰賴這個信念：打過自己受命參與的戰役回家之後，主人會承認並尊重自己的貢獻。

或許今天應當作國定假日，紀念三軍的退伍軍人。這個紀念日不是為了陣亡將士，而是

18 譯注：在普通法，因死亡提起的訴訟必須在死者身後一年零一天之內提出，且死者要在犯行發生後一年零一天之內死去，才能確認死者死亡與被告犯行有關。這是因為古代的醫療手段不足以在這麼久之後，判定死者是否因被告的行為或其他外來原因而死亡。但由於今日醫學發達，這項原則已被許多國家撤銷。

為生還者——太常被一筆勾銷，彷彿他們參與的戰事已是昨日黃花的那些人。旁觀者要回顧歷史，展現自己的後見之明，論斷衝突正義或值得與否非常容易。但在「莫萊紀念日」這天，我們也許可以承認，多數三軍官兵並沒有這種選擇的奢侈。應該有個適當的時間讓我們記得這點。

第十六題

杜林裹屍布是人類創造最偉大的中世紀藝術品

杜林裹屍布（Turin Shroud）是基督宗教中最有名，也最受爭議的聖物。本文撰寫於它難得向大眾展出之際，分析這片裹屍布究竟是什麼，以及如何製作的一切已知證據。

寧靜的義大利小城杜林（Turin）發生一件相當不尋常的事。

在十五世紀興建的大教堂裡，一片古老、染有汙漬、被火燒過的中世紀亞麻布，從氣密防彈箱中搬出來公開展示。展覽預計進行六十七天。

這片引發強烈爭議的織品前一次展出是在二〇一〇年，當時有超過兩百五十萬人湧入大教堂觀看。或者更準確地說，他們觀看的是這塊象牙色織物上的圖像，似乎呈現出一個男人正面和背面淺淺的全身大小印跡。

這個發黑的圖像其實相當模糊，直到一八九八年，律師皮亞（Secondo Pia）拍下這塊布的照片，世人才得以看見那人令人驚駭的傷痕，清楚顯現在皮亞的底片上。

天主教會並未將這件物品宣告為奇蹟。教宗若望保祿二世稱它為「福音的寫照」，教宗本篤十六世（Benedict XVI）和方濟各（Francis）則稱之為「聖像」。

那麼，從歷史和科學的角度看來：裹屍布是什麼？又不是什麼？

這塊長長布片的歷史可分成兩個範疇：人們已知的部分，以及人們推測的部分。

我們對這片裹屍布最早的明確認知，來自於一三五五年前後的一樁事件：它在法國香檳區（Champagne）的小村利雷（Lirey）公開展出。持有者是當地騎士查尼及其妻韋爾吉（Jeanne de Vergy）。

儘管陰謀理論派堅持主張，但就至今所知，這個查尼（或者他兒子也取了這個名字）和著名的聖殿騎士查尼並無關聯；後者是聖殿騎士的諾曼第分團長（preceptor），在四分之三世紀之前的一三一四年，和總團長莫萊同時以復發異端罪名被處以火刑。

一三五五年展出之時，特魯瓦（Troyes）主教普瓦捷（Henry de Poitiers）對這塊布進行調查，結論認定它是「贗品」，「被精巧地繪製而成，實情已由繪製的藝術家證實：也就是說，這是人類技巧的產品，而非奇蹟降臨或賜予。」

這次由主教進行的調查並未留下更多資料，但在一三八九年，普瓦捷的繼任者之一，德阿爾西（Peter d'Arcis）主教致函亞維儂的對立教宗克勉七世，告知普瓦捷主教的調查結果，並申訴這片亞麻布又被公開展出。看來德阿爾西未能讓展覽停止，因為克勉回信表示樂見它作為真正裹屍布的「形象或再現」而受到展示。

經過六十年的往復遷移，查尼的孫女瑪格麗特在一四五三年將這片裹屍布最終交給薩伏伊（Savoy）公爵家族，他們將它帶到阿爾卑斯山區的首府尚貝里（Chambéry）。

接下來將近八十年安然度過，直到災難在一五三二年十二月四日夜晚降臨，存放它的教堂失火了，當時它被存放在祭臺後方，由銀棺盛裝著貯存於壁龕中，外以鐵柵封存。保管鑰匙的人不知去向，於是一位鐵匠和兩名會士強行撬開鐵柵，但銀棺的一部分已經燒熔，熔化的銀落在裹屍布上，燒穿了洞；一群佳蘭會（Poor Clare）修女隨後將它縫補起來，至今仍能看見針線痕跡。

往後的歷史平凡無奇。這片亞麻布最終遷移到杜林，存放至今。然後在一九八三年三月十八日，薩伏伊親王翁貝托二世（Umberto II）去世，在遺囑中出人意表地將裹屍布從他的家族易手，贈送給教宗及其繼任者。

大致說來，以上是已知的歷史事實。

而在一三五五年之前發生的事則是推測。比方說，人們宣稱這片裹屍布一度被稱作「埃德薩聖像」〔有時稱為基督聖容聖像（Mandylion）〕，隨後被遷移到君士坦丁堡，一二〇四年，十字軍侯克萊里（Robert de Clari）在布雷契耐（Blachernae）的聖母瑪麗亞教堂（Church of My Lady St. Mary）看見它，後來被聖殿騎士查尼祕密帶回歐洲。

實際上，這個說法毫無根據，歷史多半也與它互相矛盾。例如，聖殿騎士團並未參與一二〇四年圍攻君士坦丁堡，聖殿騎士查尼也是一百年後的人物。

更荒誕不經的作者則宣稱，這片布是聖殿騎士團末代總團長莫萊的裹屍布，或甚至是由達文西製作。但這些聳人聽聞的理論沒有一項能引出近似證據的事物。例如，莫萊不是被釘十字架，而是被燒死；達文西則在一四五二年才出生，那時已是裹屍布首次在利雷展出的一百年後。

總而言之，歷史證據明確指出，可資證明的起源從十四世紀中葉開始。歷史資料就是這些。到了晚近，科學家也能各自補充看法了。他們對事物的樣貌看法一致：這是一片十四呎三吋長、三呎七吋寬的亞麻布，呈現出一名身高五呎七吋的男人正面和背面的圖像。

科學能夠解答的最明確問題，則是這件物品年代有多久遠。歷經多番往復，裹屍布終於在一九八八年由大英博物館監督進行碳定年法測試。牛津、土桑（Tucson）和蘇黎世的實驗室各自收到一片四十克重、郵票大小的布，以及三份對照樣本。三個實驗室各自獨立工作，結果送達時，他們一致以百分之九十五的確信認為，產生時間應當在西元一二六〇到一三九〇年。

在大多數人看來，碳十四科學終於提供客觀的決定性證據，信心十足地將這片亞麻布追溯到中世紀中期。

但由此也出現許多異見。他們並不是認為科學有誤，而是認為三個樣本全都取自布料邊緣的同一區塊，恐怕無法代表整體。比方說，他們提出布料的邊緣在一五三二年遭遇火災之後可能受到大規模修復，或是邊緣區塊可能受到黴菌感染，因為那是布料最常被觸摸的區域。但整體而言，碳定年的結果尚未受到認真或有說服力的挑戰，也沒有一種不同意見經實驗證明不只是推測。

放大來看，科學家詳細探討布料上圖像的物理特徵。

一九七六年，兩位美國科學家將裹屍布的照片，輸入一部能以等角投影，將二維圖像呈現出近似三維立體影像的電腦中。一張普通的臉部照片輸入電腦時，由於照片缺少深度及距離的充足資訊，運算法產生的可能是含混不清的等角投影。但令操作者意外的是，裹屍布的頭部照片產生可辨識的人臉輪廓。

這兩人大感興趣，他們找了將近四十位美國科學家聯手組成團隊，命名為杜林裹屍布研究計畫（Shroud of Turin Research Project, STURP）。成員包括來自太空總署噴射推進實驗室、美國空軍武器實驗室、洛斯阿拉莫斯國家（核子）實驗室、美國空軍學院、國際商業機器公司（IBM）、洛克希德公司（Lockheed）、布魯克斯攝影學院，還有其他從醫學到海洋學電腦繪圖各種專業組織的專家。

他們提出研究這片亞麻布的申請，在一九七八年獲准取得裹屍布五天，以進行科學實驗。

這個團隊夜以繼日地工作，以黑白、彩色、紫外線、紅外線攝影、螢光反應、顯微鏡放大、分光光度法、熱顯像法、紫外線可見光反射率、X光螢光光譜儀，及其他一連串測試考察這片布料。杜林裹屍布研究計畫在一九八一年發表研究結果，結論是布上的圖像精細描繪一個如同《聖經》敘述的方式，被凌虐並釘上十字架的人。

多處出血穿刺傷在頭部周圍呈環狀分布，與荊冠的敘述吻合。這個男人的背部、臀部和小腿覆蓋一百多處小型的啞鈴狀割傷，符合羅馬鞭（flagrum）抽打或鞭笞的傷口。他的身體右側也有一處穿刺傷，符合羅馬矛尖穿刺的傷口。

此外，還有釘十字架所顯露的痕跡。

令人意外的是，圖像似乎顯現出這個人是從手腕被釘上十字架，這與將近兩千年來的宗教藝術呈現截然相反。在這方面，骨質考古學（osteoarchaeology）對於理解更完整的情境並沒有太大幫助，因為羅馬時代被釘十字架的人一般都被遺留在十字架上腐爛，被取下之後也會扔去餵野獸或丟進垃圾堆。結果，幾乎找不到羅馬時代被釘十字架的人骨供科學家比對。但在一九六八年，考古學家發現「約哈難」（Yehohanan）的部分骸骨，他在西元一世紀的巴勒斯坦被羅馬人釘上十字架；而他的遺骸則顯示，釘十字架用的沉重鐵釘並非穿過約哈難的腳掌，而是直接穿透腳踝骨。儘管這或許出人意表，但現代愈來愈多人主張，羅馬人會以鐵釘或繩索穿透身體多處部位將人釘上十字架，而且使用許多種柱子、十字架，甚至樹幹。

但在圖像的物理（相對於視覺）屬性上，杜林裹屍布研究計畫團隊卻陷入迷惘。他們總結，圖像只透入亞麻布外部表面幾微米，並未像塗料、顏料、汙漬，或染料那樣深入布料纖維。他們說圖像更近似於亞麻纖維最表層的輕微變色，彷彿「亞麻本身微纖絲的多醣結構氧化、脫水及接合所致」。他們斷定：看似從多處傷口流出的血跡確實是血，含有血紅素和血清白蛋白。

對許多人來說，杜林裹屍布研究計畫的結論以堅實的科學證據說明，一個確實以《聖經》所述方式被釘十字架的人，相當程度上與亞麻布上圖案的產生有關。

但不同意見仍然存在，一如碳定年法。

批評者指出，某些杜林裹屍布研究計畫團隊成員從屬於不同宗教團體，認為他們的信仰讓發現產生偏見。倘若此事屬實，那麼我們對於裹屍布就沒剩多少可靠的科學分析，因為從那時之後就不曾再進行重大的科學調查。

調查當時也有科學家公開表示異議。比方說，化學家和顯微分析專家麥克隆（Walter McCrone）起先也是杜林裹屍布研究計畫團隊的一員，但在和團隊產生不同結論之後分道揚鑣。確切地說，他的顯微分析揭露出紅赭石（red ochre）與朱紅蛋彩（vermilion tempera）存在，他認為這足以說明裹屍布出自藝術家之手。然而，麥克隆的研究成果也反過來受到批判，因為塗料積澱散布在整片布料上，包括空白部分，但在每一處的量都太微小，與實際圖像無關。反對他的一方主張，麥克隆發現的積澱物質，其實產生於布料和儲藏箱之類的彩繪物體接觸，甚至是其他彩繪而成的複製裹屍布，在其上摩擦求取祝福所致。

在這一切斷言與否定之中，關於圖像最重要的事實是：圖像各部位結合起來其實非常難以複製，唯有這一點無人表示異議。科學家和美術家奮力重製圖像，展現一切巧思，用盡屍體、藥草、香料、塗料、金屬、照相機、投影機、輻射、能源爆炸的釋出物質，素材不勝枚舉；但令人困惑的是，至今還未見任何圓滿成功的複製。

裹屍布研究（Sidonology）這個特殊領域或許是當前成果最豐碩，每隔一段時間就有新理論產生。比方說，二〇一一年下半年，一個義大利科學家團隊做出結論，認為圖像有可能使用紫外光或輻射；到了二〇一四年，另一個義大利科學家團隊又宣稱：西元三三年芮氏規模八點二的耶路撒冷大地震，可能釋放出足以產生X光圖像的中子微粒，從而推翻了任何晚於這個時間的碳定年法結果。

那麼，在此總結科學證據：一九八一年的杜林裹屍布研究計畫團隊做出結論，認為這是一個被鞭笞並釘十字架的人留下的圖像，布料上有真正的人血，但產生圖像的技術仍不得而知。七年後，碳定年法測試肯定地提供一二六〇到一三九〇年這個結果。

暫且不論科學，轉向更大的歷史問題：值得一提的是，《路加福音》和《約翰福音》都具體說到基督被釘穿手掌，這與裹屍布的圖像不符。不僅如此，儘管對觀福音書（synoptic gospels，《馬太福音》、《馬可福音》、《路加福音》三者合稱）提到「亞麻布」，《約翰福音》卻說基督是被「亞麻布條」纏繞，另以頭帕覆蓋，這也不符合單片亞麻布的完整圖像。福音書全都不曾提及留下人像的亞麻布，早期教會也沒有對這種布料的任何敬禮。

再把它放回歷史脈絡，君士坦丁大帝和海倫娜皇后等羅馬顯貴都是熱愛考古的人，對於追尋與基督生平相關的聖物有著強烈興趣。他們對聖物的熱情也是中世紀多數君王所共有，在他們看來，基督碰過的任何東西都是第一級聖物，要和花錢能買到最貴重的物品一起展示，像是法王路易九世（Louis IX）在巴黎興建精美的聖禮拜堂，只為了收藏基督的荊冠。

然而似乎沒有任何羅馬、拜占庭，或中世紀君王注意到裹屍布，要將它的日期宣布為西元一世紀，難處也正在於基督釘上十字架後一千三百二十年間，始終沒有可信的證據證明它的存在。不僅如此，就連一三五五年前後它在法國出現時，也幾乎沒有引起轟動，法國王室和教宗都沒有表示興趣，由此強烈顯示出他們不相信這是真品。

一切可信的證據都指向這片裹屍布是中世紀產品。就算只看一眼，也很容易看出那張臉有著中世紀的拉長比例，與從中世紀建築上方俯視我們的耶穌、施洗約翰，或舊約先知人像完全符合。

事實上，裹屍布令人毛骨悚然的細節，確實與中世紀晚期的心態若合符節。要是你晃進一座哥德式大教堂，你遲早會看到貴族和主教的巨大肖像，但他們不再鮮豔奪目地穿著華服或配戴紋章，而是被描繪成憔悴又骨瘦如柴，在驚恐中腐爛。畢竟，這時是第一次黑死病時期（一三四七至五一年），歐洲三分之一人口突然死亡，埋葬全家和全村成了嚴酷的現實。基於完全可被理解的緣故，藝術家在這些「屍墓」，而後在枯骨狂歡的「死亡之舞」圖畫，最後更在基督受苦、枯槁、鮮血淋漓，令人傷心慘目的釘十字架繪畫中追隨現實人生。

現代科學家所掌握，對於人體的詳盡知識或許相對晚近，但聰穎、好問、志向遠大的人類心智始終與我們同在——古代、中世紀與今日皆然。沒有理由排除藝術家用屍體做實驗，以理解死亡的生理學，以及死後人血從傷口流出方式的可能性。古希臘雕刻家鉅細靡遺地呈現每一根血管和動脈。十五世紀時，達文西也在寫生簿中畫滿剝皮的人體部位解剖圖樣。據說卡拉瓦喬（Michelangelo Merisi da Caravaggio）曾以一個溺斃的娼妓作為模特兒，畫出《聖母之死》（*Death of the Virgin*，一六〇六年）。傑利柯（Théodore Géricault）繪製《梅杜薩之筏》（*Raft of the Medusa*，一八一九年）時，也曾研究過死屍。所以人們怎能不相信這樣的事：某個才華洋溢的中世紀藝術家曾經著了魔地費盡千辛萬苦，只為了重現一個人被釘死十字架後的裹屍布？

我們也就在這裡正視文化傲慢：它預設我們只因無法理解裹屍布上的圖像創造的每個細節，就以為這不可能出自我們（相悖於一切證據）認定了粗魯不文的古代人之手。

杜林裹屍布不需要回溯到西元一世紀，就足以令我們癡迷，並得到啟迪。倘若它真是中世紀藝術家的創作——歷史、科學及視覺證據都指向這點——那麼它就是一個貨真價實的奇觀，引領我們進入中古世界的天才之境，讓我們得以深刻了解這位將羅馬式處決對身體造成的可怕傷害，最為鮮明而動人地展現為視覺形象的傑出藝術心靈。

第十七題
弒君與野心：理查三世與兩位「王子」死於倫敦塔

萊斯特一處停車場地下發現一具骸骨，被確認為理查三世。本文回顧我們對於理查三世如何取得英格蘭王位，以及年幼的國王愛德華五世和他弟弟被理查囚禁於倫敦塔之後命運的認知。

都鐸王朝晚期的英格蘭對於政治上粗心大意的人是很要命的，判斷錯誤的人經常被送往泰本（Tyburn），[19] 一去不回。幸好，莎士比亞十分了解遊戲規則。當他推出《理查三世》這部劇作時，他深知筆下的最大反派可不是哪個過往年代的任意一個君王——理查是金雀花王朝最後一個英格蘭國王，一百年前，都鐸（Henry Tudor，亨利七世）在博斯沃思原野

19 譯注：倫敦近郊的一座村莊，數百年來，倫敦的罪犯和叛國者都在此處的絞刑架處死，使得此地成為死刑的同義詞。

（Bosworth Field）戰役從他手中奪取王位。

基於顯而易見的理由，都鐸王朝對於涉及理查的事物都有些敏感。他們偏好的說法是將理查說成道德敗壞的化身，以確保所有人繼續感謝都鐸將他拉下王位。

自然有許多都鐸時代的寫作者樂意配合。例如編年史家勞斯（John Rous，約一四二〇—一四九二年）在亨利七世加冕之後立刻不再稱讚理查為「好領主」，轉而回顧理查花了母親兩年時間懷胎，終於出生時已經長了牙，髮長及肩，而且駝背。摩爾爵士（Sir Thomas More）、霍林希德（Raphael Holinshed）及其他作者，差不多也照著這個套路書寫。但還是莎士比亞創造了烙印於我們集體記憶中的理查——「地獄之子」，偏執又凶殘的瘋子，「既不懂天理，也不顧人情」。

然而，在莎士比亞歸咎於理查的眾多血腥行徑中——有些是真的，但許多不是——最為臭名昭著的無疑是謀殺兩位年幼的「倫敦塔中的王子」。（其實「王子」這個詞有些輕描淡寫，其中一人是當時在位的英格蘭國王。）

因此，當頭戴禮冠的教士三月二十五日在萊斯特，為理查三世殘缺不全的頭顱和駭骨莊嚴地祈禱，這個國家即將重新安葬的，究竟是一位飽受中傷卻稱職的國王？還是一個犯下殺嬰弒君之罪的醜惡暴君？

事實其實很簡單。

理查的哥哥，國王愛德華四世（Edward IV），在一四八三年四月九日突然死於溫莎。愛德華四世的長子是威爾斯親王愛德華（Edward Prince of Wales），在十多年前，貴族們就曾向這位合法的儲君宣誓效忠。

不幸的是，愛德華四世駕崩時，他的繼承人年僅十二歲，這使得愛德華四世在遺囑中指定理查為護國公攝政，直到小王子年滿十四歲的法定年齡。但愛德華四世的遺孀，出身勢力日漸增強的伍德維爾（Woodville）家族的伊莉莎白王后（Queen Elizabeth）卻另有盤算；她迅速安排兒子繼位為愛德華五世，預定於五月四日加冕。

理查將這個舉動看作是要排擠他，好讓伍德維爾家族成員包圍年幼的國王。理查絕不接受。儘管他公開向新王愛德華五世宣誓效忠，他卻在五月初突如其來地在斯托尼史特拉福德（Stony Stratford）挾持國王，逮捕幾名伍德維爾家族的王室顧問以警告王后，而後護送國王回到倫敦。

理查迅速將愛德華安置在倫敦塔——此處既是王宮，也是監獄——並將加冕延期到六月二十二日。接著他公開就任護國公一職，開始以愛德華五世的名義治理國家。

然後在六月十三日，他逮捕更多人，並且就地處決位居顯要的廷臣哈斯汀伯爵（Lord Hastings），罪名是謀逆。真正的理由更有可能是因為哈斯汀是伊莉莎白王后的盟友，也是愛德華五世最強大的支持者之一。

三天後，理查的部下說服伊莉莎白王后（這時她在西敏寺避難）交出小國王九歲的弟弟約克公爵理查（Richard Duke of York），他也在倫敦塔被安排住處；伊莉莎白被告知，這樣一來他就能參加哥哥的加冕儀式。

王位的第一和第二順位繼承人既已被他牢牢掌控，理查隨即發動政變，將愛德華的加冕再延遲到十一月九日，然後散播謠言宣稱愛德華四世與伊莉莎白王后生下的十名子女皆為私生子女，因為愛德華四世先前曾和他人訂婚。

在這些負面指控廣泛傳開之後，理查在六月二十五日處死五月初在斯托尼史特拉福德逮捕的兩位伍德維爾家族領袖；六月二十六日，他在西敏寺自行登上王座，自稱為國王理查三世。他在七月六日正式加冕。

這一切全都迅速發生，沒人有時間發起任何有意義的抵抗。

理查立刻在他的新領土展開勝利巡行，但在七月底，他得知有人試圖從倫敦塔救出兩位王子卻失敗。這幾乎可以確定是愛德華五世的支持者試圖幫助他復位，但它也可能是決定這兩個男孩可怕命運的事件，因為兩人從此再無音訊。他們就這樣從歷史消失。

同時代的人們很快就斷定兩位王子已死，因為在三個月內，反對理查的力量就集結在都鐸身邊，他是個打家劫舍的局外人，對王位的要求既不足採信又拐彎抹角（令人驚恐的是，他的母親在十三歲時就生下他）。要是人們相信愛德華五世仍然健在，對亨利的支持就令人無法理解。

數百年後，一六七四年七月十七日，一個榆木盒子在倫敦塔被發現，它被埋在通往白塔（White Tower）禮拜堂的一道樓梯下深達十呎的垃圾之中。盒子裡是兩具兒童的骸骨。興奮刺激隨之升高，因為這個地點大致上與摩爾爵士在多年以前提到，理查家僕蒂雷爾爵士（Sir James Tyrell）所供認的兩名遇害男童首先被埋葬之處相符。

這恐怖的發現隨即被呈報給國王查理二世（Charles II），他下令將骸骨重新安葬在西敏寺，墳墓由著名建築師雷恩（Christopher Wren）設計，並鐫刻碑文紀念「不幸的」愛德華五世和約克公爵理查。骨罈在一九三三年又被打開，確認骸骨是這兩個孩子，但此後對骸骨進行科學研究或DNA檢驗的一切請求，皆被王室拒絕。

那麼，假定這兩個男孩都被謀殺——歷史學家是如此假定，例如幾乎同一時間成書於一四八六年的《克羅蘭編年史》（*Crowland Chronicles*）。但在五百三十二年後，關鍵問題仍未獲得解答：理查策劃這些駭人聽聞的謀殺嗎？還是都鐸王朝為了宣傳而嫁禍於他？

「誰受益？」至今仍是世界各地凶殺案調查的出發點，而兩位王子在一四八三年永久退出王位繼承行列的主要受益者無疑是理查。他不只擁有最強烈的動機，這兩個男孩也在他的絕對掌控下，他對兩人權利和福祉的漠視也已被證實。他也從未試圖公開說明兩人的下落，或者他們在他「保護」下發生什麼事。

多年以後，其他犯人也被搬上檯面。最耐人尋味的一位是蒂雷爾爵士，他被亨利七世的史家維吉爾（Polydore Vergil）指為凶手。後來，摩爾爵士更進一步寫道：在一五〇二年蒂雷爾被處死之前，他招認奉理查之命殺了這兩個孩子。然而，蒂雷爾這份自白的證據卻不曾發現。摩爾的記載則是在蒂雷爾死去很久之後從都鐸王朝的角度寫下，而且明顯加油添醋。

另一位嫌犯是白金漢公爵史塔福德（Henry Stafford），他在一份一五一二年起草，目前收藏於紋章院（College of Arms）的文件中受到咎責。一般推測若是他下的手，他也是奉理查之命行事。

第三個可能的凶手則是亨利七世，晚近有些作者提到他可能在一四八五年即位後下令殺害兩人，以根絕所有金雀花王朝的王位競爭者。

但是有一點很重要：這些人在事發當時都沒有受到指控，反觀當時卻有大量謠言在國內外四處流傳，將矛頭指向理查。

比方說，早在一四八四年一月，法國三級會議就公開譴責理查為殺人凶手。

不僅如此，一九三四年，一部由義大利人曼西尼（Dominic Mancini）撰寫的著作重見天日。事發當時他在英格蘭，記下了他所聽聞的流言和對話。他記載，當時盛傳兩位王子在理查保護下被解決掉，甚至在理查正式篡奪王位之前即已遇害。他也保存一段確鑿的細節：王子們在倫敦塔的醫師阿根泰（John Argentine）當時表示，年幼的愛德華五世每天都在告解和補贖中等待即將發生的謀殺。

還有最後一部分證據，伊莉莎白王后和女兒是在取得理查起誓不會傷害女孩之後，才離開西敏寺的避難所。這清楚說明王后害怕理查對她的子女施暴。最後她多少報了仇：亨利七世的軍隊於博斯沃思戰役殺掉理查之後不到五個月，她就把自己的長女約克的伊莉莎白（Elizabeth of York）嫁給新王。

因此，在全國準備重新安葬理查之際，王子被殺一事仍未解決；在媒體聚精會神報導將於萊斯特舉行的王室盛大典禮時，對凶手身分的推測無疑也會重新開始。

有些人指出，理查的信仰虔誠得到充分證明，因此斷定他絕不可能做出這種事。也有人說，要是他必須對此負責，那也是出於責任感，因為他害怕王國危險的不穩局面，會因為不成熟的年幼國王，以及同樣缺乏經驗的伍德維爾家族輔政而惡化。

從現代的學術研究成果看來，包括莎士比亞在內的都鐸王朝寫作者把理查刻劃成一齣政治鬧劇，這是無庸置疑的：他成了一個誇張的反社會分子，痛飲權力和死亡。其中大半是明目張膽的捏造。他沒有殺害亨利六世（下手的是愛德華四世）或其子西敏的愛德華（Edward of Westminster）。他也不曾涉入自己的兄長克拉倫斯公爵喬治（George Duke of Clarence）被處決一事（儘管喬治可能真的是被淹死在馬姆西甜酒（Malmsey wine）桶裡）。他也不曾殺害妻子的第一任丈夫，或是為了再娶而毒殺妻子。但在倫敦塔被殺的王子這件事情上，很難想像會有很多律師在「不勝訴不收費」的前提下組織起來為理查辯護。

第十八題
重新安葬理查三世：是這具屍體沒錯嗎？

理查三世的骸骨在萊斯特大教堂舉行的盛大典禮之中被重新安葬。但在幕後，許多人都質疑被埋葬的究竟是誰的屍體。本文旨在探討這些遺留未解的問題。

除了萊斯特和約克爭奪骸骨之戰，或是採用聖公會抑或天主教禮儀的爭論之外，關於理查三世重新安葬的最大問題，也是人們最難說出口的，是我們埋葬的骸骨到底對不對。你聽了或許會很驚訝，但證據其實非常不明確。

你通常會聽到的說法是，這具骸骨的脊椎側彎，與約克王室家族有關，死於暴力，而且埋葬在如今已不存在的萊斯特灰衣修士教堂（Grey Friars，即聖方濟教堂）之內。因此這是理查。

但這套說法有重大問題。沒錯，我說的是重大問題。

理查死於一四八五年，但對這具骸骨進行的兩次碳定年測試，分別得出一四三〇至六〇年，以及一四一二至四九年兩組生卒年結果。隨後這兩組結果又以「統計演算法」調整，因為他吃了很多魚，產生的新結果是一四七五至一五三〇年。說真的，你乾脆伸出手指測風向算了。

DNA檢測同樣很有爭議。骸骨的粒線體DNA顯示，它和理查的女系血統吻合。但每一個母親都會將同樣的粒線體DNA遺傳給子女，女兒再將它遺傳給自己的子女，一代傳一代。經過幾個世代和幾世紀，這意味著散布各地、連姓氏都不同的一大群人，都會有同一個粒線體DNA。

骸骨中另一套可用的DNA是Y染色體DNA，這是父親遺傳給兒子的。不幸的是，萊斯特停車場出土的骸骨並沒有理查預期應有的男系DNA。意思是說，或者這具骸骨不是理查，或者金雀花家族的血統在某個未知的時間點，已經因為非婚生子女而中斷。因此這種男系DNA也就毫無用處，不管怎樣都不能證明這具骸骨就是理查。

還有一點：此人的DNA密碼屬於金髮藍眼的人，而我們幾乎可以確切知道理查是黑髮褐眼。就算金髮在童年時代可能在一定程度上變黑，藍眼珠卻不可能變異成褐眼珠。

所以碳定年和基因證據成了一團混亂。研究理查三世的頂尖學者希克斯（Michael Hicks）教授公開質疑萊斯特大學所宣稱的，這具骸骨可以百分之九十九點九九確定是理查。他指出，我們頂多只能斷定這具骸骨屬於某個和理查擁有同樣母系DNA群組的人，到此為止。

而在科學之外，還有其他難解的問題。其實沒有任何證據能說明，這具骸骨和博斯沃思原野戰役有關。事實上，這具骸骨因為吃魚而調整的生卒年，涵蓋了玫瑰戰爭全期，以及其他許多次衝突。理查是身經百戰的老兵，但這具骸骨上沒有舊傷。

我們也無法得知，還有誰可能被葬在灰衣修士教堂。有些人相信，就算理查曾經葬在那裡，他的屍體很可能在亨利八世解散修院時被挖出來，扔進附近的河中。

因此，在我們迎接為期一週的王室盛事之際（英格蘭總是能把這種場面辦得震撼人心、大獲成功），也值得在這場盛事期間停下來問問自己：如此風光地重新安葬的真是理查三世國王嗎？或者，這位金雀花王族寒冷而遍體戰傷的骸骨，其實仍然橫躺在某處，尚未被發現和辨認出來？

文藝復興與宗教改革

第十九題

中世紀安達魯斯：寬容與極權

穆斯林統治西班牙的安達魯西亞（Andalucia）將近八百年。許多人都將那個時代視為東方與西方之間寬容的楷模，其他人則視之為不平等、恐懼和殺戮的時代。本文探討安達魯斯的實情，將知識的重大進展納入持續進行的宗教分化這一脈絡中。

一四九二年一月二日，一名四十歲的義大利水手佇立在傳奇的格拉納達（Granada）城牆外獵獵飄揚的旗幟中，看著穆罕默德十二世（Muhammad XII）將城市的鑰匙交給西班牙的斐迪南國王和伊莎貝拉女王。

名聲掃地的穆罕默德騎馬南下，當他從一座山崗上回望，不禁為立國七百八十一年，如今卻在自己手上永遠失去的伊斯蘭國度哭泣，這就是聞名於世的「摩爾人的最後嘆息」。

安達魯斯再也不是穆斯林的前哨了。將近八百年來，西班牙的穆斯林社會一直都是歐洲大陸的菁華。從英格蘭的脈絡來說，它從可敬者比德和阿佛烈王的時代就已經存在，一路經過征服者威廉、偉大的中世紀諸王、大學和哥德式大教堂、公會與商船、印刷書籍，最終延續到都鐸王朝。

穆斯林勢力首先在西元七一一年登陸西班牙南部，柏柏人將領齊亞德（Tariq ibn Ziyad）自摩洛哥率軍北上。西方歷史或許多半遺忘他，但他留名於直布羅陀的地名中。這個名稱源自「傑貝爾塔里克」（Jebel Tariq，即「塔里克之石」），他龐大的入侵軍團正是在此集結。

對於安達魯斯伊斯蘭國度的記憶，是一個充滿強烈情緒的主題，至今仍被鮮活記憶，感受兩極。

在西班牙，每年一月二日都會紀念一四九二年收復失地運動（Reconquista）的大功告成。而在大海彼岸的摩洛哥，人們對同一個事件的紀念則是升起哀悼的黑旗，跟隨穆罕默德十二世一同離開的格拉納達居民後人，也展示他們被迫捨棄的家園鑰匙。

安達魯斯的遺產很難客觀評價。

西元八世紀前期的伊斯蘭教統治，革新了西哥德時代的西班牙，在農業和採礦方面為它帶來史無前例的富饒。和北美洲與黎凡特的貿易蓬勃發展。蠶這樣的奢侈品，還有杏、杏仁、稻米、甘蔗等前所未見的農作物也被引進。

這一切創造出的新財富，催生了一些中世紀歐洲最引人注目的建築。

格拉納達的阿爾罕布拉宮（Alhambra）被普遍稱譽為地球上最美麗的宮殿之一，結合大量寧靜的走廊、庭院、噴泉，以及雕飾華麗的房間，在純粹感官美學上無可匹敵。而在西北方八十英里處，哥多華（Cordoba）清真寺出名的紅白相間馬蹄形拱柱，則是全世界最上鏡頭的宗教建築。

華麗隨處可見。哥多華城外如今已傾頹的阿爾札哈拉古城（Madinat al-Zahra），美輪美奐無以言喻。阿卜杜拉赫曼三世（Abd al-Rahman III）以前很喜歡在龐大幽暗的王座大廳接待賓客，他會轉動大廳中央基座上的一個水銀碗，窗上的小孔同時打開，讓精心編排的陽光照射在水銀上。據說，結果彷彿看到閃電照亮黑暗大廳四周。

但摩爾時代西班牙的遺贈，不只是磚瓦和反光燈球就能衡量。

七百八十一年是一段漫長的歲月。比方說，這比美國創立至今的時間還長三倍。

在這八個世紀中，許多詞語從阿拉伯語滲入歐洲語言，在科學、軍事和飲食上尤其明顯——海軍上將（admiral）、酒精（alcohol）、杏、兵工廠（arsenal）、兩腳規（calipers）、糖果、化學、咖啡、吉他、罐子、套頭衫（jumper）、檸檬、彈匣、木乃伊、亮片（sequin）、沙發、菠菜、糖、符咒和零。更別提一切讚嘆語之中最有西班牙風味的「Olé」！

但安達魯斯對世界最大也最歷久彌新的貢獻，無疑是科學和邏輯。

中世紀的穆斯林測繪天體，為我們今天的博物館留下千百幅美麗而精雕細琢的星盤。其中許多幅由製造者留下署名，以肯定其技藝與地位。他們也寫下星體的語言，為千百個天體命名，以參宿四最著名〔至少是《銀河便車指南》（*The Hitchhikers Guide to the Galaxy*）的讀者最熟知的〕。[20]

安達魯斯對於西歐學術則有天搖地動的影響，最強烈的衝擊無疑是亞里斯多德的贈禮。西方幾乎喪失所有希臘哲學家著作的抄本，但阿拉伯人還留著。安達魯斯最優秀的穆斯林學者阿維羅伊（Averroës，一一二六－一一九八年）逐行細讀亞里斯多德的著述，從中汲取它與近代分析式思考的關聯。基督徒學者立即湧進西班牙南部的這座智識溫室，急切地將亞里斯多德譯成拉丁文。

亞里斯多德在今天的人們聽來或許不大相干，但對十二世紀的歐洲人來說，他是幾個世紀以來在他們寫字檯上出現過最令人興奮的事物。他闡述的思考和推理既激進又具有革命性，他是學者和神學家都搶著注射的迷人藥物。

這麼多亞里斯多德著作的「發現」，震撼了基督教世界。歐洲各地的天主教學校和新興大學瘋狂迷戀這位異教哲學家，專心致志地運用他的邏輯和哲學體系工具，重新改造和活化神學、科學，及一切既有的學問。

至此為止都很好。安達魯斯是一個知識單向注入的漏斗，為歐洲泰半停滯的智識生活添加不可估量的富饒。

20 譯注：英國作家亞當斯（Douglas Adams）創作的一系列科幻小說，首先在英國國家廣播四臺（BBC Radio 4）以廣播劇形式放送，隨後在一九七九到九二年寫成五本系列小說及其他衍生創作，風行全世界迄今不衰。主角之一的漫遊研究員派法特（Ford Perfect），即來自參宿四附近的小行星。

但西班牙南部日常生活的實況又是如何呢？

過去一百年來，有一種傾向是將安達魯斯看作充滿異國風情的匣子，裝滿了灑著糖粉的土耳其軟糖。維多利亞時代的寫作者和思想家，其中最著名的是歐文（Washington Irving），將它溢美成一座美麗、學問和寬容的燈塔。這是和諧與文明的黃金時代。[21]

並非如此，實情更平淡無奇一些。

安達魯斯的學術成就確實前無古人，對十二世紀文藝復興和歐洲的發展也有重大貢獻。但在安達魯斯，它恐怕只是小圈子之內的事。

它也絕非平和不爭。七一一年的最初入侵是暴力的，成功的侵略行動一向是這樣。被征服的基督徒和猶太人成了次等公民。他們多半受到良好對待，但也並不總是如此。例如西元十一世紀初內戰的失序狀態，就為安達魯斯全境的人民帶來無法估量的苦難。

一〇六六年，格拉納達的大量猶太人遭到屠殺。一一二六年，眾多基督徒被強制遣送到摩洛哥為奴。這樣的事件不勝枚舉，人們不該感到意外。這種景象和當時基督教世界或近東任何地方的生活情況相去不遠，安達魯斯並不比其他一百個地方更寬容或更不寬容。

自七一一年到一四九二年的大多數時期，伊斯蘭教、基督教和猶太教三大宗教摩肩擦踵，但實際上並未獲得更多的互相理解。

最能象徵這點的，或許莫過於十六世紀文藝復興時期的大教堂，在哥多華原有的大清真寺不可計數的列柱之林中央，粗殘地開闢空間移植進來。

當神聖羅馬帝國皇帝查理五世（Charles V）看見這般慘狀，他激動地訓斥相關人等：「你們在這裡建造的，是你們或其他人無論在哪都蓋得起來的東西。為了做這件事，你們摧毀世上獨一無二的事物。」

安達魯斯的成功之處，在於這個伊斯蘭教世界並非附麗於完全成型且運作良好的歐洲之上。從伊斯蘭教的西班牙湧出的科學、醫學、數學及邏輯知識，是彼時仍在奮力掙脫羅馬帝國瓦解後，部族社會智識痲痺狀態的歐洲得以成形的關鍵驅動力量。

少了從安達魯斯跨越庇里牛斯山輸入的學術成果，恐怕就沒有文藝復興、沒有煉金術、沒有科學、沒有牛頓（Issac Newton）、沒有雷恩，也沒有皇家學會（Royal Society）了。

但安達魯斯的悲劇也正在於：歸根結柢，三大宗教多半無法增進對彼此的理解或欣賞。看來沒有任何一方對自身內在關懷之外的事物感興趣。

當那位一四九二年佇立觀看格拉納達移交過程的四十歲義大利水手離開，走進歷史的時候，我忍不住好奇他在想什麼。

他的名字是哥倫布，就在這一年稍晚，他第一次向西遠航。

---

21 譯注：歐文描繪阿爾罕布拉宮和摩爾時代西班牙的隨筆名作，目前已有中文版問世。參看 Washington Irving 著，劉盈成譯，《阿蘭布拉宮的故事：在西班牙發現世界上最美麗的阿拉伯宮殿》（臺北：漫遊者，二〇一八）。

在安達魯斯的舊世界消亡之際，當他起錨乘風航向新世界，我情願覺得，他或許希望我們人類下次都能夠進步一點點。

第二十題
薩佛納羅拉與蘇格蘭女王瑪麗：「文明化」文藝復興的血腥暗面

文藝復興通常被看作是，為數百年來野蠻的中世紀權力鬥爭畫下句點。但實情更加複雜，文藝復興仍是殘酷的場域。本文探討文藝復興時期兩次惡名昭彰的血腥處決——佛羅倫斯煽動群眾的預言宣講者薩佛納羅拉，以及英格蘭福瑟陵蓋城堡（Fotheringay Castle）裡，悲慘的蘇格蘭女王瑪麗。

倘若你只看安傑利柯修士（Fra Angelico）和波提且利（Sandro Botticelli）耽美的繪畫，只聽帕勒斯提納（Giovanni Pierluigi da Palestrina）和拜爾德（William Byrd）悠揚空靈的樂曲，你會覺得文藝復興是被壓抑數百年的創造力釋放的時刻。你也會得到這個風行一時的結論：文藝復興在十四世紀晚期的義大利迸發之時，將希望、色彩和聲色灑遍黑白而死板，仍在與殺害歐洲三分之一人口的瘟疫奮力搏鬥的中古世界。

但你錯了，原因有很多。

首先，中古世界絕不是黑白的。你只要看看沙特爾大教堂正在進行的不凡修復工程，將高聳的灰色牆面和雕像回復到原有的鮮豔光彩，由此注入的活力，唯有與一九六〇年代建築一同成長的人們才能稍稍領會。

同樣重要的是，即使擁有這一切輝煌，文藝復興時代的許多事物還是未曾改變。它或許是對生命的歌頌，而非在塵世中為來生預作準備，但它並未立即改善每一個人的生活。比方說，在當時的寡頭統治者四處潑灑巨額財富，資助創作和紀念物令自己永垂不朽之際，大多數人口仍受困於僅足餬口的農耕及工匠生活不利而艱困的苦役之中。

我們有時會對這個時期產生一種稍嫌受騙的觀點，將它視為「高級文化」的文明化時代初露曙光之時，對於藝術、寫作和音樂產生新的強烈關注——與先前的一切大不相同。

這個想法有些事實成分，但這星期有兩個血腥的紀念日，提醒我們社會頂層的調性大半仍維持不變。在資助者栩栩如生的肖像和十二聲部經文歌的榮光之外，文藝復興時代統治者強烈自戀的世界仍與過去一樣耽溺權力、自私自利、偏執及殘酷。而在我們思考環繞著現代政治程序的普遍冷感之際，最好也回顧我們已經走了多遠。

文藝復興時期凶暴的權力欲，有兩個顯著事例的紀念日：一個發生在十五世紀末的佛羅倫斯，這座活力充沛的城市是文藝復興的中心地，兩個男人在此為了爭奪北義大利的心智與靈魂而鬥爭。另一個則發生在十六世紀晚期的英格蘭，伊莉莎白一世女王燦爛奪目的宮廷中，兩個不列顛女人以一把斧頭結算她們的政治抱負。

這兩個紀念日都令我們想起，政治自古至今是多麼暴力，就連「文明化」的文藝復興時期也一樣。

先說義大利，文藝復興的原型可說是始於伯爾納多內（Francesco di Pietro di Bernadone，一一八一或一一八二－一二二六年），他更為人所知的稱號是阿西西的聖方濟（St. Francis of Assisi）。他受到神啟的理念，數百年來已證明歷久彌新：他敦促人們只需環顧自然奧妙，從中發現美麗、啟迪與意義。不可否認，他取得領先地位，因為他在翁布里亞（Umbria）和托斯卡尼兩地講道，但在更遙遠的地方，仍有人心甘情願聽從他的話語。

然而好景不常，黑死病斬斷人們對方濟令人耳目一新的方法萌生的興趣，它與天主教學校嚴厲的經院哲學完全牴觸。喬托（Giotto）等畫家一度描繪過它，但它隨即消逝，被掩埋在千百萬死於瘟疫的屍體下，直到十五世紀才再次浮現——在富裕的銀行家和商人梅迪奇家族（Medici）統治下嶄露頭角的城市佛羅倫斯。在他們對布魯涅內斯基（Filippo Brunelleschi）、多那泰羅（Donatello）、安傑利柯修士、馬薩喬（Masaccio）、波提且利、達文西、米開朗基羅及其他無數創作者的資助下，藝術開始充滿了這座城市，為整個地區注入奢華和富足的果實。

但正如文藝復興時代的煉金術士和科學家會告訴你的，每一個作用都會產生同等的反作用。

薩佛納羅拉（Girolamo Savonarola）登場。

儘管他在一四五二年出生於費拉拉（Ferrara），他很快就進入野獸的心臟——佛羅倫斯。

薩佛納羅拉是個徹頭徹尾的老派人物。他出身富裕家庭，接受博雅教育，在即將展開行醫生涯之前投身宗教，成為道明會士。起初他並不上手，但他很快就找到自己的志業——成為一個宣揚地獄烈火和硫磺的憤怒傳道人，受到駭人的預示異象鼓舞。

從佛羅倫斯雕工精緻的講壇上，他痛責周遭所見的頹廢和耽溺聲色，抨擊人們耽於逸樂，訓斥人們的悖德。但他對神職人員的譴責最強烈。他強烈主張，社會的一切弊病全都以神職人員為始終。而且他毫不畏懼地指出，教宗是其中最惡劣的一人。

某種程度上他言之有理。波吉亞（Rodrigo Borgia）在一四九二年用計賺取教宗的三重冕（Triple Crown），成為教宗亞歷山大六世，任內對天主教會名聲的所做所為，與二〇〇三年「狡猾檔案」（Dodgy Dossier）[22]對現代英國政治人物誠信造成的後果如出一轍。

即使薩佛納羅拉對人類的任何享樂都不能容忍，佛羅倫斯人還是成群結隊去聽他佈道。當他的人氣和一四九四年梅迪奇家族統治暫時垮臺同時發生，他也就令人頗為難以置信地成了這座城市的實際統治者，同時繼續向聽眾宣講火獄，甚至指揮街童大軍實行他的極端主義理念。

這就帶領著我們來到第一個紀念日。

一四九七年二月七日，薩佛納羅拉策劃如今已惡名昭彰的「虛榮之火」。想法很簡單，過往也發生許多次同樣的焚燒。但這次的規模卻是史無前例，因此留名史冊。這座城市不可計數的奢侈品被拉到市中心的廣場，由薩佛納羅拉點火燒毀以榮耀天主。他的目標是任何散發頹廢氣息或誘人犯罪的事物：撩人的服飾、鏡子、化妝品和美容用品；非基督教的藝術、雕塑和書籍；紙牌、骰子和賭具；甚至樂譜和樂器。（波提且利這個令人難以置信的薩佛納羅拉支持者，很有可能也把自己的許多畫作丟進火裡。）

毫不意外，薩佛納羅拉對西班牙波吉亞家族的憎恨引起羅馬的關注，他作為佛羅倫斯新任統治者的地位也是一樣，且他非常不適任。當他無法加入教宗及其他國家組成，抵禦法國自北方入侵的神聖同盟，他也就毫不含糊地在教會和世俗事務上與教宗為敵。

一場致命的權力之舞隨即上演。

亞歷山大邀請薩佛納羅拉前往羅馬，說明他的預言。薩佛納羅拉害怕落入圈套，託病迴避邀請。兩人之間的書信往返很快就演變成徒手格鬥。亞歷山大一度試圖任命薩佛納羅拉為

22 譯注：英國政府在二〇〇二年九月和二〇〇三年二月先後發布兩份文件，強調伊拉克海珊政權持有大規模毀滅性武器，並能在四十五分鐘內完成部署；布萊爾內閣以此作為和美國同盟發動伊拉克戰爭的依據。但文件既未引用消息來源，涉及抄襲剽竊，更為誇大威脅而竄改資料內容，導致前後矛盾，當時即引發爭議。英國政府在二〇一六年發表《伊拉克戰爭調查報告》，確認布萊爾政府基於錯誤情報而發動戰爭。

樞機主教，但他回應：「我不要帽子，也不要禮冠，我一無所求，只求天主賜給聖徒死亡。一頂主教紅帽，以血染紅的帽子，這才是我要的！」

同時，忠誠的佛羅倫斯人也開始厭倦薩佛納羅拉的道德說教。他對他們的驅使已經超越他們的意願，甚至對他認定為不道德的罪行動用死刑。當一場為了證明他的聖潔而舉行的火審，因為他的支持者缺席而慘敗收場，市民開始攻擊他。隨著他在天主教會和城市的地位愈來愈不穩，人民捉拿他，將他移交給他在佛羅倫斯的政敵。

袋鼠法庭按照老方法適時召集起來。薩佛納羅拉和兩位對他最忠心的道明會士首先被市民法官審判，而後被教會特使審判，儘管兩次審判的結果都無庸置疑。一位法官在審判開始前就寫道：「我們今晚要點起巨大的火堆。」

三位司鐸迅速被定罪、宣判、剝去修士服、走過尖刺，然後在領主廣場（Piazza della Signoria）被吊死，屍體被焚燒。一度仰慕他的佛羅倫斯人圍著火葬堆跳舞，城裡的兒童朝著燃燒的屍體丟石頭。

這是文藝復興政治最不隱微的一刻。

弔詭的是，許多基督新教徒都將薩佛納羅拉接納為早期的異議分子：由於憎恨教宗而成為新教徒的原型。他甚至在畫像和雕塑上經常與路德（Martin Luther）和胡斯（Jan Hus）並列。但這與實情天差地遠，這種想法會令他死不瞑目，即使能入土也無法安息。按照他自己的想法，他是天主教會、教宗職務，以及一切傳統教義忠誠堅定的捍衛者。他對教會結構或信條沒有任何爭議，他只是反對現任的領袖。

他死去的時間是一四九八年，正是義大利文藝復興的巔峰。

第二個血腥紀念日則是英國的，發生在伊莉莎白一世女王的宮廷，在莎士比亞、馬羅（Christopher Marlowe）、強生（Ben Jonson）、泰利斯（Thomas Tallis）、拜爾德、希利亞德（Nicholas Hilliard），還有其他許多人協助文藝復興的英格蘭從中世紀轉型為近代前期社會之處。

即使有這一切絢爛繽紛，政治其實仍和薩佛納羅拉的義大利一樣殘酷和陳舊。

第二個紀念日與瑪麗・斯圖亞特（Mary Stuart）有關，她在一五四二年出生於蘇格蘭的林利斯哥宮（Linlithgow Palace）。當她的父親在她出生不到七天就去世，她立刻繼位成為蘇格蘭女王。

但她的王國躁動不安，在戰爭和宗教衝突下四分五裂。她需要盟友，於是不久即被安排與法國王太子訂婚。五歲的她將國家交由攝政代管，渡海前往法國宮廷接受教養。

她一到十五歲，就在聖母院大教堂的華麗婚禮中嫁給弗朗索瓦。一年之內他就繼承王位，她也成為法國王后。

但悲劇始終不曾遠離她，不到兩年又再次襲來：她的丈夫，年輕的法國國王突然去世，死因可能是耳朵感染。

回到蘇格蘭的十八歲女子（經由海路，因為伊莉莎白的英格蘭不會讓她通過）聰穎而敏銳、迷人又機智、以法語為第一語言、用法文和拉丁文寫詩、會演奏許多種樂器、舞跳得很好、是一位幹練的女騎士，受到法國宮廷大多數人的喜愛。她也出奇高挑，身高五呎七吋、紅頭髮，人們公認是嫵媚動人的美女。

重返蘇格蘭和英格蘭的有害政治環境，可說是她一生中做過最壞的兩個決定之一。蘇格蘭在檯面上是新教國家，身為半個法國人的天主教徒要統治這樣的國家，需要技巧和外交手腕。她很快就展現出自己的這兩種能力。她不對外張揚自己的信仰，支持國內的新教徒，甚至鎮壓天主教徒反叛。多數人都設想，她是沒有子嗣的英格蘭女王伊莉莎白一世自然而然的繼承者。

但那個時代的強大女人總不免樹敵。即使敵人對她的治國方法無可非議，他們最終仍設法藉由她的情愛生活推翻她。

她選擇的第二任丈夫達恩利勛爵（Lord Darnley）不受蘇格蘭境內強大的親英勢力歡迎。這段婚姻也激怒伊莉莎白一世，因為達恩利有權以第三順位繼承英格蘭王位，就在瑪麗之後。這兩個女人的關係開始惡化，正如梅爾維爾爵士（Sir James Melville）記載：「她們作為姐妹的一切親暱蕩然無存，自此取而代之的唯有嫉妒、猜疑和仇恨。」

實際上，這場婚姻也是徹頭徹尾的災難。達恩利證明了是個愚蠢的廢物，對於照管瑪麗的重大職責全無用處。

隨著針對瑪麗的陰謀變本加厲，達恩利成了煽動者的目標，他們暗示他太太與義大利顧問里奇歐（David Riccio）有染。達恩利立刻率領一幫人馬殺進她和里奇歐及其他人的晚宴，將他拖到隔壁房間，捅了五十六刀。

但不到一年，達恩利自己也慘遭橫死；兩桶火藥炸毀他下榻的柯克場（Kirk'o'Field）住宅，隨後他被發現遭人勒斃或窒息而死。

瑪麗感到茫然而沮喪。她可以預見醜聞正在醞釀。但她卻輕率地在三個月內嫁給一個名為赫本的男人，即波斯威爾伯爵（James Hepburn, Earl of Bothwell）。

嫌疑自然落在這對新婚夫婦身上，儘管這其實全都是一套精心策劃的抹黑作戰。假信件被炮製出來「證明」瑪麗和波斯威爾是情侶。即使這些贗品粗製濫造令人失笑，但還是產生殺傷力。

事實上，波斯威爾相當有可能涉嫌殺害達恩利。但他和瑪麗並不是情人，恰好相反，他要娶瑪麗為妻，只為了抬高自己的地位。

達恩利死後，波斯威爾強行帶走瑪麗，很多人懷疑他性侵她。他們別無選擇，只能行禮如儀結婚，進入一段不幸的家庭生活。

這些全都成了瑪麗的敵人求之不得的材料。這場醜聞讓他們得以逮捕她，對她提出一個嚴峻的選擇：不退位就受死。瑪麗如他們所願放棄王位，然後犯下了或許是她一生中第二大的錯誤：她向南逃亡，試圖向英格蘭的表姑伊莉莎白一世尋求支持。

伊莉莎白似乎對於如何處置在自己國土上的瑪麗感到天人交戰。一方面，瑪麗是她的近親，她的表姪女，本身也是女王，而且只小她九歲。兩人因此有許多共通點，但現實政治問題也不得不考慮。瑪麗是英格蘭的羅馬天主教徒擁戴的對象，這使她對伊莉莎白構成永久的危害。

瑪麗誠心誠意地尋求伊莉莎白的友誼（她一向如此）。伊莉莎白也一度說過，她情願自己和瑪麗是兩個手裡拿著桶子的擠牛奶女工，遠離一切政治紛擾，這樣她們就有可能成為朋友。但伊莉莎白受到鷹派的建議，他們將瑪麗視為持久的威脅，只有她死去才能最終解決問題。

儘管伊莉莎白對於處決她所認定的反對者毫無顧忌，她卻對殺害另一個女王這回事躊躇不決。她轉而選擇囚禁瑪麗。即使這不足以避免一切陰謀，至少伊莉莎白可以自我安撫，任何間諜都得先通過獄卒這關。

姑姪之間的處境陷入僵局。瑪麗並未被指控任何罪名，囚禁她是違法行為；但伊莉莎白在顧問中的鷹派，和她自己每隔一段時間就想予以寬恕的意向之間進退兩難，她選擇不作為。

結果，瑪麗沒完沒了地被囚禁十九年。

毫無職責的瑪麗陷入抑鬱。身旁無人提供建議，也沒有未來可以指望，她讓自己捲入多屬荒誕和空想的各種陰謀之中。

當伊莉莎白的情報首腦沃辛漢（Francis Walsingham）運用雙面間諜設計一個陰謀，瑪麗的末日也就到了。這個陰謀正是為瑪麗量身打造的圈套，而它見效了，給了沃辛漢指控瑪麗犯下大逆之罪所需的一切證據。

在興高采烈的廷臣簇擁下，伊莉莎白終於簽下瑪麗的死刑令狀，將它交給沃辛漢的人馬；他們不再請示伊莉莎白就立即執行。

這正是第二個血腥紀念日。一五八七年二月八日，瑪麗在福瑟陵蓋城堡遭到斬首。這是一次粗俗可厭的事件。瑪麗想找一位天主教司鐸卻不被允許，於是自己以拉丁文低聲禱告。她始終保持沉著冷靜。她在遺言之中真心誠意地寬恕劊子手，因為「此刻，我希望你們能終結我的一切苦惱」。

第一下斧頭沒砍到她的頸子，倒是削去一部分腦袋；第二下不夠用力；第三下才砍斷她的頸子。她的愛犬身上沾滿鮮血，躺在她的首級和肩膀之間，不願和她分離。一位目擊證人敘述：「她的頭被砍下之後，嘴唇仍上下動了十五分鐘。」

作為最後侮辱，她請求安葬在蘭斯大教堂（Rheims）[23]的遺願被推翻，而是以新教儀式葬在彼得伯勒。

寂靜的戰爭終於結束，伊莉莎白的核心圈鏟除了威脅。

因此，即使伊莉莎白的文藝復興宮廷是如此光輝燦爛，它仍是一個有力顧問的小圈子不

23 譯注：法國東部城市蘭斯（Rheims）的聖母主教座堂，傳統上是法國國王即位加冕之地。

惜精心策劃殺害任何潛在威脅，以提升自身地位之處。一切以自保為優先。任何礙事的人還是得付出由來已久的代價，就連一位聰慧、容易犯錯、略帶悲劇色彩的女王也不能倖免。

而作為時代進步程度的表徵，這兩個紀念日也正發生在白金漢宮宣布女王與愛丁堡公爵（Duke of Edinburgh）伉儷即將正式造訪教宗方濟各。這件大事即足以揚棄英國文藝復興政治背後的野蠻，令我們更強烈地如釋重負。

現代歐洲民主有許多缺陷，它本身就有過度承諾卻難以兌現的問題。它太常在撒謊、操弄和編造事實之際微笑。而且它往往因為可預見的徒勞無功，而令所有人失望。以上這些對於薩佛納羅拉和瑪麗女王來說，想必都耳熟能詳。

但民主也在很大程度上，從那些以恐怖暴力捍衛絕對權力的人們手中將它奪走。這是文藝復興時代的哲學家必定喜聞樂見的重大成就，而我們也理當如此。

第二十一題
哥倫布、貪婪、奴役與種族滅絕：美洲印地安人真正的遭遇

哥倫布經常被描繪成一個瀟灑的探險家，他發現美洲，催生近代世界。但實情卻是由劫掠、奴役、殘酷，以及地球上最惡劣的種族滅絕之一，構成的一個恐怖故事。

哥倫布從來不曾踏上那片日後成為美利堅合眾國的土地。事實上，他甚至不曾看過。他的四次航行帶領他來到加勒比海，稍稍繞道去中美洲，而後登上委內瑞拉東北海岸。他不知道北美洲大陸的存在，甚至不知道自己偶然發現「新世界」。他以為自己發現中國、日本，以及傳說中所羅門王的金礦。

可以確信的是，他所做的不是「發現」任何事物，因為當時已有五千萬到一億人口安居在那裡，如同過去千萬年一般。另一方面，他的所作所為是開始對美洲印地安人進行殘酷的奴隸貿易，開啟四個世紀的種族滅絕，將他們宰殺到幾乎絕種。哥倫布登陸之後不過一代，存活的美洲印地安人或許就只剩總人口數的百分之五到十。

人們當然可以爭論種族滅絕一詞的意義，以及在這個脈絡下是否適用的語意學問題。但如果這聽來異想天開，那就想一想聯合國的《防止及懲治殘害人群罪公約》（*Genocide Convention*），一九四八年十二月由聯合國大會通過。儘管杜魯門總統（Harry S. Truman）隔年就將公約提交美國參議院，但美國直到一九八六年才終於批准，並附帶一項「主權方案」（Sovereignty Package），要求任何對美國的追訴行動都必須取得美國政府同意。延遲和有條件通過的最重要原因，在於參議員擔心美國有可能因為自身對待美洲印地安人（以及非裔美國人）的方式而遭受追究。

因此「種族滅絕」一詞在美洲印地安人的脈絡中具有強烈爭議，應當不令人意外。儘管如此，本文仍將敘述美洲原住民族遭到毀滅的故事——絕大多數是被西班牙征服者、英國清教徒，最後是美國移民所殺害——如何稱呼則由讀者自行決定。我們先從兩個定義說起：

> 種族滅絕：蓄意殺害大量人群，尤其是屬於特定國籍或族群的人。源於一九四〇年代：由希臘文「種族」（genos）加上殺害（-cide）而構成。（《牛津英語大辭典》）

以及：

> 本公約內所稱滅絕種族，係指蓄意全部或局部消滅某一民族、人種、種族或宗教團

體，犯有下列行為之一者：（一）殺害該團體成員；（二）致使該團體成員在身體上或精神上遭受嚴重傷害；（三）故意使該團體處於某種生活狀況下，以毀滅其全部或局部生命；（四）強制施行辦法，意圖防止該團體內的生育；（五）強迫轉移該團體的兒童到另一團體。（聯合國《防止及懲治殘害人群罪公約》第二條，條文節錄）

一四九二年八月三日，哥倫布乘坐旗艦克拉克帆船聖瑪麗亞號（Santa Maria），從帕洛斯德拉夫隆特拉（Palos de la Frontera）港口出發。同行的還有兩艘卡拉維爾帆船平塔號（Pinta）和尼尼亞號（Niña）。整整十週之後的十月十二日，他在「聖薩爾瓦多」（San Salvador）登陸。至今仍無法確認這是巴哈馬群島的哪一個島嶼。十月下旬，他來到古巴，十二月六日，他在海地島登陸，並將它更名為西班牙島（La Española, Hispaniola）。

他說這個島「肥沃得無以復加」、「無可比擬」、「最美麗」、「充滿數千種高大的樹木，看似觸及雲霄」。此外他還發現「數千種夜鶯及其他小鳥」、「蜂蜜」、「種類繁多的水果」、「許多金屬礦苗」，以及「眾多浩大的河川，其中多數挾帶黃金」。

他也敘述迎接他的「不計其數」印地安原住民：

他們沒有鋼鐵或武器，也沒有能力使用，儘管他們是一群體格健美、身材高大的人，因為他們極其羞怯……他們是如此天真而自由地享受自己所擁有的一切，若非親眼所見實在無法置信。任何他們擁有的東西，當你開口要求，他們從不拒絕；他們反倒邀請人們一同分享，全心全意愛護；不論那東西的價值昂貴還是低廉。

然而，權力和貪婪不久便占上風。哥倫布在第一次航行時，將男人、女人和兒童捉回西班牙，像馬戲團的動物一般到處展示。多數人在航行途中就喪生了，不到六個月，所有人無一生還。

這激勵了他在第二次航行時更加野心勃勃，這一次，他挑選自己所能找到的五百五十名最好的原住民樣本，並允許部下任意帶走他們想要的其他人，結果又帶走六百人。返回歐洲的航行讓俘虜們元氣大傷，使得哥倫布最後把兩百多具屍體拋進海裡。他的部下帶走的六百人命運如何，則未曾留下記載。

哥倫布的第二次航行規模與第一次大相逕庭。西班牙的斐迪南國王和伊莎貝拉女王為他配備十七艘船和一千兩百人，主要是軍人，包括一支槍騎兵隊。當他們抵達西班牙島，原住民攜帶魚和水果出來迎接他們，「彷彿我們是他們的兄弟」。哥倫布的回報則是派兵深入島嶼內陸和鄰近諸島劫掠金礦。

西班牙人配備最先進的武器，以及戴著甲冑、專為撕碎人體而訓練的獒犬，他們為了尋找黃金而凌虐、傷殘、姦淫、屠殺和焚燒當地居民。親眼目睹的卡薩斯（Bartolomé de las Casas）後來成了道明會士，為印地安人的權利而奮鬥，他留下一段令人悲痛的記載：

……不論西班牙人在何處找到他們，都被毫不憐憫地屠殺，像對付羊圈裡的綿羊那樣。殘忍是西班牙人的常規；不只要殘忍，更要殘忍至極，以粗暴嚴酷的對待防止印地安人敢於以為自己是人，或者有一刻這樣以為。於是他們會把一個印地安人的手砍碎，只連著一片皮膚晃來晃去，再把他送走：「快去，把這件事告訴你們酋長。」他們也會在印地安人俘虜身上試刀比力氣，賭一劍斷頭或把身體劈成兩半。他們把俘虜的酋長燒死或吊死。

這是劫掠與屠殺的狂歡，由目擊者忠實紀錄下來。那些記載太過生動，令人不忍引述，但它們細述了到處發生的屠殺，連兒童都不放過，砸碎他們的腦袋，甚至拿他們餵食身穿甲冑的攻擊犬。如此無謂的獸行被稱作「綏靖」。

哥倫布的人馬每登陸一處，就立刻將土地據為己有。他寫給斐迪南和伊莎貝拉的信說得很清楚：

……所有這些地方，我皆以兩位陛下的名義占領，經由告諭並升起王室旗幟，無人表示反對。

新領地的實質取得過程是一場鬧劇。印地安人被召喚前來，通常戴著手銬腳鐐，一份名為《條件書》（*Requermiento*）的聲明書向他們宣讀。他們使用兩千多種語言，但西班牙語自然不是其中一種，因此這個儀式對他們來說毫無意義。儘管如此，聲明書仍然規定：他們若不承認斐迪南和伊莎貝拉為合法統治者，所有的男女和兒童都會成為奴隸，財產也會被強行沒收。實際上，這份聲明書對於所有人都毫無意義。無論如何，哥倫布來到這裡就是為了奴役他們和劫掠財物。

早先對於善良慷慨原住民的紀錄，不久就將他們說成未開化野人和野獸，因此也能予以相應對待的敘述所取代。（這種非人化的過程，自古至今始終發生在一個民族前往其他民族的土地定居之時。）直接的結果是原住民血流成河，在二十一年內，歷經哥倫布四次航行之後，西班牙島成了鬼島。熱帶的富饒被摧毀，島上的居民也都死光。

印地安人起初或許是在西元前四萬年左右（有些人則說，早在西元前七萬年）從亞洲經由白令海峽遷入美洲。他們從俄羅斯的最東端〔楚科奇半島（Chukchi Peninsula）〕運用「白令陸橋」到達阿拉斯加的最西端〔威爾斯王子角（Cape Prince of Wales）〕，所謂陸橋是一大片陸塊，如今已被白令海峽淹沒，只有幾座岩石山頂露出結冰的海面。這些人移入的新土地——美洲大陸則是遼闊無垠，占全世界陸地面積四分之一。

在那個完全與世界其他地區歷史隔絕的地方，他們不知道古埃及、中國、希臘、羅馬、歐洲，或是印度教、猶太教、佛教、基督宗教和伊斯蘭教的興起，美洲印地安人同步開展自己的文明。

當西班牙人終於看見新世界的城市，他們發現自己望著奇幻之物目瞪口呆。像是在阿茲特克人的墨西哥，他們遇見月湖沿岸的大城市，特諾奇蒂特蘭（Tenochtitlán）則神祕地自湖中央升起。征服者卡斯蒂略（Bernal Diáz del Castillo）寫道：

……當我們看見這麼多大城市和村莊建在水中，乾地上還有其他大城市……我們驚奇地說，這好像他們所說的魔法……我們有些士兵甚至問道：我們所見的這些事物真的不是做夢嗎？……我不知該如何敘述，我們看見這些從未聽過或看過，甚至不曾夢想過的事物。

另一個奇蹟則是他們隨處可見的，充滿生命力的藝術品。征服者科爾特斯（Hernan Cortés）將一些藝術品帶回歐洲，偉大的杜勒（Albrecht Dürer）對它們的反應則是欣喜若狂。他說：

……終其一生從未見過像這些東西一樣令我歡愉的事物。我在它們之中看見令人驚嘆的藝術品，不由得為這些遠方人民的巧奪天工而讚嘆。說真的，我無法充分形容這些帶給我的事物。

美洲各地的印地安人文化差異極大，這在如此廣袤的地區是可以想見。儘管如此，西班牙人還是驚異地發現，大多數部族是和平、和諧，並且力行平等，幾乎不知貪婪、犯罪或戰爭。當然並不是所有部族都這樣，但一個又一個部族展現的順從、好客和團結，在西班牙人的見聞紀錄中隨處可見，這些記載也提到他們經常以冷靜而尊重的姿態履行權威，甚至連社會體系都前所未見，例如易洛魁聯盟（Iroquois）內部文化、信仰和經濟的母系制度。

隨著西班牙人奪取愈來愈多土地，哥倫布引進奴隸分配制〔repartimiento，亦稱監護制（encomienda）〕，給予每位征服者一定數量的印地安人供其奴役，將原住民先前的和平生活，轉變為凌虐和暴行的無盡惡夢；他們被迫開採貴重金屬，並以非人的條件在種植園工作。

這樣的征服過程在整個加勒比海地區一再重複，而後征服者轉向美洲大陸，為墨西哥的阿茲特克人、中美洲的馬雅人、祕魯和智利的印加人，以及他們所能找到的其他印地安人帶來同樣的慘禍。

墨西哥的阿茲特克人不同於加勒比海的印地安人，他們對戰爭相當熟練，儘管他們有正式的戰爭規範。宣戰意向必須先經公開宣告，也必須給予對手預作準備、防範衝突的機會。攻方也會向守方供給食物和武器，因為打敗無武裝的人或弱者毫無光榮可言。

然而率軍攻入墨西哥的征服者科爾特斯，完全無意遵守這些禮數。被蒙特祖馬王（Montezuma）迎入特諾奇蒂特蘭主城（如今是墨西哥市內廢墟）的科爾特斯，立刻開始困餓和殺戮城內居民，最後夷平全城，燒毀全部藏書，將全城祭司丟去餵軍犬。

同一套殲滅和征服模式，在中美洲和南美洲各地不斷重複。數千萬印地安人遭到圍捕，淪為古柯葉種植園的奴工，或是金銀礦坑中的勞力，他們在礦坑中不見天日地工作和睡眠，持續暴露在劇毒的硃砂、砷和水銀之中。預期壽命低得殘酷。征服者估計，有了如此充沛的奴工勞動力，讓他們饑餓或勞累而死，比起花費時間金錢提供食物或維生條件更便宜。一位征服者回想：「要是二十個健康的印地安人在星期一進去（礦坑），到了星期六可能有半數人瘸著腿出來。」

隨著征服者南下，最強烈的抵抗來自馬雅人，馬雅人的帝國版圖遍及墨西哥南部、瓜地馬拉、貝里斯、宏都拉斯西部和薩爾瓦多北部。就連他們也終究不敵狂熱的入侵者，其他人的命運也落在他們身上。

在少得驚人的幾個世代之內，歐洲人的貪婪、獸性和疾病，把歷時數千年美洲印地安文明的公民消滅到只剩一小撮。平均起來，印地安部族的人口銳減到只剩哥倫布來臨前的百分之五。

中美洲和南美洲就說到這裡。向北來到今天的美國境內，西班牙人、法國人和英國人掠奪大西洋海岸尋找奴隸，劫掠今天的佛羅里達、喬治亞和卡羅萊納。最後在一六〇七年，英國人永久定居下來，首先以維吉尼亞的詹姆士鎮（Jamestown, Virginia）為據點，其中一位英國軍人寫下他們的發現：

……一片比應許之地應許了更多的土地：我們沒找到奶，而是找到珍珠。沒找到蜜，而是找到黃金。

然而，如何處置印地安人的問題卻始終揮之不去。比方說，維吉尼亞殖民地早期一位總督柏克萊（William Berkeley）就想到一個主意：殺光男人，再把所有女人和兒童賣為奴隸，以補貼消滅全部男性的花費。

一次特別令人震驚，涉及英國清教徒移民的事件則是佩果戰爭（Pequot War，一六三四到一六三八年發生在新英格蘭南部）。在幾次以牙還牙的衝突之後，英國人決心以毀滅性的力量回應：

刺探我們的印地安人成群地沿著水邊跑來，呼喊著：怎麼了，英國人，怎麼了，你們來做什麼：他們沒想到我們要跟他們打仗，繼續愉快地前來，直到他們抵達佩果河邊。

接著英國人開始縱火焚燒村莊，印地安人則以進軍圍攻賽布魯克堡（Fort Saybrook）回應。在雙方幾番前哨戰之後，印地安人傳話詢問英軍指揮官，他是否覺得他們已經「打夠了」。加迪納中尉（Lt. Lion Gardiner）避免直接回應，使得印地安人追問：英國人是否要殺害他們的婦女和兒童。加迪納回答：「他們以後就知道了」。隨後，英國人在夜幕掩護之下，襲擊印地安人在神祕河（Mystic River）的宿營地。梅森上尉（Capt. John Mason）高呼：「我們非燒了他們不可」，他放火焚燒整個營地，並且射殺或砍殺任何試圖逃跑的人。他對這場屠殺留下一段敘述：

> 的確，全能的上帝將如此駭人的恐怖落在他們的靈魂上，使得他們逃開我們，投入火中，許多人因此死去……（而）上帝就在他們頭上，嘲笑祂的敵人和祂子民所輕蔑的敵人，讓他們成了炎熱的火爐：心中勇敢的人就此被搶奪，睡了最後一覺……上主藉此在異教徒中間做了判決，以死屍填滿這地！

一如印地安人所懼怕的，被殺害的六百到七百人大多是婦孺。但與梅森一同指揮的恩德希爾（John Underhill）說：

> ……《聖經》有時也宣告，女人和兒童要和他們的父母一起死去。

為了徹底完事，佩果河被更名為泰晤士河，佩果鎮則成了新倫敦。以確保佩果人從地圖上被抹滅，並被徹底遺忘。

同樣是在英國人統治下，發生一次罕見地留下歷史記載的蓄意細菌戰。一七六三年，維吉尼亞總督、北美英軍總司令阿默斯特將軍（Gen. Jeffrey Amherst，日後受封男爵）批准蓄意散播致命疾病的行動。他在下達給皮特堡（Fort Pitt）指揮官布凱上校（Col. Henry Bouquet）一系列命令中指示：

> 可嘗試運用毛毯為印地安人接種（天花），亦可運用其他各種根除這一惡劣種族的可用手段。

儘管大多數地位最高的歐洲移民對印地安人始終懷抱敵意，有些較無權勢的歐洲移民卻有不同看法。正如上文所述，曾與哥倫布同行的卡薩斯，晚年時為了爭取印地安人獲得良好對待而奮鬥不懈。而在後來的英國和美國統治時期，我們也知道印地安文化並非人人皆憎惡。美國開國元勛富蘭克林（Benjamin Franklin）這位偉大人物就曾說過：

> 印地安孩子被我們扶養長大，學會我們的語言，習慣我們的風俗，可他一旦見到自己的親戚，和他們去過一次印地安漫遊，就不可能再把他勸回來。（可是）當白人男女

從小就被印地安人俘虜，和他們同住一段日子，即使被親友贖回，並盡可能溫柔對待，以說服他們留在英國人之中，過不了多久，他們還是會對我們的生活方式，乃至維繫生活方式所需的關懷與痛苦反感，一找到大好機會又要逃入森林，從此再也找不回來。

這種對自身種族的不忠會面臨嚴厲懲罰。一六一二年，維吉尼亞執法官戴爾（Thomas Dayle）捕獲一些逃離殖民地，與印地安人同住的英國移民青年。他的懲罰既迅速又殘忍：

> 他命令將其中一些人吊死、一些人燒死、一些人處以輪刑，[24]其他人予以穿刺，還有些人槍斃。

截至目前為止，故事的焦點在於移民的暴行。但殺害美洲印地安人最慘重的凶手，無疑是歐洲人傳入的大量疾病。疾病在這個脈絡下發揮的作用，至今仍是備受爭論的課題。但像今天許多人那樣，以為這些肉眼不可見的微生物殺手所導致的印地安人死亡，是不可預見、意外、不小心，不然就是歐洲人與印地安人和平接觸的非預期後果之類的想法，卻是徹頭徹尾的誤導。文獻中成篇累牘的移民獸行目擊證言，讓人毫不懷疑新世界的征服者需要土地，

24 譯注：將受刑人綁在車輪上，手腳伸直，由行刑者將四肢及關節打斷，而後掛在輪上示眾，任其慢慢死去。

且樂見一切攫取土地的機會。英國清教徒將一個個部族因疾病而人口銳減，看作是上帝對於他們新興殖民地不可或缺的一份積極支持。比方說，麻薩諸塞灣殖民地（Massachusetts Bay Colony）總督在一六三四年的天花流行之後寫道，英國移民多半未受損害，但：

> ……土著幾乎全都死於天花，彷彿上主為我們所擁有的土地清理了所有權。

哥倫布的人馬及隨後到來的所有人傳入的疾病，產生翻天覆地的人為破壞：滾滾而來的白喉、感冒、麻疹、腮腺炎、傷寒、猩紅熱、天花、梅毒混雜在一起——族繁不及備載。這些病原體不僅成批消滅原住民人口，更在個別發作減緩之後繼續殺害人命，因為倖存的人已經無力埋葬死者或採集食物。

一七九三年，美國獨立戰爭以巴黎條約畫下句點之後，「印地安人問題」成了新生的美國政府一項內政問題。

和非裔奴隸貿易的成長一樣，印地安人奴隸直到一八六五年全面廢奴為止也始終持續不衰。比方說，一八六一年在加州的科盧薩郡（Colusa County），三到四歲的印地安人男童和女童仍以低價被販賣。這些兒童奴隸通常被奴隸販子拐賣，奴隸販子深知兒童的父母奈何不了他們而有恃無恐，因為印地安人不得在法庭上作證指控白人。

隨著移民跨越北美大平原（the Plain）和西部，不停叫喊、手持戰斧的印地安人屠殺白人的故事流傳更廣。值得注意的是，在殖民時代之前，這一地區的多數印地安人文化中都沒有暴力成份。在這些部族之中，潛行接近敵人，並以武器、棍棒甚至徒手攻擊，傳統上被認為是最高尚的英勇行為。但在持續不斷的攻擊之下，印地安人也學會以暴制暴。

如今看來或許很怪異，但在十八世紀晚期，美國的許多領袖都公開鼓吹摧毀印地安人宿營地及根除部族。比方說，在華盛頓將軍（Gen. George Washington）成為美國開國總統的十年前，他在一七七九年指示率軍進攻易洛魁人的指揮官：「……搗毀附近所有宿營地……鄉間不只要予以蹂躪，更要摧毀，」並且不得「……在其聚落全數確實摧毀之前，聽取任何求和提議。」他堅持軍隊必須向印地安人灌輸「……恐怖，由他們所受懲罰之嚴厲程度激發出來。」

其他總統更加直率。一八〇七年，傑佛遜（Thomas Jefferson）總統指示戰爭部長使用「斧頭」，並且：「……在部族被殲滅，或被趕到密西西比河對岸之前，決不放下……在戰爭中，他們會殺死我們一些人，但我們要把他們全部毀滅。」這個話題傑佛遜後來又講過好幾次，並且任意使用「殲滅」和「根除」之類的字眼。

數十年後，到了一八二九年，傑克遜（Andrew Jackson）當選總統，儘管如今幾乎沒人記得他曾洗劫印地安「野狗」的村莊，將剝下的印地安人皮製成馬韁繩，把死屍製成的紀念品送給田納西州的仕女，同時宣稱：「我隨時都保存我殺掉的人的頭皮。」

在國家策劃的滅族戰爭進行之際，一八三〇年《印地安人遷移法案》（*Indian Removal*

Act）規定將全體印地安人口重新安置在密西西比河以西的新領土。即使喬治亞州的印地安人爭取到馬歇爾（John Marshall）大法官裁定他們可以留在原地，但傑克遜無視最高法院，強行將印地安人押上死亡行軍。此即「淚之路」。一位南北戰爭老兵說過，他一生中看過大量的殘酷暴行，但殘忍程度都不及印地安人的死亡行軍。隨後對印地安人的強制遷徙，例如加州的納瓦霍人長途跋涉（Navajo Long Walk）和波莫死亡行軍（Pomo Death March）也遵循同一個模式。

國家最高層使用的滅絕語言，同樣反映在各州層級。例如加州州長柏奈特（Peter Burnett）在一八五一年宣稱，戰爭「……會在種族之間繼續下去，直到印地安人絕種為止。」隔年，繼任的州長麥道格（John McDougal）重申這種觀點，要求白人對印地安人的戰爭，「……必須是將許多部族殲滅的戰爭。」而一直以來，始終有一部分媒體人協助煽動大規模殺戮。身為《綠野仙蹤》（*The Wonderful Wizard of Oz*）作者而聞名於世的鮑姆（L. Frank Baum），曾任南達科他州《亞伯丁週六開拓者報》（*Aberdeen Saturday Pioneer*）總編輯。他在報上寫道：

> 白人憑著征服法則、文明正義，成為美洲大陸的主人，邊疆聚落最大的安全保障，唯有完全殲滅極少數殘存的印地安人才能確保。為何不殲滅？他們的榮光已消散、精神已崩潰、男子氣概已被抹滅；與其像現在這樣悲慘不幸的活著，還不如死去。（一八九

〇年十二月二十日）

到了下一週，他又重啟這個話題：

《開拓者報》先前即已宣告，我們唯一的安全保障決定於印地安人的徹底根絕。我們既已冤屈他們數百年，為了保衛我們的文明，我們最好再追加一個冤屈，把這些桀驁又不可馴化的生物從地球表面抹除。（一八九〇年十二月二十九日）

這看來是社會上許多不同的人相當標準的既定觀點。在一代人之前的一八六四年，克勞佛牧師（Rev. William Crawford）在科羅拉多州寫下當時普遍的論調：「關於印地安人應當得到的最終處置，只有一種觀點：把他們消滅——男人、女人和兒童一起。」

不出所料，十九世紀最嚴重的暴行之一隨即發生。一八六四年臭名昭著的沙溪（Sand Creek）大屠殺，任何看過一九七〇年電影《藍衣騎兵隊》（*Soldier Blue*）的觀眾都耳熟能詳，本片的開創意義正在於生動呈現這場屠殺。

沙溪的夏安族（Cheyenne）和阿拉帕霍族（Arapaho）男人出外獵捕野牛，留下六百名婦孺和大約三十五位勇士、二十五位老人。美軍騎兵逼近時，年老的首領黑壺（Black Kettle）帶著家人一同現身。他揮舞白旗和美國國旗，說明整個村莊已經自願繳出全部武器，以證明自己和平無害，同時不斷勸慰族人無需害怕。但騎兵隊指揮官切芬頓牧師上校（Rev. Col. John Milton Chivington）既是虔誠的衛理會牧師和長老，也是無意維持和平的極端分子。「我渴望涉入血泊，」他幾天前才宣告：

> 任何同情印地安人的人都該死……我是來殺印地安人的，我確信在上帝的天國之下使用任何手段殺印地安人皆屬正當而光榮……不分老幼，全都殺了剝掉頭皮；斬草就要除根。

「斬草除根」這個令人反胃的說法，正是他大肆屠殺印地安兒童最愛用的理由之一。於是，他在沙溪派出七百名兵力，將整個村落屠殺一空，包括一位揮著白旗的六歲小女孩。他們完事之後剝去死者的頭皮，割下手指和耳朵以獲取首飾，還挖掉許多具屍體的生殖器。《藍色騎兵隊》在越戰高潮時上映，時間點引發了一些批評。但在世界各地的票房卻輕易大獲成功，主要由於它引領著深受英勇過人的牛仔壯舉影片耳濡目染的觀眾，深入「西部如何開拓」更加怵目驚心且發人深省的看法，因此令人難忘。

或許同樣令人震驚的是，犯下這起暴行的切芬頓從未遭受軍法懲處，羅斯福總統（Theodore Roosevelt，一九〇一至〇九年在任）宣稱，沙溪大屠殺是「……在邊疆發生過的一次正當且有益的行動。」他隨後更進一步表示：「我還不至於認為只有死了的印地安人才是好的印地安人，但我相信十個有九個是這樣，至於第十個，我也不該打聽太多。」

五年後，一八九一年一月十五日，蘇族首領踢熊（Kicking Bear）終於投降。戰爭實際上結束了。到了一九〇〇年，一度在美國境內擁有百分之百人口比例的印地安族群，只剩下百分之零點三。

因此，這一切向我們述說的，不只是美國國防部長倫斯斐（Donald Rumsfield）所說的「戰爭即地獄」；這就是四個世紀以來對美洲印地安人的種族滅絕史。二〇〇〇年，美國政府印地安事務局（Bureau of Indian Affairs）在柯林頓政府全力支持下，向印地安人道歉：

> 當國家向西部尋求更多土地，本局也參與西部各部族所遭受的種族清洗……必須承認，蓄意散播疾病、大量殺害野牛群、使用有毒酒類摧毀心智和身體，以及卑怯地殺害婦孺，導致極其慘痛的悲劇，不能僅以相互衝突的生活方式碰撞之必然結果輕易帶過……我們接受這份遺產，這份種族歧視和殘酷不仁的遺緒。〔高佛（Kevin Gover），印地安事務局副局長〕

或許這一切全都指向同一件事：美國人每年十月第二個星期一紀念的哥倫布日，在愈來愈多理解此人真正動機，乃至他留下的奴役、暴力和毀滅遺緒的人們看來，不僅過時，也愈來愈令人難以忍受。

今天，中東各地的狂熱分子仍在爆炸、射殺和砍殺手無寸鐵的男女及兒童，原因只不過是他們與生俱來的種族和宗教，或是他們生長的土地。正如美洲印地安人悲慘地揭示的，這個世界早已嫻熟於對自己情願不知道的種族滅絕視而不見。

我在本文開頭提過，關於美洲印地安人是不是種族滅絕的受害者，讀者可以得出自己的看法。或許這個問題的最後結論應當由《紐約時報》來說。

朗費羅（Henry Wadsworth Longfellow）在一八五四年從哈佛大學的史密斯現代語言教授（Smith Professor of Modern Languages）任內退休。隔年，他出版了敘述一位印地安人首領的史詩《海華沙之歌》（*Hiawatha*）。一八五五年十二月二十八日的《紐約時報》第二版刊載一篇詩評，說它：「……令人愉快地充分保存一個乏味無趣，而且幾乎可說已被恰如其分地消滅的種族之醜惡傳統。」

第二十二題

都鐸王朝的故事編織機如何隱藏英國宗教改革的血腥真相

數百年來，人們都相信亨利八世與羅馬教廷決裂受到英國人歡迎，他們愈來愈憎恨天主教會的高壓。如今歷史學家卻揭露驚人的事實：英國人頑強抗拒宗教變遷，迫使亨利八世、愛德華六世和伊莉莎白一世在全國實施大規模的酷刑和處決，向人民強加新的宗教。本文撰寫於亨利八世和亞拉岡的凱薩琳（Catherine of Aragon）離婚紀念日，這次事件啟動了英國宗教改革。

二〇〇三年，布萊爾內閣的教育和技能大臣克拉克（Charles Clarke），對歷史教育表達強烈意見：「我不介意學校裡放著一些中世紀研究者當擺飾，但國家沒有理由為他們出錢。」

雷汀大學（Reading University）的中世紀歷史教授比迪斯（Michael Biddiss）回應這段話時表示，克拉克先生的論點可能來自於赫魯雪夫（Nikita Khrushchev）的觀念：歷史學家是危險人物，具有顛覆一切的能力。

從許多方面看來，其實赫魯雪夫說得對。歷史學家足以構成顯著的威脅，包括那些創造「官方」歷史，以及那些默默工作予以拆解，並填入惱人無益細節。

歷代的統治者都試圖掌控歷史對自己的評價，而且用盡一切手段確保事件依照己意記載。這個過程和權威本身一樣古老。

結果是一代代人民在學校習得一些歷史，隨後卻又發現實情並非如此。比方說，在二十世紀共產國家長大的孩子，幾乎不知道位居開國革命核心的無差別殺戮方法。更晚近一些，任何一個來不及經歷兩次伊拉克戰爭的美國年輕人，要是只讀政治人物的回憶錄，其實真的會相信這兩次戰爭是為了消滅基地組織（al-Qaeda）而打的。

那麼英格蘭呢？立憲君主制和古老的議會民主傳統，保障歷史不受政治操弄嗎？我們能夠倚仗自己被教導或告知的歷史嗎，還是我們也同樣將神話照單全收？

還有哪一個出發點比最典型的英格蘭歷史事件更好：標示著近代英格蘭誕生與羅馬教廷決裂？

數百年來，英國人一直被教導中世紀晚期的天主教會是迷信、腐敗、剝削，而且是外來的。最重要的是，我們被告知亨利八世國王和英格蘭人民鄙夷天主教空洞而原始的禮儀。英格蘭對於外來教會愚昧又晦澀難懂的魔術師厭煩透頂，都鐸時代舉國上下的人民更喜歡威克里夫、路德和喀爾文（John Calvin）這樣直言不諱的人。亨利八世實現了所有理性的英格蘭和威爾斯人期望已久的目標：找到一個藉口，從不合時宜地屈服於天主教會荒謬的中世紀結構之下掙脫出來。

對於許多英格蘭人而言，這套說法真實與否甚至無需爭論。即使是現在，英國人在歷史上對一切天主教事物的輕蔑，通常被看作是無可爭議的客觀事實。否則為什麼四百五十年來都被這樣教導？而且，不管怎麼說，英國人顯然也不像在美洲大陸的某些表兄弟那樣情緒化。英國人想要自己的教堂明亮潔淨，實用且充滿常識。正因如此，英國人從小到大都相信天主教信仰基本上，呃……不屬於英國。

但最近三十年，宗教改革研究發生了革命。最優秀的學者開始看向亨利八世、克倫威爾、克蘭默（Thomas Cranmer）、拉蒂默（Hugh Latimer）、利得理（Nicholas Ridley）等宗教革命領袖的聲明背後，以及國會公告和盛大的講道之外。他們轉而集中心力探究英國平民百姓留下的紀錄。這種「由下而上」的歷史研究取徑，無疑是過去五十年來歷史研究最令人興奮的發展。它將我們從統治者要我們知道的事轉移開來，引領我們更趨近真實發生的過去。

當這種研究取徑應用在宗教改革，浮現出來的圖像就與學校教導的大不相同。

如今看來，在一五三三年，也就是亨利八世和羅馬決裂的那年，傳統天主教才是這個國家絕大多數人口信仰的宗教，而且在許多地方無疑都蓬勃發展。

它發展出一種英格蘭獨有的風味，注重平民百姓在堂區聖堂、村莊草地、演出和慶典中的參與。其中多數似乎都有著大量的社區聯歡、舞蹈和飲酒。

的確，十六世紀初期的英格蘭宗教並不特別用功或博學。人們不會每天花幾小時研讀《聖經》、默想，或是像更激烈的歐洲改革家那樣說教。但英格蘭有一種生猛有力，足以凝聚全國的信仰，它有明顯的社群特質。

要是你在宗教改革前夕望向一個英格蘭堂區聖堂的內部，你會看見一個被社區的生活與愛充滿的空間。聖者身上會披掛堂區教友最好的衣裳、珠寶和念珠，通常都在遺囑中載明贈送給聖堂。中央走道兩旁會有很多偏祭臺（side altar），多半是由本地行會出資興建，每日為敬愛的聖人和堂區的往生者提供彌撒。倘若聖堂有某位聖人的遺物，聖骨匣或墓穴會懸掛各式各樣的金製、銀製和蠟製模型，從癒合的肢體到海難獲救的船舶不一而足——它是由人們的感恩之情寫成的小歷史。到處都會有鮮花和蠟燭，還有堂區教友，他們定期參加週間的禱告，以及在眾多行會祭臺和小禮堂祭臺舉行的彌撒。在這個識字率逐漸提升的時代，為數眾多的上流和工匠階層人士會帶著自己的靈修書一起閱讀。宗教書籍印刷成了龐大的產業。據估計，在宗教改革前夕，英格蘭境內流通的時禱書（Book of Hours）多達五萬七千本以上。

總之，堂區聖堂位居活潑的英格蘭堂區生活中心，生者在這裡祝賀自己的福氣，並緬懷死者。

改革者首先剷除的對象是聖人敬拜。身披衣袍、戴著花環的古老雕像被搗毀運走。石像和石膏像被磨碎，木雕像被燒毀。除了這些受到珍愛的主保聖人肖像突然喪失之外，各堂區每年更被剝奪四十到五十個聖人的「聖日」（即假日），每逢聖日，從前一天中午開始就不得從事勞碌工作。這使得全國各地熟習千百年的生活步調隨之劇變。改革者深知這一變革會促進經濟活動，也歡迎它所帶來的產能增長。

下一個巨大變革則是廢除煉獄。改革者嘲笑對死者的敬拜（「煉獄被尿了出來」，有人寫下這句值得紀念的話）。但這些由來已久的死亡與來生禮儀卻提供一個獨特框架，讓中世紀晚期的英格蘭人接受以應對死亡。當改革者拔除為死者呼求代禱的墓碑和銅牌，當他們燒掉紀念堂區死者的本地代禱名單，當他們揮舞大槌敲碎人們每日為親戚禱告使用的小禮堂祭臺，他們的所作所為嚴重程度更甚於蓄意破壞。他們從社區的日常生活中偷走死者，使得早已習慣紀念與追憶已故親戚朋友的人們突然再也找不到死者。無論蓄意與否，這都是在攻擊人們的記憶。

中世紀早期和中期是主教座堂與修院主宰宗教生活的時代。但在十五世紀晚期和十六世紀初期，宗教由人民接管，尤其是在每個堂區如雨後春筍般興起的宗教協會。比方說，金斯林（King's Lynn）有七十多個協會，博德明（Bodmin）也有四十多個。

這些協會資助節慶、遊行和盛會——堂區紀錄顯示，慶祝活動定期舉行，受到廣泛參與。協會對於中世紀晚期宗教生活最引人注目的貢獻，在於它們贊助的盛大神蹟劇巡迴演出。這些道德劇是以英語（而非拉丁文）演出，通常是在基督聖體節前後。儘管在宗教改革時期被宣布為非法並予以銷毀，仍有足夠的抄本流傳下來，使我們得以理解它們的規模：從切斯特（Chester）、康瓦爾（Cornwall，以康瓦爾語演出）、科芬特里（Coventry）、迪格比（Digby）、唐利／魏克菲德（Towneley / Wakefield），以及其他地方。它們是強烈宗教自尊的焦點，由整個社區上場搬演。光是約克郡的巡迴就有四十八齣戲。

在堂區聖堂之內，獨特的英格蘭習俗也發展出來。在聖尼古拉節（St. Nicholas Day）有孩子主教（boy bishop）和暴政之王（Lord of misrule）的節慶；設置復活節聖墓，作為重演基督受難的小舞臺；還有聖週五（Good Friday）戲劇性的「爬向十字架」——謙卑地露腿赤足列隊膝行朝拜十字架，再將它包裹起來放進復活節聖墓。這些儀式，連同紀念本地或堂區聖人的眾多節慶，全都深深嵌入社區之中，即使在它們被宣布為非法之後很久，人們仍固執地持續舉行。

而在教會生活之外，識字率的提升意味著更多故事、詩歌、歌曲和頌歌創作出來。不出所料，童貞瑪麗亞是最受喜愛的主題，她經常被描繪成最具英格蘭特色的花朵玫瑰：

基督生於這朵玫瑰，
拯救迷途無依的人類，
而我們全都從罪中升起，
一如先知所歌頌。

玫瑰色彩如此美麗，
在童貞瑪麗亞身上如此真切，
由此生出美德之主，
無罪之救主。
〔〈我們歌詠玫瑰〉（Of a Rose Synge We），約一四五〇年〕

最後，聖物敬拜也被揚棄了。的確，這些聖物的起源幾乎經不起科學檢證，改革者因此得以嘲笑他們特別青睞的那些偽物。但文獻紀錄顯示，這種清點仿造或假冒聖物數量的經驗主義方法完全不得要領。這些物品引領人們進入神聖力量的存有，將生者與死者聯繫在一起。許多聖物更有實用功能。比方說，將聖人的衣物送給懷孕待產的婦女穿用，以祈求順產。聖物因此成為每日生活的一部分，帶給人們一種受聖人保護、與聖人相連的感受。

既然人們和十六世紀初期的大眾宗教是如此緊密相連，都鐸王朝的極端改革也就遭遇不理解和憤怒，有時甚至是激昂的暴力回應。

奉命去搗毀聖堂的人對草根民眾的憤怒難以忘懷。不計其數的文獻都提到這些人所遭遇的，心急如焚的堂區教友試圖保衛聖堂和墓地而展現的敵意和暴力。

一旦成群結隊而來的拆除工人不可避免地完成任務，衝突的熱度消退，人們感到自己一無所有：

> 一五三七年聖母升天節瞻禮，來自伍斯特（Worcester）的侍者伊曼斯（Thomas Emans），走進遭到破壞的伍斯特聖母教堂，誦讀主禱文和聖母頌，親吻聖母像的雙足，而聖母像上的珠寶、外衣和鞋子都已被取走；他以所有人都能聽見的聲音憤恨地宣告：「聖母啊，如今您也被剝光了嗎？我看到無辜的人在絞架上被剝光的那天，就像他們剝光您那樣。」他對人們說，即使她的飾物全都失去，「但外貌絕不比以前更不適合禱告，我們仍在呼求天上的她。」〔引自達菲（Eamon Duffy），《清理祭臺》（*The Stripping of the Altars*）〕

協調一致的反對行動隨即發生。一五三六年，一場名為「求恩巡禮」（Pilgrimage of Grace）的群眾反叛從英格蘭北部向南蔓延，占領萊斯特，要求停止激烈改革，並對指揮傭兵劫掠修院、讓人民大為驚恐的克倫威爾個人實施報復。同時，包括約克總主教在內的大約三萬人占領約克，也提出停止改革的同樣要求。可以預見，這些反抗全都以慘敗收場。約有兩百五十位抗爭者被處死，從而扼殺進一步的群眾抗爭。畢竟，都鐸王國可是全歐最強大的國家之一。

由草根出發的現代學術研究得出結論，自中世紀英格蘭的表面剷除天主教會，絕非亨利順從民意，擺脫廣大人民所痛恨外來支配的「由下而上」革命；恰好相反，它愈看愈像是亨利和他的親信「由上而下」強加的宗教改革，釋放出長達一百年之久的深切憤怒與疏離，最後只能倚仗持續的政治運作和無情鎮壓才能克服。政治與經濟始終是互相緊密協調，在亨利的時代也沒有兩樣。亨利藉著分發一些從修院掠奪而來的土地和財富，得以創造出一個擁有影響力的堅實地主集團，貫徹改革正符合他們的財務利益。

在我們揭露真相的同時，也應當檢視另一個經常被教導的「事實」：英格蘭在亨利的時代轉向基督新教，是因為威克里夫和羅拉德派受到廣大人民歡迎。根據新教的傳說，這個運動體現和表達英格蘭人民的真正情緒。但近乎壓倒性的證據，都顯示這種說法不過是掩人耳目，因為研究發現，羅拉德運動始終只是在英格蘭特定區域、特定朝代發生的小型地區性運動。不僅如此，它在十五世紀中葉就已近乎消亡——這是亨利離婚之前一百多年。儘管羅拉德運動在它的時代真切表達人民的異議（如同過去兩千年來基督教世界各地的眾多其他運動），它卻從未成為英格蘭的主流宗教運動，更別提多數人支持了。

這當然不是說人人都愛天主教會。在克倫威爾削尖刀筆，準備比維京人更加徹底地掠奪修院之際，英格蘭已有一些為人所知、清楚可見的新教徒集中地，尤其在倫敦、東南部和東安格利亞。但文獻顯示，他們只是極少數人口，亨利八世國王在《七聖禮捍衛論》中的論調（詳見下文），才堅定地反映主流思想。

然而，沒有任何事物能夠屹立不搖，英格蘭在十六世紀初也有自己的近代人文主義哲學家和神學家，一如其他所有地方。但在此有時會產生誤解。人文主義者並非無神論者或反教會人士。他們只對應用當代哲學及知識感興趣，如同每一個世紀的思想家那樣。尼德蘭培育伊拉斯謨（Erasmus），他的好友正是英國最優秀的人文主義者——才華超群的摩爾爵士，摩爾也是英格蘭宗教改革最早的犧牲者之一，由於反對與羅馬教廷決裂而被亨利處死。

所以這一切究竟是怎麼發生的？為何亨利八世在一五三三年對自己的國家內部畫下這麼深的一道傷口，直到四百五十年後都還沒癒合？

這個故事是一場悲劇。

一五三三年五月二十三日，坎特伯雷大主教克蘭默坐在鄧斯特布爾隱修院（Dunstable Priory）的聖母堂裡，宣告英格蘭歷史上一次最重要的司法裁決——震撼程度遠遠強過《大憲章》。

深層問題在於，亨利八世的十六年婚姻未能生下男孩。但他的情婦彭布羅克女侯爵（Marquess of Pembroke）已經懷孕了，因此時間急迫。尋常的法律管道無法准許亨利離婚，於是坎特伯雷大主教承擔起這個責任。

為了給予克蘭默大主教前所未有的法律權威執行任務，亨利身邊的狡猾強人克倫威爾起草一五三二年《限制上訴法》（*Act in Restraint of Appeals 1532*），並由國會迅速通過。克倫威爾的法案在這方面暫停適用一切普通法律，賦予克蘭默全權進行判決。（耐人尋味的是，克倫威爾為了達成這點，宣稱克蘭默擁有全權，因為英格蘭是一個帝國；他的故事編織機同時加班趕工，大量生產空想的歷史故事，將英格蘭帝國和特洛伊城扯上關係，因此讓它比羅馬更古老，從而獨立於羅馬教廷之外。）

因此，期望國王的情婦懷著男孩的克蘭默，莊嚴地宣告亨利八世與亞拉岡的凱薩琳離婚。

結果，亨利的情婦安妮（Anne Boleyn）生下女兒（而且不到三年就在克倫威爾運作下遭到斬首）。然而木已成舟。克倫威爾讓亨利與凱薩琳離婚，也讓英格蘭脫離羅馬教廷。

整個事件很極端。

自古以來，教會法始終將婚姻和離婚的上訴權保留給坎特伯雷大主教的老闆，也就是教宗。英格蘭國王和拉丁基督教世界的所有君王一樣，始終遵守這個古老的法律架構。亨利八世先前娶亞拉岡的凱薩琳（他的寡嫂）時，首先就樂得運用這個架構取得教宗豁免。

克倫威爾推動與羅馬教廷決裂的理由，正是因為人盡皆知，亨利與凱薩琳離婚沒有法律依據。

亨利的論點（這是他自己想出來，並且引以為傲）堅稱，《聖經》禁止男人娶自己的寡嫂為妻，因此他和凱薩琳的婚姻完全是一場可怕的錯誤，且令人遺憾地無效。然而，英格蘭和歐洲的所有教會法學者（亨利的顧問班子除外）都知道這個論點注定失敗，因為這項規定有個眾所周知的例外。在「利未婚制」中（見《申命記》二十五章五至十節），男人必須娶尚未生子的寡嫂為妻，以延續兄長的血脈；亨利的狀況正是如此，他也正因如此而獲准娶凱薩琳為妻，確立英格蘭與西班牙至關重要的聯盟。

因此，不出眾人所料，教宗不准離婚。

直到這時為止，亨利都是熱情的天主教徒。當他第一次讀到路德的著作，路德對天主教會的撻伐深深激怒他，使他（以拉丁文）寫下一本書，有條有理地拆解路德的論點。他在一五二一年發行這本書，並呈獻給教宗。他在書中說到：「路德異端的瘟疫……致命劇毒……毒害全人類」。他繼續寫道：

然而，不朽的天主啊！何其惡毒的語言！何等熾熱激怒的說話力量能被創造，以宣判那最汙穢的惡棍（路德）之罪，他竟動手將基督的無縫外袍撕碎，擾亂天主教會的平靜！

亨利十分明確地表達個人立場：

我們確信，憑著對基督教世界福祉的熱情、對天主教信仰的熱誠，以及對宗座的奉獻，我們做得還不夠，我們決心以自己的著作，展現我們對路德的態度，以及對他卑劣書籍的評價；並且更公開地向全世界表明，我們始終捍衛及支持神聖羅馬教會，不僅以武力，更以一己才智資源及身為基督徒的服事。（亨利八世國王，《七聖禮捍衛論》）

教宗則感恩答謝，將「信仰捍衛者」這個頭銜頒贈給亨利。（自從脫離羅馬教廷之後，國會不可思議地將這個頭銜授予每一位英國君王。）

然而，當教宗拒不允許亨利離婚，克倫威爾想出一個有趣的解決方法：和羅馬教廷決裂；讓全國改宗新教；同時藉著侵吞全國無數修院及堂區聖堂的全部財富，解決王室資金匱乏的問題。

如同兩百年前打量著聖殿騎士團財富的法王腓力四世，這樣的誘因是亨利無法抗拒的。唯一的問題在於，儘管克倫威爾的計畫滿足亨利及其親信的需求（他們都能因為這個方案而大為致富），英格蘭人民這樁小事卻還沒解決。

要徹頭徹尾地改變一個國家的宗教信仰絕非易事。結果歷經亨利八世、愛德華六世和伊莉莎白一世三位君王才完成。他們的策略對於中世紀君王來說不出所料，而且與腓力四世清除聖殿騎士團的手段驚人地相似。克倫威爾的計畫只需要三個步驟：立法取締涉及天主教信仰的一切事物；運用一切官方文告和講道加以詆毀汙衊；處死任何反對者。

其中一種受到運用的宣傳足以作為代表。伊莉莎白一世的政府對亨利八世處死的數百位英國天主教徒視而不見，並提出這樣一種觀點說服人民：宗教性處決是由伊莉莎白的姐姐瑪麗一世（Mary I）發明。即使教堂內已經禁止陳列聖像，他們仍下令全國各地的協同教會皆應展示一本新近發行、墨跡未乾的福克斯（John Foxe）《殉道者名錄》（*Book of Martyrs*），讓人們為書中一百五十幅被瑪麗處決的英國新教徒悽慘死狀的木刻畫瞠目結舌。當然，書中不會呈現的是亨利在瑪麗繼位之前以同樣手法處死的天主教徒，以及伊莉莎白正在用相同手段殘酷迫害的數百位天主教徒。但宣傳的本質當然就是這樣。伊莉莎白禁止國內印行任何天主教資料，讓一切書籍和傳單完全由自己掌控。

都鐸王朝為了強行與羅馬決裂而施加的暴力是極端的，用意正在於震驚威懾。比方說，亨利手上最早的受害者是本篤會修女巴頓（Elizabeth Barton）。當她批判亨利意圖另娶安妮，亨利不但將她處死，更將她的首級穿刺插在倫敦橋上示眾。這是第一個，也是唯一一個死後仍遭受如此野蠻對待的女性。

亨利和他的政治人物及激進教士親信集團，處決數百名異議人士以儆效尤。這些人沒有一個陰謀刺殺他或意圖顛覆他的統治。他們的「叛國」罪行就只是反對自己的宗教被摧毀，或是財產被破壞。他們以逆賊之身承受的絞殺、去勢、開膛剖肚、斬首和分屍十分駭人，同樣駭人的是，完全未經正當程序或司法審判。

就以英格蘭最大修院：格拉斯頓伯里（Glastonbury）修院，年老院長懷廷（Richard Whiting）之死為例。克倫威爾的政務日誌提及此事的條目讀來簡明：「又及。格拉斯頓的院長將在格拉斯頓受審，並與其共犯一同處決。」事實上，懷廷是上議院議員，被指控任何罪名時皆有權受到國會提審。但這對克倫威爾來說太礙事了，他只想清除掉院長，好將修院的財富攫入私囊。於是懷廷被裝在囚籠裡，拖到格拉斯頓伯里山丘（Glastonbury Tor），承受大逆犯恐怖的全套死法。他不是唯一一人。同樣的就地正法在全國各地到處發生，為克倫威爾派遣的欽差專員掃清障礙，他們把自己所能找到的十字架和燭臺全都裝箱，運回倫敦熔化，沒入自己的私人帳戶。

史料證據顯示，都鐸王朝實際上花了四十五年左右，才把這個國家天主教歷史的一切記憶抹滅。

亨利揭開序幕，從一五三三年進行到一五四七年。他的改革對人民十分嚴酷，但他頗為虛偽地保持天主教徒的習慣。他從離婚的災難開始對教宗產生新的敵意，但仍繼續定期望彌撒。儘管他主使劫掠修院及大量毀壞在地聖堂，但他對克倫威爾、克蘭默大主教，及其他狂熱分子仍發揮一定程度的約束力。因此，事態在亨利死後才真正展開，改革者得以帶領九歲的愛德華六世國王踏上為期六年（一五四七至五三年）的喀爾文主義旅程。這是英國宗教藝術和文化遭受最嚴重破壞的時期，就連王國境內最小的聖堂都慘遭洗劫，一切貴重物品都被奪走。好幾代的人民都說自己在亨利的改革下受苦受難，但他們將英格蘭教堂遭到徹底褻瀆追溯到愛德華統治期間。

當瑪麗一世在一五五三到一五五八年間短暫地將英格蘭回歸天主教，許多教堂和堂區教友小心翼翼地拿出他們不顧一切藏匿起來的極少數珍貴聖人像和彌撒經書，將教堂重建起來，對生活恢復常軌感到喜悅。

但在瑪麗猝死，伊莉莎白重啟宗教迫害之後，人們開始逐漸放棄。伊莉莎白的年代結束時，再也沒有人記得亨利八世之前的宗教生活。記憶消失了，繼續與政權對抗的意志也隨之消失。

在英國宗教改革的動盪之中，包括對社區及其想像，乃至千百年來書籍與藝術的恣意破壞，最引人注目的是行動本身的規模。

愛德華六世在喀爾文及慈運理（Zwingli）的清教教義影響下，命令他的欽差專員：

> 取走，徹底消滅及摧毀一切聖髑龕、聖髑龕蒙布、蠟燭、圖像、繪畫，及其他虛假神蹟、朝聖、偶像崇拜與迷信的遺跡，令他們教堂或家屋內的牆壁、玻璃或其他處所不留一絲記憶。

而在愛德華的統治之後，伊莉莎白一世重申這道命令，完成愛德華開啟的工作。結果是英格蘭一千年來無可取代的窗戶、雕像、壁畫，及繪畫工藝遭受全面摧毀。泰特美術館（the Tate）最近估計，英國全部藝術品有九成以上被毀於這個時期，只有極少數書籍在大修院和大學圖書館的焚燒中倖免。例如，牛津大學龐大的波德利（Bodleian）圖書館連一本書都沒剩下。

任何人要是對這種破壞的政治面向有所疑惑，只需要看看坎特伯雷的貝克特聖髑龕。它是英格蘭最受歡迎的朝聖地點，貝克特的敬拜跨越國界，他的鑲嵌畫、聖像和遺物遠在西西里島和聖地都受到崇拜。亨利卻下令搗毀他的墳墓，將他挫骨揚灰，從歷史中抹除他的名字。如此特意為之的嚴酷，理由不難理解。貝克特之所以聞名於世，正因他挺身抵抗王室對天主教會的干預。因此，貝克特自然就成了任何想要挑戰亨利宗教改革的人凝聚力量的象徵。貝克特代表異議人士的神聖性，亨利對此絕不能容忍。

在這一切破壞過程中，被抹滅的不只是傳統的每日靈修生活、修院提供的免費醫藥及社會救助，以及充滿創意思考和藝術的國家。改革者劈開並拋棄一整片英格蘭歷史，使得英國人疏離於自身令人驚嘆的歷史中特別活潑的那一部分。

因此，赫魯雪夫說得對，歷史學家是危險人物。在宗教改革這個例子，都鐸國家機器巧妙編造的故事被代代傳承下來，使得我們無法承認，中世紀宗教在英國千年歷史中，是與茶、溫啤酒、五月柱舞和板球一樣具有英格蘭特色的事物。如同前文多次提到的：三代之內，英格蘭就從歐洲最信奉天主教的國家，轉變成最反天主教的國家。

中古世界很有能力製造肆無忌憚的抹黑，只要想想以血噬誹謗[25]指控猶太人的例子就夠了。但現在看來，我們也是政治化扭曲歷史之下的受害者，因為至今仍接受一小群都鐸王朝改革者的激進議題，他們利用國王的婚姻需求，實現他們自己（而非整個國家）想要的改變，同時令自己得享受出乎意料的財富。

25 譯注：中世紀以降盛行於英格蘭和歐洲的一種反猶誹謗，宣稱猶太人綁架殺害基督徒兒童，以獲取祭儀所需的人血。

聯合王國至今仍是唯一一個將中世紀稱作「黑暗時代」的歐洲國家，在很大程度上，其實是我們自己溯及既往將它變得黑暗。亨利八世以貶抑及摧毀十個世紀以來的智識、工藝及靈修成果開啟這一切，他將主教座堂和圖書館書架清空，使之空空如也，完全失去人類的巧思或美好。怪不得當我們看到英格蘭中世紀生活的些許殘留物時，會以為那是黑暗的。變本加厲的是，人們不但沒有認識到都鐸王朝洗劫英格蘭的文化，更集體堅守著他們傲慢得令人嘆為觀止的論調：在亨利引進啟蒙的熊熊烈焰之前，英格蘭只是一片被黑暗填滿的落後荒原。

我們對於這個神話的共謀，有一部分是因為都鐸宮廷及教士講道的宗派語言，被時間證明極其持久，如今已根深柢固，令我們持續對英國宗教改革前文化的活力與獨特英國性質視而不見。人們未能讚揚英格蘭豐富而生動的歷史，反倒對亨利的編造照單全收，咒罵它除了滿滿的「腐敗惡事」、「天主教迷信」、「敗德的說教」大雜燴之外一無所有。結果造成嚴重扭曲，相當於盜竊英格蘭的歷史。所幸，這樣的錯誤如今正由愈來愈多的歷史學家清楚有力地予以探討。

或許最後的結論應該交給佩卡姆（Robert Peckham），他在一五六九年死於羅馬，當時正值伊莉莎白一世在位：

> 佩卡姆安葬於此。英格蘭人及天主教徒，在英格蘭與天主教會決裂後離開英格蘭，因為他無法在失去信仰的故國生活；來到羅馬，並在此死去，因為他離開故國就無法生存。

第二十三題
克倫威爾在他的時代等同於伊斯蘭國

曼特爾（Hilary Mantel）的布克獎得獎小說《狼廳》（*Wolf Hall*），由英國廣播公司改編成連續劇，登上電視螢幕。人人都稱讚該劇的視覺美感和平靜安詳。但克倫威爾這個角色卻被扭曲得無法辨認，從一個貪婪的蓄意破壞者和殺人犯，變成敏感的知識分子。本文將還原克倫威爾在歷史上的人格。

二〇一四年七月二十四日，摩蘇爾（Mosul）的敬拜者被下令離開城內歷史最悠久，也最著名的一座建築——它在古代曾是聶斯托里派的東方亞述教會（Nestorian-Assyrian church）[26]，但早已被改建為先知尤尼斯（即《聖經》中的約拿）清真寺。伊斯蘭國隨後在整座建築中安裝炸彈，將它夷為平地。悲慘的是，這是座什葉派清真寺——眾多慘遭毒手的什葉派清真寺

26 譯注：即唐代正式傳入中國的景教。

之一。

英國電視黃金時段風靡一時的奇幻大戲是《狼廳》。人人都愛古裝劇，但虛構歷史（fictional history）與歷史虛構（historical fiction）兩者天差地遠。前者將真實人物與事件戲劇化，後者則是以過去為場景的完全虛構故事。目前的趨勢是將兩者混淆，《狼廳》的表現尤其引人注目。

該劇按照時間順序紀錄生平的主角克倫威爾，成了一位白手起家的勇敢英國人，他靜默的矜持展現內在力量與個人高貴。但在真實世界裡，克倫威爾卻是個「惡少」（ruffian，他這麼稱呼自己）起家的教派極端主義者，他在宗教上的蓄意破壞行徑，竟與伊斯蘭國或阿富汗神學士政權（Taliban）的偶像破壞行為驚人地相似。

拜《狼廳》所賜，如今有更多人聽說克倫威爾，這是好事。但在亨利八世這位首席執行官的虛構形象之下，卻是一個歷史人物，而此人的謀殺、劫掠和破壞紀錄理當令我們怒不可遏，而不是伸手抓起爆米花。

歷史學家幾乎不會對細節意見一致，因此對於克倫威爾的內在生活仍有爭議餘地。但要從一個人留下的殘酷和赤裸野心遺緒之中找出英雄事蹟，可真是萬分艱難。

在亨利八世婚姻衝突的背景下，野心勃勃近乎病態的克倫威爾，一手策劃與羅馬教廷決裂的行動，只為了把英國教會，以及教會所掌控至關重要的離婚和結婚權力轉交給亨利。當時在英格蘭確實有一些小規模的基督新教集中地，但任何將克倫威爾的專橫行動描述成真誠神學改革的嘗試都注定失敗。克倫威爾本人幾乎不跟宗教信仰打交道。他愛的是政治、金錢和權力，改革者可以為他帶來這些。

策劃亨利八世與亞拉岡的凱薩琳離婚，再與安妮結婚之後，志得意滿的克倫威爾進一步沒收教會財產。沒過多久，他就快速解散修院，將所有沒被釘牢在地上的東西全都搶走，留給他自己、亨利和他們的密友。這是英國歷史上最大規模的土地掠奪和財產剝奪，克倫威爾則位居行動指揮中心，在一個廣受憎恨、專制暴虐的政權核心。當安妮指出，這些錢財應當用於慈善事業或善功，克倫威爾卻構陷她通姦，並且看著她被斬首。

身為亨利的顧問，克倫威爾可以引導衝動的國王、控制他狂暴的野心、耐心予以勸告、維護國王子民所享有的眾多自由權利，但克倫威爾完全無意節制。他為亨利實現一切夢想，將國家法律和一切礙事者全都踐踏在腳下。比方說，我們聽說很多《大憲章》的事，但克倫威爾沒空理會枯燥的審判和陪審團判決。他拿筆隨手一畫，就宣判王室、貴族、農民、修女和教士遭受恐怖的就地正法。我們說的不是幾個人而已。他用高度政治化的「叛國罪」法律，了結數百條人命。（一旦風水輪流轉該他受死，他向亨利乞求：「最仁慈的王，我哭喊求您開恩。」但他得到的慈悲一如他對其他人的慈悲。）

此外還有他對英國藝術及智識遺產的衝擊。無人能知曉確切數字，但根據估計，克倫威爾發端並以法律認可的破壞行動，摧毀百分之九十當時存在的英國藝術品。雕像被拉倒、壁畫被砸成碎片、鑲嵌畫被損毀、泥金裝飾手抄本被粉碎、木刻畫被燒毀、珍貴的金工製品被熔化、聖髑龕被搗毀。這種蓄意破壞已經遠遠超出宗教改革的程度。這是一種瘋狂，以一種對意象和描繪神明的激烈仇恨，抹滅千百年來能工巧匠的藝術遺產，並與今天近似的行為強烈共鳴。

人們再次開始思考克倫威爾，只會是好事一樁。因為當我們望向東方，看到正在毀壞其他古代社會文化及藝術遺產的狂熱主義，我們每個人都能對任何時代的宗教極端主義得出同一個必然結論，無論是基督徒、穆斯林、猶太教徒、印度教徒還是佛教徒。它一點都不好看。全是真實的。而在英格蘭，某種程度上並未遠離它。我們只需要考察英國各地被毀壞的中世紀建築，或思索克倫威爾公開斬首及其他野蠻處決的紀錄。

很清楚，世上有各式各樣的極端主義者。

第二十四題
基督新教如何為致命的獵巫狂潮火上加油

沃爾珀吉斯之夜（Walpurgisnacht，五朔日前夜）是歐洲一年一度的女巫節。和六個月後的萬聖節一樣，都讓我們正視傳統文化中的民間魔法。本文為紀念沃爾珀吉斯之夜而書寫，並探討肆虐歐洲及新世界的獵巫狂潮悲慘史。

在一個歷史如此獨特且豐富的島國，國家領導人偶爾在需要時求助於歷史也是不足為奇。

之前，他們一直在解析英國和宗教的關係。在人們極力調和過去兩千來先後支配英國的異教信仰、天主教、英國國教、懷疑論和世俗主義之際，這個課題總能讓英國火上加油。

首相宣稱英國是基督教國家；一群知識分子則公開宣稱英國不是基督教國家；坎特伯雷大主教介入，具體說明英國在歷史上是基督教國家；前任坎特伯雷大主教澄清，英國實際上是後基督教（post-Christian）國家；最後由副首相總結，指出英國聖公會應當去除國教地位；在羅馬，多達六千名司鐸、一千名主教、一百五十名樞機主教和兩位教宗，在二十一世紀西方靈修的一次瞻禮中，史無前例地領導世界最大宗教的首要宗派。

這一切都令歷史學家著迷，因為當前盛行的宗教心態是社會諸多其他面向的風向球。巧合的是，這場對英國複雜宗教歷史的公開辯論，在此時發生很有意思，因為沃爾珀吉斯之夜是眾多歷經基督教化，並流傳到現代世界的北歐異教節慶之一。

故事要從一位來自德文郡（Devon）的盎格魯撒克遜女子薇德柏格（Wealdburg）說起。她出生於西元七一〇年前後，十一歲時被送進溫伯恩（Wimborne）女修院，這是一個適合求學的平靜之地。（一座精妙的中世紀晚期鎖鏈圖書館至今仍保存於該地。）薇德柏格在女修院中習得的技能，使她日後成為英格蘭最早的女性寫作者之一。

她的家族深入參與盎格魯撒克遜教會，以及教會改宗日耳曼撒克遜異教徒的危險任務。她的父親是朝聖者聖理查（St. Richard the Pilgrim），叔叔是偉大的聖博義（St. Boniface），兩個哥哥則是聖維尼巴德（St. Winibald）和聖維利巴德（St. Willibald）。她更為人知的名字則是聖沃爾珀加（St. Walburga），這位修女和傳教士去世時，已是巴伐利亞海登海姆（Heidenheim）修院和女修院的院長。

對她的敬拜始終略帶魔術色彩〔早在羅琳（J. K. Rowling）以她的名字為天狼星的母親取名為沃爾珀加．布萊克（Walburga Black）之前〕。她去世後不久，人們就將她和基督誕生前的豐饒女神沃德博格（Waldborg）混為一談，此後她的畫像就伴隨著一束玉米。更神奇的是，她的遺骸在西元八九三年受到檢驗時，仍保持濕潤。從那時直到今天，由她的墳墓產生的小瓶裝沃爾珀吉斯聖油（Walburgisöl）被定期發送，她也被列入出油聖人（elaephori）之中。儘管科學研究顯示，所謂的油其實是從墓中滲出的天然水，眾多崇拜者仍堅稱它與聖者的骸骨接觸，因此成為聖物。

就在今天，歐洲北部和斯堪地那維亞的人們要慶祝聖沃爾珀加節前夜，它的德文名稱更廣為人知：沃爾珀吉斯之夜。大多數地方都會點起篝火和蠟燭，並且飲酒作樂，但也有黑暗面。

任何熟讀惠特利（Dennis Wheatley）激動人心的神祕驚悚小說的讀者都知道，沃爾珀吉斯之夜也是最重要的女巫歡宴之夜。根據傳說，最惡名昭彰也最邪惡的女巫，會在德國哈茨山地（Harz mountains）最高峰布洛肯峰（Brocken）聚會，距離聖沃爾珀加安葬之處約有一百八十英里。

沃爾珀加在五朔節當天被封為聖人純屬巧合，前夜的歡慶因此以她為名。但這個名稱也合適地不可思議，因為大眾對於聖人遺物（及聖油）療癒能力的信仰，和我們在歷史上對魔法的迷戀分不開。

有趣的事就在這裡發生了。在宗教改革掃除信仰中廣受大眾歡迎，且多屬良性的基督教奇蹟之際，反倒帶來對於更黑暗魔法的信仰。這種信仰很快就引發獵巫恐慌，以及布洛肯峰巫魔會之類捕風捉影的傳說。

這實在非常弔詭，基督新教改革者革除他們所見的有害迷信鬼扯之際，卻以可怕的魔法恐懼取代，結果造成數以萬計的無辜女性無意義地慘遭殺害。

在宗教改革以前，當然有些零散的女巫審判。但同樣一群改革派神學家，大力抨擊他們眼中支撐著聖人與聖物崇拜的粗魯非理性魔法信仰，卻又立即相信成百上千的村鎮都在庇護最壞的女巫和惡魔，施行違背自然的儀式，危害基督教世界的健康與救恩。他們看到女巫和惡魔騎著魔獸飛行，轉瞬就能飛出千里之外。他們在它們身上找到披著熟人外皮以餵養惡魔的皮膚皺褶。他們指控它們化身為好色的夢魔和魅魔，性侵良善的百姓。他們確信它們擁有感知過去、現在（從遠方）及未來的可恨能力。但最重要的是，他們害怕女巫沒完沒了地試圖毀壞他們新建的理性教會。

隨著改革者開始清除這些魔鬼的侍女，大規模火刑開始了，以十六世紀晚期和十七世紀初期為高峰，直到十八世紀初期逐漸消褪。當時，約有四萬到十萬人（大多數是女性，但不只女性）因涉嫌施行魔法而被活活燒死。

這種歇斯底里在一六〇〇年前後達到極致。就連日後資助渾厚流暢的《英王欽定本聖經》（*King James Bible*）的蘇格蘭王詹姆士六世（不久即成為英格蘭王詹姆士一世），也為了他個人的執迷而努力寫成《惡魔學》（*Daemonologie*）一書，在書中激情地確認女巫存在，受到她們與魔鬼主子的邪惡誓言約束。

這個問題實際上對他而言是與個人強烈相關的，因為他從丹麥返國時，乘坐的船隻遭遇可怕的風暴，他堅信這是受人詛咒所致；結果導致北伯立克女巫審判（North Berwick witch trials），他親自在荷里路德宮（Holyrood Palace）審問多位女巫嫌犯，包括治病術士和助產士桑普森（Agnes Sampson）。在他監督之下，她被剝光衣服、剃去體毛、嘴裡塞進帶尖刺的女巫籠頭、頸子纏上套索、被剝奪睡眠，然後被探針扎遍全身尋找魔鬼印記。她終於不免向恐怖的拷問屈服，認罪並被處死。

這種大規模女巫狂熱的無意義野蠻不僅限於歐洲，還輸出到新大陸。新大陸眾多女巫審判最知名的一次，就是一六九二年的塞勒姆（Salem）巫術審判，狂熱的魔鬼詛咒謠言導致十九人被吊死、一人被石塊壓死，還有五人死於獄中。

但這一切是如何發生的？焦點轉回英格蘭，一個正在享受莎士比亞新穎戲劇的社會，是如何對女巫懷抱這種離奇的信念？當局又為何對嫌犯採取如此極端殘酷的迫害？

最被普遍接受也最流行的觀點認為，性壓抑的中世紀天主教會功能失調，執迷於女人和女巫，導致邪惡的厭女迫害。

但史料證據呈現的圖像遠遠複雜得多。主要原因包括獵巫狂潮最高峰的一五五〇到一六五〇年，中世紀早已徹底結束，基督新教改革也早已消滅單一教會的大一統性質。大規模的焚燒女巫，從頭到尾都發生在後宗教改革（以及反宗教改革）的「近代前期」。

不過，故事確實得從更早以前說起。

《聖經》在許多章節中都預設魔法是實有的，或許最有名的段落是掃羅王密會隱多珥

（Endor）女巫的故事。其中敘述他喬裝打扮（因為他才剛令人洩氣地禁止國內的一切巫術）找到這位年老的巫師，命令她為他召來死去的先知撒母耳（Samuel），而她也照辦。

儘管《聖經》的文字很直白，中世紀天主教會卻採取更近代的態度，斷然否定魔法的存在。從西元五世紀的聖奧古斯丁（St. Augustine）開始，教會宣稱魔法是不可能的。這種觀點廣泛受到聽從。比方說，即使《聖經》的誡命不容許女巫存在，查理曼的《撒克遜敕令》〔*Saxon Capitulary*，西元七八五年發布於帕德博恩（Paderborn）〕仍規定，任何人因施行巫術而處決他人皆應被處死。

早期教會論及魔法最著名的正式聲明，是西元九〇〇年前後的教會法令彙編《主教會規》（*Canon Episcopi*），它明確規定魔法絕非真實，相信魔法是一種謬誤。《主教會規》影響極為深遠，幾乎所有論及魔法的中世紀神學著作皆由它入手。

要找出中世紀教會煽起獵巫狂潮這個觀念的根源，我們只要看看兩個人的生平：克萊默（Heinrich Kramer）和教宗諾森八世。這兩人設法鼓吹一種為時不久的少數觀念，但後來卻被大眾看成是官方政策。

兩人之中主要的推動者是克萊默，他是日耳曼的道明會士，也是宗教裁判長。一四八六年，他發行聲名狼藉的獵殺女巫手冊《女巫之槌》（*Malleus Maleficarum*）。他在書中堅稱魔法是實有的，並敘述宗教裁判長理當用以調查及懲治女巫的方法。為了增強自己的可信度，他隨後又將備受敬重的神學家斯普倫格（Jakob Sprenger）列為共同作者。同時，他也說服教宗諾森八世任命自己和斯普倫格擔任宗教裁判長，並列出某些女巫犯行。儘管教宗的任命不等於天主教會在教義上宣布魔法存在，但仍清楚展現教會有意考慮這個想法。

這正是克萊默想要的。他想要讓自己成為最傑出的獵巫者，讓《女巫之槌》成為他期待中那一波繼他而起的女巫裁判長必讀的書目。

但結果，他在這兩個主張上全都慘敗。即使他能弄到支持自己觀點的教宗詔令揮舞示眾，天主教會仍譴責他的著作、觀點及方法不道德、違法、缺乏神學依據。教會不想跟他和《女巫之槌》扯上關係。他設想的女巫迫害不會發生。教宗國瑞的宗教裁判所是為了處理宗教異端問題，而非女巫這種世俗問題。教宗亞歷山大四世在一二五八年的一項法規中闡明：除非同時發生明確的異端行為，不得對妖術進行裁判。這個觀點更被惡名昭彰的宗教裁判長居伊〔Bernard Gui，由於艾可《玫瑰的名字》（*The Name of the Rose*）而永垂不朽〕確認及承認，他在他影響深遠的宗教裁判長手冊中寫道，巫術本身不在宗教裁判所的管轄範圍之內。總而言之，天主教會無意讓宗教裁判所捲入女巫審判，那是世俗法庭的職責。

但在克萊默發行《女巫之槌》的五十年前，古騰堡（Johannes Gutenberg）在美茵茲（Mainz）開設歐洲第一家印刷廠，醜惡又聳動的《女巫之槌》很快就成為風行一時的暢銷書，由新生的基督新教讀者急切地搶購；他們在宗教引領下，進入凶暴前所未見的基督徒與魔鬼鬥爭意象之中。

在這個時代的全新書寫中，魔鬼的存在前所未見地顯著。路德出名地將自己的疾病發作，與他在一切事物上所見的魔鬼聯繫在一起：「我們全都順服於魔鬼，身體與財富皆然，我們都是這個世界的陌生人，他則是王公和上帝。」路德這麼說：「是的，魔鬼活著，統治全世界。」

這種對實體魔鬼的熱切關注，導致了對於日常生活中的邪惡，乃至受魔鬼作用的代理人愈來愈深的恐懼。因此路德輕而易舉就能宣稱，所有女巫都是「魔鬼的娼妓」，都要被燒死。（語言暴力在當時司空見慣。路德出名地說過，日耳曼農民是「說謊偷竊的一夥」，貴族應當「擊潰、殺戮他們，把他們丟在原地，就像對瘋狗那樣」，這直接導致超過十萬日耳曼農民在一五二五至二六年慘遭屠殺。）當時其他改革思想家也同樣拘泥字面地看待《聖經》。衛斯理（John Wesley）說過，任何人試圖否認巫術的存在都是「離棄」《聖經》。甚至直到十八世紀，英格蘭的布萊克斯通〔William Blackstone，牛津大學第一位維納普通法教授（Vinerian Professor of Common Law）〕等頂尖法學家仍確信：「否定巫術及妖術的可能性，乃至真實存在，即是立刻完全違背上帝聖言。」

許多人都曾提出理論，探討歐洲和新世界為何對巫術集體喪失理性長達數百年。各種見解包括宗教改革、社會變遷、厭女、資本主義興起，甚至是試圖控制梅毒。

當許多歐洲國家的人民準備以篝火和派對慶祝沃爾珀吉斯之夜，這同時也是絕佳的機會，讓我們問問自己的社會如何看待女巫。隨著獵巫狂潮遠離，我們又能夠自由地將古往今來的魔法看作歷史社會結構的一部分。

大多數宗教傳統都重視時令，至日、分點及其他循環往復的節日，構成了認知人生循環的框架。沃爾珀吉斯之夜恰好符合這個模式，它就在一年之中另一個異教和女巫的偉大夜晚——萬聖節前六個月。

這兩個都是古老的節慶。

萬聖節的歷史比較悠久，它從凱爾特人從光明走入黑暗的死者節日薩溫節（Samhain），融合基督宗教的亡靈三日敬禮（Hallowtide）——萬聖夜、萬聖節和萬靈節：這三天都是緬懷死者的日子。

在中世紀，亡靈三日敬禮的肅穆彌撒和鳴鐘之際，各地的習俗還會將停屍所打開，為遺體裝飾花朵，在墓地祝福和守夜，為死者留下食物，分送切片的蛋糕和酒，變裝、飲宴者的巡迴表演、戴面具的啞劇演員索求奉獻，還有普遍通行的角色倒錯和暴政之王。

愛德華六世國王和伊莉莎白一世女王的英國國教會，將教會和民間節慶指為教廷遺毒而予以清除，儘管大眾的歡宴並未被徹底壓制。它們在十七世紀到十八世紀仍在鄉間持續舉行，試圖阻止的官員偶爾還會被毆打。而在英格蘭各地，死者的世界繼續被人們以火堆、派對和喧囂的遊行紀念，人們仍會挨家挨戶敲門索取特地烘焙的「靈魂餅」，並為身處煉獄的死者禱告作為回報。這些薩溫節／亡靈三日敬禮的儀式，在宗教改革過後很久仍是英國人生活的一項特徵，在愛爾蘭和蘇格蘭更是幾乎原封不動，並從那裡輸出到美國。

萬聖節標誌著冬季的來臨，沃爾珀吉斯之夜則慶祝冬季的結束（凱爾特人的火把節

（Beltane）也是，同樣在這天舉行」。但沃爾珀吉斯之夜不是凱爾特人的，它是基督誕生前北歐和斯堪地那維亞的古諾斯文化遺留下來的。如同萬聖節，它的焦點在於火、季節變換、死者和魔法。但相較於萬聖節以戲謔的惡作劇，紀念歷史上對超自然力量特立獨行及活潑一面的依戀，沃爾珀吉斯之夜整體的面向則更為邪惡。例如在捷克，女巫之夜就包含喜慶式地大規模焚燒稻草紮成的女巫芻像。

在多種意義上，萬聖節和沃爾珀吉斯之夜似乎都深刻地捕捉到我們對巫術的曖昧之情。萬聖節有一種歡樂和傻氣，兒童故事書中的女巫與貓栩栩如生。但對於那些堅信歷史無法為科技發達的現代提供教益的人，沃爾珀吉斯之夜卻證明了恰好相反。藉由因巫魔會而起的歇斯底里這一邪惡遺緒，以及對於獵巫後果的嚴峻提示，不論英國如今是基督教國家、後基督教國家還是世俗國家，在這一天都得承認，沒有一個社會如同它自以為的那樣開明。

第二十五題

福克斯。伊斯蘭主義、改宗者與恐怖分子：不曾改變的事

在英國各地，每年十一月五日在公共場所點燃篝火，焚燒福克斯（Guy "Guido" Fawkes）的芻像〔在雷威斯（Lewes）則焚燒教宗芻像〕作為紀念。本文敘述福克斯的故事，這位約克郡人在極端分子影響下變得激進，終於試圖謀殺英格蘭王。

到了十一月五日，意味著又要焚燒福克斯了〔雷威斯的人民則在傳統的「不要教宗」（No Popery）旗幟下遊行，並焚燒教宗保祿五世芻像〕。當柴薪點燃時，倒是值得回憶一下福克斯究竟是何許人也。

儘管大眾普遍相信福克斯是個義大利極端分子，但他其實是英格蘭土生土長，來自約克郡的石頭街（Stonegate）。一五七〇年，他在美麗的貝爾弗雷聖米迦勒教堂（St. Michael-de-Belfrey）由約克郡會長施洗，成為英國國教徒；但在母親成為寡婦，改嫁到西瑞丁（West Riding）一個堅決不服國教的家庭之後，福克斯就改宗天主教。

他在二十歲出頭的時候賣掉土地，參加西班牙對新教國家荷蘭的戰爭，為自己的新信仰而戰。據一位同窗透露，他變得「極為嫻熟於戰爭事務」，但仍保護虔誠、冷靜，「平易近人、舉止愉快，反對爭吵和衝突……忠於朋友」。

但在英格蘭，一群策劃革命的極端分子卻亟需軍事技能。在細心查訪之後，他們直接找上福克斯，說服他提供勇氣和技能，助他們一臂之力。幕後首腦是卡茲比（Robert Catesby），這個莽漢對於英格蘭舊教家庭在伊莉莎白一世統治下遭受的待遇憤憤不平，也不相信情況到了詹姆士一世的時代會好轉。卡茲比無法說服西班牙入侵，於是擬訂簡單的新計畫：在國會開幕當天炸掉上議院，殺死國王和他最重要的廷臣，然後發動革命。

然而，其中一位謀劃者卻送信警告天主教議員蒙蒂格爾爵士（Lord Monteagle）：「我建議您……找個藉口從國會脫身，因為天心人意將一致懲罰今日之首惡。」對於謀劃者來說很不幸的是，蒙蒂格爾爵士直接將這封信上呈宮中，立即引發對上議院地窖的搜索行動，國王衛隊馬上就找到福克斯，以及火柴、手錶和三十六桶炸藥。

儘管福克斯在酷刑之下的堅忍令所有人印象深刻，但遊戲已經到此為止。即使他堅稱自己名叫「約翰．強生」（John Johnson），他的真名還是被查出來。其他陰謀參與者很快就分別被查獲，陰謀的巨大規模也被揭露：那天晚上恐怕不只國王和他最親近的顧問遇害，上議院裡的所有人也都會死。儘管人們執迷於焚燒福克斯，但他其實是被判處吊、勾、分死刑，雖說他終究從西敏舊王宮庭院高高的絞架上一躍而下，摔斷脖子，逃脫這項恐怖的刑罰。

這個故事迷人的原因有很多，主要是因為福克斯是天主教的改宗者，有句老話說，改宗者通常最好戰。它和今天的事件也有驚人的相似之處，同樣的動力再次起了作用。二〇一三年在伍利奇（Woolwich）殺害皇家禁衛團軍樂隊鼓手瑞格比（Lee Rigby）的其中一名凶手是改宗者，不久前殺害一名加拿大士兵的狂熱分子也是改宗者。一位先前在西方國家為神學士政權招兵買馬，如今為加拿大政府工作的人士也參與討論，他強調今天的伊斯蘭主義極端分子專以改宗者為對象——他們通常對宗教所知極少，熱情很容易就能被轉用。因此人們也不該覺得驚訝，幾年前夏天有兩個來自伯明罕，在敘利亞作戰八個月的聖戰士，買來當作搭機讀物的竟是《伊斯蘭教懶人包》（*Islam for Dummies*）和《古蘭經懶人包》（*Koran for Dummies*）。

儘管福克斯在卡茲比的爆炸陰謀中只是個配角，歷史卻讓他成了這場陰謀的代表人物。詹姆士一世在十一月五日得意洋洋舉行的「火藥陰謀日」篝火慶典，受大眾歡迎至今不衰，福克斯也被提拔成了故事的主角。當人們再次燒掉福克斯之際，卻值得將他放回歷史脈絡，思索各種宗教中一波波反覆被捲入極端主義的青年改宗者。

要是我夠負責任的話，我會在文章最後補充：善良的雷威斯人民現在或許該停止每年焚燒教宗保祿五世芻像的習俗，並把「不要教宗」的旗號收起來。這些都是昨日的情緒，在現代的英國沒有地位。（這種事要是發生在北愛爾蘭，無疑會立即被查禁。）但話說回來，講到極為含混又自由放任的英國天主教，焚燒教宗可是一項多采多姿、歷史悠久又略顯滑稽的英格蘭傳統，而英國人如今已經喪失太多自己的文化認同。所以，送給在雷威斯的每一個人：燒吧！也讓英國人為了如今能夠在一兩杯熱酒與煙火中，對這一切一笑置之而感恩。

第二十六題
新年在耶誕之後來得太快：我們把它延後到適當位置——三月吧

從十一世紀開始，英格蘭都在三月二十五日慶賀新年。本文追溯一七五〇年英國曆法改革的奇異故事，它不只將新年提前到一月一日，也採用英格蘭先前迴避超過一個半世紀、教宗國瑞十三世（Gregory XIII）新頒的「國瑞曆」（Gregorian Calendar）。

從現在到除夕，你會聽到很多人說：「這太過分了，真的。」他們會帶著疲憊蒼白的面容解釋：「每年都一樣。從耶誕的爆肝到除夕的忙碌，完全沒時間恢復。」或者諸如此類的話。

這個嘛，我有個解決方案。我們應當提出倡議，把新年改回征服者威廉之後到喬治二世之間的那一天。將近七百年來（可說是相當豐富的七百年，充滿羊毛、財富、修院、文藝復興、帝國等等），不列顛人達成大量成就，而他們是在三月底過新年的情況下實現這些。

改變這一切的人是第四代切斯特菲爾伯爵菲利普．斯坦厄普（Philip Stanhope, 4th Earl of Chesterfield）。他起先是聖日耳曼選區〔St. Germans，康瓦爾郡一處衰廢市鎮的下議院議員，但最後躋身上議院，並發起一項改變一切的法案。《切斯特菲爾法》（*Chesterfield's Act*，又名《新曆法》（*The Calendar (New Style) Act*）〕在一七五〇年由國會通過，主要目的有二。其一是好事，修正一百七十年來的糊塗帳。人人都知道英國在一七五二年會減少十一天。人們在九月二日晚間上床睡覺，隔天醒來卻會苦惱地發現已經是九月十四日。這正是切斯特菲爾修法的動機。那時大概不會有騷動群眾高聲疾呼「還我十一天」，但日曆的跳躍想必會令人不安。

經由最終推動國瑞曆改革，切斯特菲爾其實只是承認英國很晚才進入近代。畢竟，英國當時使用的儒略曆（Julian calendar），是西元前四十六年時由凱撒（Julius Caesar）引進。因此無需意外，到了十六世紀後半，它有某些侷限也就顯而易見。最令人擔心的是——至少對關心這種事的人來說——復活節再也不能落在應有的位置。

早在西元三二五年，第一次尼西亞大公會議（位在土耳其西部的一個迷人地方）就將復活節訂在春分後第一個滿月，或第一個滿月後的星期日。當時的春分大約在三月二十一日前後。但在十六世紀後半，春分已經提前到三月十一日前後，隨後的滿月時間也不再依照日曆。一位名為利里歐（Luigi Lilio）的義大利天文學家最終釐清了閏餘和閏年的問題，向羅馬教宗國瑞十三世提議改革曆法。

教宗將曆法問題交由日耳曼數學家克拉維烏斯（Christopher Clavius）領銜的教廷曆法特別委員會處理。委員會將細節微調就緒之後，教宗國瑞十三世在一五八二年二月二十四日向全世界頒行新曆。他頒布詔書《最困難之間》（*Inter Gravissimas*），從一五八二年十月刪去十天，重新安排分點和滿月，同時引進更精確的閏年系統，確保新曆行之有效。利里歐、克拉維烏斯和他們的團隊顯然改正很多問題（比伽利略早了五十年），因為四百多年過去，他們改訂的國瑞曆仍是全世界最受普遍使用的曆法。

但事情從來不簡單。歐洲分裂成採用新曆的國家，以及認定新曆屬於教皇黨（papist）而不予採用的國家。

當然，在英格蘭的進展並不順利。一五八二年，伊莉莎白一世女王已經在位二十五年，但宗教仍是擦槍走火的問題，她對一切有著羅馬教廷氣味的事物都不予容忍。當教宗國瑞採用新曆的消息傳到她的宮廷，新曆背後的科學基礎，受到她最重要的製圖學、天文學及科學顧問迪伊博士（Dr. John Dee，他以同樣的熱忱設法侍奉支持教廷和反教廷的君王）大力讚揚。儘管他日後的名聲更偏向術士、魔法師和玄學家——這些行為當時尚未與科學明確劃清界限——但他仍是一位傑出的科學家，他的地圖與導航演算，為伊莉莎白時代許多次最勇敢的航海奠定基礎。

但迪伊未能說服伊莉莎白的宮廷採用新曆。

國瑞曆在英格蘭的採行，反倒迷失在一連串政治波折之中，直到一七五〇年才終於由國會通過。所幸英國還不是歐洲最晚採用的。希臘直到一九二三年才採用這套「新」曆。因此，《切斯特菲爾法》落實了延誤已久的改革，這是值得慶賀之事。但也額外造成不大好的結果，即使這原本就是教宗國瑞一五八二年改訂新曆的其中一環。

它把新年改期了。從十一世紀晚期開始，拉丁基督教世界多半在三月二十五日慶祝新年。在此之前，歐洲的新年慶祝漫無章法，因不同教宗彰顯各自出生地的傳統而頻頻變動。有些宗座堅持在十二月二十五日過新年（基督誕生日），另一些選擇一月一日（聖嬰割禮日），其他人則偏好三月二十五日（聖母領報日）。從教宗額我略七世開始（一〇八五年），一切都確定下來，聖母領報日成了規定的新年，這是大天使加百列探訪童貞瑪麗亞，告知她孕育了奇蹟的日子。

可是，即使《切斯特菲爾法》最終在七百年後從曆法中去除了聖母日，內行人還是找得到它。比方說，許多舊地契規定的地租仍要在聖母日繳納，還有四分日（Quarter Days）的另外三天：仲夏節（Midsummer，六月二十四日）、米迦勒節（Michaelmas，九月二十九日）和耶誕節（十二月二十五日）。

但或許更緊要的是：每一個課稅年度是從四月六日起算，這正是原先的聖母日加回消失的十一天後，會在現代曆法上出現的位置。那麼，或許愛慕英格蘭傳統的人會想要重新在聖母日慶祝新年？但我們在新年要做什麼呢？我們不能……嗯……什麼都不做。

即使是在中世紀英格蘭，一月一日還是繼續受到慶祝，如同古代一般。在羅馬時代，一月一日（kalends，朔日）是這一年的新任執政官就職之日，他們會感激地宰殺公牛獻給丘比特。因此很快就成了神聖之日，標誌著新一年市民生活的開始。結果，也成了重大事件的選定日期。

比方說，羅馬元老院決定將凱撒封神的日子，是西元前四二年一月一日。一月朔日也就成了羅馬一年一度最大的節日，傳遍整個歐洲，贈禮、飲宴、歌唱、舞蹈和獻祭長達數日之久。因此無需意外，當天主教會將一月一日訂為嚴肅而樸素的耶穌割禮日（他在耶誕日出生後的第八天），英格蘭和法國的人們還是決定，無論如何要在這天舉行派對。

許多中世紀記載都提到下流而「可受咒詛的」傻人節（Feast of Fools），它在許多日子都會舉行，但最常在一月一日舉行。巴黎大學乖戾的神學家還為我們敘述了實況：

司鐸和職員在上班時間會被人看到戴著面具和鬼臉。他們打扮成女人、皮條客或吟遊詩人在唱經樓裡跳舞。他們唱著放蕩的歌。主禮舉行彌撒時，他們在祭壇角吃著黑色布丁。他們在那裡擲骰子。他們從舊鞋鞋跟燃起惡臭的煙。他們在聖堂裡跑跳，毫不羞恥害臊。最後他們乘著破爛的雙輪馬車和推車，走遍城鎮和鎮上的劇場；並以惡名昭彰的表演、不雅的姿勢、下流不潔的詩歌，逗得同伴和旁觀者哄笑。

有時也攙雜了在每年這個時候，選出一個唱詩班男童替代主教的傳統，通常從聖尼古拉節（十二月六日）開始。他們讓男孩穿上小一號的主教袍服，由他掌管主教座堂。最近數十年來，英國許多大教堂都恢復這個中世紀傳統。

在索爾茲伯里（Salisbury）甚至有一座兒童主教的中世紀塑像。儘管現代有些煞風景的人堅稱，它紀念的是一位成人主教的內臟，但傳統始終堅稱它是一位在短暫任期內去世的兒童主教安息之處。專家們也還在爭論傻人節究竟是異教時代的遺存，還是中世紀的創造。不論這些狂歡源自何處，數百年來始終是傳統的民俗聚會。

因此，將新年移回三月二十五日，可以讓我們在真正萬物更新的時候慶祝新年。那時春天將帶著所有的樂觀積極來臨，我們也可以從耶誕與新年僅僅相隔一週的飲食自毀之中解救自己。不過，對於那些需要在一月一日喝上一兩杯的人，就讓我們邀請他們籌劃和慶祝現代傻人節，他們的巧思很快就能創造出比起一邊在電視上看大笨鐘、一邊微醺地唱著《往日時光》（*Auld Land Syne*）更加豐富有趣的活動。

既然教宗方濟各已經就任一段時日，也開始埋頭苦讀梵蒂岡檔案裡一些歷史文獻的手抄本，我想，是時候請他再召集一次曆法委員會了。

維多利亞世界

第二十七題

黑粉退散！額爾金伯爵是英雄，他為全世界搶救帕德嫩大理石雕刻

展出於大英博物館，無與倫比的雅典帕德嫩神殿雕刻，以「額爾金大理石」（Elgin Marbles）而聞名。這是因為額爾金伯爵（Lord Elgin）在十九世紀初年將它們帶回英國。今天的名流樂於支持將大理石雕刻歸還希臘的運動，但他們幾乎沒有人知道，額爾金伯爵搶救了這些雕刻，不惜傾家蕩產讓它們免於毀壞。本文敘述的正是他搶救大理石雕刻的故事。

二〇一四年二月，好萊塢一線明星克隆尼（George Clooney）在宣傳他執導的第二次世界大戰電影《大尋寶家》（*The Monuments Men*）時，公開表示英國應當把額爾金大理石送還希臘。即使他誤稱這些大理石雕刻來自羅馬的萬神殿（Pantheon）而非雅典的帕德嫩神廟

〔並且說它們是被「額爾津伯爵」（Lord Eljin）帶走的〕，他仍認為現在正是歸還的時候。

這是極具爭議的話題。但在轟動效應消退之後，大多數人也就將一筆勾銷，視之為怪誕的公關噱頭。

直到傳出消息，克隆尼的新婚妻子，專攻人權法（但據我們所知，博物館及古物相關法律非其所長）的律師艾瑪．克隆尼（Amal Clooney）宣布，她正在為大理石雕刻歸還希臘一事向希臘政府提供建議。

艾瑪針對這個問題公開向媒體發言，表示希臘有「正當理由」要求歸還大理石雕刻；她說這些大理石雕刻在十九世紀初被額爾金伯爵非法奪取，英國應當為此感到羞愧。

但她對額爾金非法奪取大理石的斷言卻是大錯特錯，與一切關於大理石雕刻的嚴肅歷史記載、法律專家論理井然的裁定，以及國會專責委員會對此事鉅細靡遺的調查完全牴觸。

不僅如此，從頭到尾了解實情的藝術愛好者都會明白，要是沒有額爾金，大英博物館收藏的這批大理石雕刻根本不可能保存下來，因為它們在雅典遭到有系統的破壞。要是額爾金不曾介入，它們就只能成為追憶，像是二〇〇一年被神學士政權炸毀的阿富汗巴米揚大佛那樣。

英國擁有額爾金大理石的理據其實非常簡單。這些雕刻當時在雅典正遭受毀壞，額爾金向雅典當局取得應有的許可將它們搬走。一八〇一到一八〇五年的四年間，他在雅典掌權者的同意下進行這項計畫，並自力承擔一切經費，因而在過程中破產。他唯一的動機是要為全世界保存這些獨一無二的藝術品，不但未曾從這項行動獲得絲毫利益，死時更因行動產生的負債而陷入貧困。當英國政府向他買下這些大理石雕刻，他們徹底確認額爾金伯爵的行為毫無不當之處。

然而，艾瑪・克隆尼事務所的負責人，也是希臘政府顧問團隊的資深律師——御用大律師羅伯遜（Geoffrey Robertson Q.C.），卻向媒體宣稱額爾金伯爵「是個破產者。他運用外交官地位取得執照帶走大理石，並賣給大英博物館賺取個人利益。要是他在今天這麼做的話，早該坐牢了。」我希望羅伯遜現在已經開除他的研究助理，因為這種對額爾金的描述在法庭上根本撐不過兩分鐘，即使它無疑深受某些報刊，乃至不願費心了解事實的人們喜愛。也難怪，在辯論不斷被這種煽情失實的一派胡言框限之下，民意調查的結果顯示多數人希望將大理石歸還雅典。

事實上，這件事根本不值一提。帕德嫩神廟大理石雕刻的法律地位毫無模稜兩可之處，沒有一位國際級律師在仔細調查事件全貌之後還會提出異議——這些大理石就是屬於英國。至今為止，沒有一個主張歸還這些雕刻的人，在侮辱額爾金伯爵之外還能提出適當的法律論點。這是有理由的，因為沒有任何法律將帕德嫩神廟大理石的所有權賦予希臘。就連聯合國教育、科學及文化組織（UNESCO）一九七〇年的文化資產公約，或是一九九五年國際統一私法協會（UNIDROIT）的補充公約都沒有。它們的法律地位已由全世界首席文化資產專家，史丹佛大學的梅利曼博士（Dr. John Henry Merryman）言簡意賅地做出總結，他說現代的希臘國家在法律、道德和倫理上都無權要求歸還大理石。正因如此，希臘從來不曾為這些雕刻提出法律訴訟，而是發動訴諸情緒的政治戰和媒體戰，充其量不過是在提示：就算大理石在法律上恐怕「不屬於」希臘，它們還是應當「留在」希臘。

在我們回到不誠實的歷史扭曲，如何糾纏今天的議題辯論之前，這個故事值得從頭說起。

古希臘的城市通常將市政及宗教建築盡可能興建在最高聳的地勢上，他們認為這是最匹配也最奧妙的敬拜神明之處。從軍事觀點看來也很有道理。這個區域被稱為「衛城」，意指「高處的城邦」。

雅典城邦敬拜的是雅典娜女神，雅典人民將她尊為童貞聖女，因此她的巨大神殿也就被命名為帕德嫩神廟（Παρθενόν，童貞聖女神殿）。

這是全世界最壯觀的建築物之一，西元前五世紀中葉由政治家和將軍伯里克利（Perikles）構思，當時正值雅典城「黃金年代」的極盛期。我們也知道，它由建築師伊克蒂諾斯（Iktinos）和卡利克拉提斯（Kallikrates）設計，他們融入許多傳統技法，像是微妙地彎曲巨大的列柱，讓神廟的視角從雅典的不同位置看去都更加高聳，同時又以各式各樣方法將自身的藝術再創新高。在古代世界眾多絕妙的建築當中，它無疑是多立克柱式建築的極致。

為了讓這座神殿更加完善，伯里克利請來人類歷史上最有才華的雕刻家之一菲迪亞斯（Phedias），委託他運用附近彭特利庫斯山（Mount Pentelikon）開採的大理石，創作大量的雕刻裝飾神殿外觀，並以象牙和黃金打造外貌與肌理的克里斯里凡亭（chryselephantine）技法，為神殿內部製作一尊巨大的童貞雅典娜雕像。

整座神殿在西元前四三八年落成，它成了對雅典的光輝恰如其分的宣示；這時的雅典擁有新興的民主政治（儘管女人、外邦人和奴隸不得參與），蘇格拉底、柏拉圖、亞里斯多德等不朽哲人，索福克里斯（Sophocles）、艾斯奇勒斯（Aeschylus）、阿里斯托芬（Aristophanes）、歐里庇德斯（Euripedes）等劇作家，以及希羅多德（Herodotus）、修昔底德（Thucydides）、色諾芬（Xenophon）等史家。

時間快轉兩千多年，到一七九九年；英國駐伊斯坦堡大使額爾金伯爵在衛城的崎嶇露頭上，看見這時已成為鄂圖曼帝國軍營的衛城一片狼藉。

所有建築的結構全都敗壞，巨大的雅典娜雕像曾經矗立之處，此時蜷縮著一座搖搖欲墜的清真寺。更糟的是，鄂圖曼軍隊經常把菲迪亞斯的雕刻手腳砍下，賣給自一七五〇年前後起與日俱增的觀光客。不出售大理石的時候，鄂圖曼駐軍則向簷壁飾帶開炮練靶，或逕自把雕刻輾碎，燒成石灰賣掉。

時間再向前快轉，二〇〇九年六月，當希臘正式啟用新衛城博物館，館長潘德爾馬里斯（Dimitris Pandermalis）呼籲全世界名流發起運動，要求將現存的雕刻歸還雅典，以糾正他所謂的額爾金伯爵「野蠻行徑」。

但實情卻天差地遠。而且，這並非國族或政治問題。事實是：帕德嫩神廟的雕刻在十九世紀初受到積極摧毀，全靠額爾金伯爵不同凡響的付出，才能將菲迪亞斯獨一無二、不可取代的世界級藝術，如此驚人的典藏保存下來，讓今天的人們看見。

額爾金原名布魯斯（Thomas Bruce），一七六六年出生於法夫（Fife）。五歲那年，他繼承第七代額爾金伯爵及第十一代金卡丁伯爵（Earl of Kincardine）。從哈羅公學和西敏公學畢業，並就讀聖安德魯大學（St. Andrews）和巴黎大學之後，他在蘇格蘭衛隊第三團展開軍人生涯，而後一度當選上議院的蘇格蘭貴族代表。經歷幾個外交官職位之後，他在一七九九年以三十三歲之齡奉派前往鄂圖曼帝國的伊斯坦堡，成為英國駐「高門」（Sublime Porte，鄂圖曼政府）大使。

他在出發之前就向倫敦政界表明，他打算運用自己的駐外職務，調查古典藝術的圖畫、繪畫和鑄造品，好將它們帶回國內，並將圖畫出版、鑄像展示，以促進「美術」提升。他是熱情的藝術愛好者，想要讓古典藝術的奇蹟也受到英國藝術家的運用，使他們獲得啟發、增長見識。他詢問首相皮特（William Pitt）能否由政府資助這項重要工作，卻被置之不理。

但他毫不氣餒，決心自行出資進行這項具有教育意義的冒險事業。因此他雇用一位羅馬畫家魯西埃里（Giovanni Battista Lusieri），以及兩位建築師、兩位塑像師和一位肖像畫家，將他們全部派往雅典。但他們到達時卻發現，不只是地方當局正在破壞神廟建築，而且破壞已經持續數百年。

帕德嫩神廟歷經許多變遷。西元五世紀中葉，神廟被改造成基督教堂時（自然而然是獻給童貞聖母），菲迪亞斯製作的偉大雅典娜雕像也被運走。一四五八年鄂圖曼帝國征服雅典之後，神廟又被改造成清真寺，西南角增建一座宣禮塔。一六八七年九月二十六日更是谷底，攻城的威尼斯軍隊以一發臼炮炮彈命中神廟，引爆鄂圖曼駐軍愚蠢地貯存在神廟建築內的火藥庫，炸掉神廟中央部分和屋頂，造成的大火延燒三天才得以撲滅。

一到達東方，額爾金隨即從伊斯坦堡啟程前往雅典，親眼看見帕德嫩神廟雕刻的淒慘處境。驚慌的他立刻向鄂圖曼政府申請許可（稱作敕令）描繪及鑄模這些雕刻，好替子孫後代搶救一些殘跡。他來得正是時候，由於英軍才剛將法國勢力逐出鄂圖曼領土埃及，英國正受到鄂圖曼人的愛戴。

多年之後，英國國會專責委員會在一八一六年針對額爾金在雅典的作為起草報告。他們聽取目擊證人的證詞，經過審慎考慮，斷定額爾金遵循一切適當管道正當取得了敕令，獲准進入帕德嫩神廟鑄模及描繪。但他們也得知他所獲得的第二份敕令許可（並且讀到譯本），內容則更進一步。

這份敕令是由至聖蘇丹的首席大臣——代理大維齊爾（Grand Vizier，相當於宰相；即代理總督）頒發的，命令省長和大法官允許額爾金和他的團隊繪製、鑄模、挖鑿，及搬走任何一塊刻有銘文和圖形的石頭。

額爾金敏銳地察覺，殘存的雕刻所面臨的威脅（當時已有超過一半的雕刻被損毀），於是採取了獲得清楚明白允許的行動——他開始搶救這些古代藝術品。他和他的人馬撬下雕刻時，並沒有用防水布遮蓋或趁夜摸黑。他們的行動完全公開，國會詢問的證人也說，雅典或伊斯坦堡的政府部門在任何階段都不曾反對、抱怨或干預額爾金的行動。當時人在雅典的英國大使館司鐸杭特博士（Dr. Philip Hunt）也特地聲明：

……儘管拆除和搬運工作持續數月，甚至數年之久，並以最公開的方式由大量本地勞工進行，經常雇用多達數百名勞工，但在第二道敕令頒布之後，卻從未產生絲毫妨礙，也不曾有誰表現出些微不安。

另一位目擊證人漢彌爾頓先生（William Richard Hamilton）也提到希臘本地人的反應：「……人民並未挑動任何令人不悅的情緒，他們似乎覺得這是吸引外國人來訪，在他們身上花錢的一種方式。」

數年之後，當法國方面提出抗議〔或許是因為法國駐鄂圖曼高門大使古菲耶先生（Monsieur Choiseul Gouffier）在同一項工作上的成果略遜一籌〕，鄂圖曼當局又頒布幾道敕令，確認他們授予額爾金全權拆除及輸出雕刻，他的行為也始終遵守一切相關法令。

額爾金完全靠著自費，搶救五百二十四英呎長的簷壁飾帶當中兩百四十七呎、三角楣飾上的十七座人像、九十二片排擋間飾當中十七片，以及內殿的人像、銘文，還有許多建築裝飾。總的來說，他搶救了帕德嫩神廟將近一半的雕塑，以及雅典衛城其他各式建築的藝術品，並在光天化日之下將它們運回英格蘭。出乎意料的是，其中一艘載運古代紀念物的船在馬塔潘角（Cape Matapan）外海沉沒，但額爾金出資進行為時兩年的打撈，在他的監督之下，每一片沉沒的雕刻都得以取回。

在整個過程中，額爾金的動機從文字證據和個人證言都清晰可見。儘管他起初有意將自己託人製作的繪圖和鑄模收藏在家中（複製品則出版或提供大眾使用），但在取得敕令搬走真正的雕刻之後，他一直想要把大理石原件交給大英博物館。

但在一八〇三年返回英國途中，額爾金和家人卻被法國俘虜；法國人囚禁他三年，拿破崙則大剌剌地提議，要是他把帕德嫩神廟雕刻交給羅浮宮，就有可能獲釋。

當額爾金終於在一八〇六年返抵英國，並展出雕塑，隨即引起轟動，為大英博物館吸引前所未見最多的人潮。額爾金被稱頌為拯救古典藝術的英雄，為著迷於古典希臘的全國，尤其是從來不知這樣的完美，曾以如此雄偉規模存在的藝術家和作家，打開一扇門戶。濟慈（John Keats）觀看大理石之後，寫下許多著名詩歌讚頌古典希臘，一整代維多利亞時代的雕刻家也為之興奮。倫敦的泰特美術館之前舉辦「雕塑的勝利」（Sculpture Victorious）展覽，介紹維多利亞女王在位期間（一八三七到一九〇一年）的雕塑，清楚呈現大理石的到達對這一時期英國藝術發展產生的巨大影響。

然而，儘管額爾金的行動廣受讚譽，卻仍有些人不予好評。一八一二年，拜倫勛爵（Lord George Gordon Byron）公開抨擊額爾金：

唯有愚昧之人，才會眼見而不悲泣：
你的牆垣被塗汙、你荒廢的神廟被拆除，
由理應最能捍衛這些遺跡的
英國人之手，永無修復之時。
他們從島嶼漂泊而來的那一刻當受咒詛，
再一次，你不幸的胸膛被刺破，
將你萎縮的神祇攫去氣候可憎的北方！
〔拜倫勛爵，《哈羅德公子遊記》（*Childe Harold's Pilgrimage*）〕

但這首詩必須放回脈絡中理解。拜倫是浪漫主義者，因此他不希望大理石被搶救，寧可它們在破敗的雅典逐漸朽壞，而得以成為哀歌的主題，獻給崩頹的昔日輝煌。

四年後的一八一六年，當英國國會專責委員會確認額爾金取得大理石的過程完全合法之後，他們的焦點轉向另一個問題：這些藝術品的重要性，是否足以讓國家出資購買，並在大英博物館收藏？

委員廣泛聽取各方專家的意見，專家一致宣稱這些大理石十分壯觀，是第一流的，可比麗景庭的阿波羅像（Apollo Belvidere）、拉奧孔像（Laocoon）、麗景庭殘軀像（Torso of the

Belvidere）等等這些古典雕塑的公認顛峰之作。專家堅決肯定這些大理石是「最精緻的典型，古典時代最優美的紀念物」。對於應當如何處置，專家則認為它們「極其相稱、非常適合設立學校加以研究，以提升我國國民美術品味，並將對於它們更完備的知識傳播到全國各地。」

簡言之，國會專責委員會決定，英國能夠取得它們作為藝術研究對象實屬三生有幸。他們宣布額爾金對於不當取得大理石的一切誹謗中傷全無過失，並做出結論：「額爾金伯爵應受國家感謝。」他們也確認英國政府願意購買大理石。

國會詢問額爾金在這次行動的花費。額爾金向國會提交報告指出，他在這個計畫上花費七萬四千英鎊。這可是一筆天價，其中一大筆是他為了資助這次冒險而不得不辦理的貸款利息。國會的兩位專家隨後對大理石的實際市價做出天差地遠的估計，分別是六萬零八百英鎊和兩萬五千英鎊。作為對照，國會則參考一八〇五年大英博物館收購唐利藏品（Townley Collection）所支付的兩萬英鎊，巴伐利亞王太子以六千英鎊搶購埃伊納（Ægina）大理石，以及不久前大英博物館剛以一萬九千英鎊購得的菲加利亞（Phigalia）大理石。從所有這些條件衡量，專責委員會決議向額爾金買下大理石的合適價格為三萬五千英鎊，並任命他為大英博物館董事。

儘管這個開價只有額爾金花費的一半，使他背負沉重債務（至死仍糾纏他，且連累子孫），但他還是想要把大理石送進大英博物館，因此接受這個條件，即使包括拿破崙在內的其他買家都開出更高價碼。

悲哀的是，額爾金個人為了搶救大理石而付出的犧牲，卻不被主張把大理石交還希臘的運動者所週知。他們反倒臆測額爾金在帝國主義的奪寶行動中，從某一片被征服的土地上劫掠它們。但這與實情截然相反。當時的英國和鄂圖曼土耳其是盟友，額爾金獲得取走及輸出大理石的完整合法權限。

各式各樣挑動情緒且往往所知有限的議論，圍繞著如今應當由誰擁有雕刻的是與非傳揚。

所有這些論述中流傳最廣的一種，或許是認為大理石是希臘獨一無二的國族象徵，因此天生屬於希臘。但這是虛構的文化國族主義。現代希臘和古代雅典並不是相同的文化實體，正如現代埃及不是法老時代的埃及，伊朗也不是古代波斯。不僅如此，帕德嫩神廟始終只是一座雅典人的建築。它是為了紀念雅典在馬拉松之役戰勝波斯而興建，用途有一部分是神殿，另一部分則是金庫，貯存雅典向帝國境內的希臘人子民徵收而來的貢品。它不像奧林帕斯山或德爾菲神示所（Oracle at Delphi）等地點，從來不是所有希臘人心目中的聖地。大理石是壯麗地令人嘆為觀止的雅典工藝，但這並不等同於它們在某種意義上代表整個二十一世紀的希臘，或者希臘這個現代政治實體少了它們就會有所減損。

還有個更大的問題，為什麼所有這些運動者都只關注額爾金大理石？來自帕德嫩神廟（以及更廣大的衛城區域）的大大小小雕刻收藏，在巴黎、維也納、梵蒂岡、慕尼黑、符茲堡（Würzburg）、哥本哈根等地的博物館也都找得到。何以大英博物館的收藏被特地挑選出來，引起特意的憤怒？

更進一步說，全世界的博物館收藏著千千萬萬不計其數來自其他國家的藝術品。這正是博物館的功能——讓大眾經由自己的藏品學習他國文化。在最大的「普世」博物館中，展覽經驗甚至讓訪客除了鄰近文化的藏品之外，還得以觀賞時空和地理脈絡相距最遠的藏品。

那麼，運動者們到底想要什麼？事態又會朝著哪個方向發展？難道所有博物館都應該歸還從各自有限的地理半徑之外取得的一切藏品嗎？羅浮宮應當把《蒙娜麗莎的微笑》還給佛羅倫斯嗎，即使它是法國王室合法購買的？洛杉磯的蓋蒂博物館（J. Paul Getty Museum）應當歸還一切希臘、羅馬、中世紀和歐洲藝術品及雕刻，包括許多世界最著名的作品嗎？法國是不是也要把貝葉掛毯歸還英格蘭？還是日本的博物館應當歸還美國搖滾樂的紀念品？或許，威尼斯應當歸還聖馬可的馬像（Horses of St. Mark），既然我們如今只被允許在藝術品出產之處觀看它們？

這些說法全是信口開河。劫掠和犯罪當然應受譴責並予以懲罰。但古代文物和其他事物一樣，也是可以正當購買或贈予，我們應當讚揚以適當方式取得藏品，並運用它們教育來訪大眾，協助增廣見聞的博物館。

支配著整場爭論，認為大理石可以輕易裝回帕德嫩神廟的浪漫主義觀念，則是嚴重誤導。即使希臘在一八三二年獨立建國，希臘政府仍放任帕德嫩神廟殘存的大理石雕刻遭受汙染和酸雨損毀——許多雕刻直到一九九三年才被取下。悲慘的是，仍有些雕刻繼續留在「原處」任由坍塌。結果是，額爾金伯爵留在原地的所有希臘大理石雕刻全都毀壞得難以辨認。彷彿毛毯覆蓋的人形一般，只剩模糊不清的輪廓，逐漸溶解在雅典經年累月的汙染之中（幸好，額爾金為許多他帶不回英格蘭的雕刻作了石膏鑄模，使得我們對它們曾經的樣貌至少還有紀錄）。要是額爾金大理石還給雅典，它們也不可能放回帕德嫩神廟，而是會被收藏在另一個博物館，和損毀的希臘大理石一同陳列。在雅典觀看它們的訪客會遠少於倫敦，不只是因為觀光客人數的差異，也因為新衛城博物館與大英博物館不同，要付費才能參觀。

艾瑪·克隆尼和羅伯遜大律師造訪希臘獲得鋪天蓋地報導，意味著大理石的爭論進入媒體聚焦的新階段。所有相關人士都需要做更多研究。羅伯遜除了令人瞠目結舌地宣稱額爾金在今天會因為他的所作所為而入獄，他還說，大英博物館董事會是一群「市儈」，將大理石放在「明亮燈光下，好像停屍間的屍體那樣照亮。只有百分之四十還留在雅典的藍天之下，得到最好的鑑賞」。他的研究助理應當告訴他，這些大理石無論在任何國家都絕不可能公開暴露於任何天空之下。它們是脆弱的古典藝術品，唯有大英博物館提供的細心照顧，才能讓它們遠離汙染，直到二十一世紀仍維持著令人讚嘆的狀態。

綜上所述，即使有些人天真無邪地（或者不然）將額爾金伯爵視為某種帝國主義盜寶狂人而施以人格謀殺，但事實很清楚，額爾金是一位英雄。他謹慎地為自己的一切行動依法取得雅典合法統治者的許可（他們可不是什麼一夜成名的投機占領者，而是統治雅典將近三百五十年），又為了搶救雕刻，將它們獻給國家和世人而耗盡家財。

時代變了，我們如今不再像額爾金的時代那樣在乎文化，但我們應當提醒自己彼時的優先事物為何。比方說，一八一六年的國會專責委員會忍不住在報告最後加上一段結語：在許多方面，它都足以為驅使額爾金實現如此偉大計畫、做出如此巨大犧牲的這份精神做出見證：

本委員會無法略過下述之有趣課題，而不提請國會認真思量：美術的陶冶對於每一個予以獎掖的政府名聲、性格及尊嚴皆助益良多，它們又與科學、文學及哲學一切珍貴事物的進展休戚相關。

無論這聽起來多麼詩情畫意，我們如今生活的世界已經不同。藝術和文化再也不足以贏得選票。但人們仍不免疑惑，為何克隆尼夫婦擁有任選議題，引發舉世關注的能力，卻選擇針對帕德嫩神廟的雕刻發動毫無法律根據的攻擊，明明世界上這麼多地方都需要他們稍加關心：中東戰事、伊波拉病毒、二十國集團債臺高築。需要解決的棘手問題可不少。要是他們想特地關切博物館藏品，何不集中心力於伊拉克國家博物館亟需的援助？它所擁有大量而無價的人類歷史上最古老的藝術、文學及科學珍品，在二〇〇三年四月美國發動的侵略之中遭受劫掠，到處散失。

要是希臘政府準備發起新一波媒體公關戰要求歸還大理石，現在正是拋棄這些刻意誤導與卑劣影射的時候，它們遮蔽了全人類——尤其是希臘——承蒙額爾金伯爵而享有的真正恩惠。世人必須停止鞭笞他，並且開始向他不顧世道艱險，為了全體人類而奮力搶救這些絕妙雕刻的艱辛奮鬥致上感謝。

第二十八題

希臘明知自己對額爾金大理石沒有合法權利，因此不會控告聯合王國

本文發表於希臘政府放棄對額爾金大理石的法律申索之時，其中探討文化所有權概念，世界上普世博物館的角色，以及藝術品在全球各地戰禍中持續遭受的毀壞。

希臘政府終於承認大英博物館是「額爾金大理石」的合法持有者。至少，這是希臘放棄對帕德嫩神廟雕刻法律申索這條新聞的合理結論。

這個出人意料的聲明，就在艾瑪．克隆尼和倫敦道堤街律師事務所（Doughty Street Chambers）團隊交給希臘政府一份長達一百五十頁的報告，僅僅四十八小時後發布；報告中承認希臘政府向英國法院起訴的勝算只有百分之十五，並建議希臘考慮向國際法院起訴。但希臘政府判斷克隆尼的意思其實是他們告不成，這很可以理解。

激進左翼聯盟（Syriza）政府清楚知道，英國法院裁判國際紛爭的經驗受到舉世肯定，其中包含涉及英國利益與機構的爭議。於是，希臘新政府相當理性地斷定，國際法院恐怕不會做出不同的判決。文化部長克西札基斯（Nikos Xydakis）因此宣布，希臘將放棄法律申索，改由「外交及政治」管道著手。

這毫不令人意外，因為和普遍通行的錯誤觀念恰好相反，額爾金伯爵從持續發生的嚴重毀壞之中，搶救帕德嫩神廟雕刻的過程毫無違法之處。損害從希臘教會在五世紀時搗毀古代神殿的大量雕刻時就開始了。然後威尼斯人在一六八七年炸毀大片建築物。到了十九世紀，額爾金伯爵抵達雅典時，鄂圖曼駐軍則把雕刻磨碎燒成石灰，並瞄準它們練習火炮射擊。

額爾金起先想要派人將雕刻鑄模和描繪下來，但在親眼目擊正在進行的破壞之後（將近百分之四十的原有雕刻已被粉碎），他向雅典的鄂圖曼帝國當局取得輸出許可，盡其所能將最多的雕刻安全帶回英國。這對他個人是一場災難，令他傾家蕩產，但同時也意味著大英博物館自一八一六年起，得以向世界各地的訪客分享一些保存最完善的帕德嫩神廟雕刻。

有一點在額爾金大理石爭論的情緒之中往往被忽視，那就是大英博物館是一座普世博物館，它敘述人類自時間起始以來的文化成就。其中，古希臘館的成果是世界最優秀，博物館古典學者人際網路的其中一部分——包括來自雅典新衛城博物館的學者——也通力合作，盡可能和最多的民眾分享他們對古典世界的知識與熱情。

湊巧，大英博物館（全英國最大的觀光勝地）也正在舉行一項千載難逢的希臘雕塑展，運用自身藏品及全球其他博物館慷慨借展的收藏，展示古希臘人對美感與人體觀念的進化。在古典美學觀念演進這個令人嘆為觀止的視覺故事中，帕德嫩神廟雕刻也就位，生動呈現雅典雕刻黃金時代中，菲迪亞斯雕塑作品的狀態。

我們必須破除的一個首要錯誤觀念，就是博物館的展品專屬於它們出產的國家。真是這樣的話，全世界最優秀的博物館都得清空它們購買或被贈予的外來藏品。屆時雅典也不能例外，同樣得歸還他們大量收藏的埃及、中國、伊斯蘭及南美藝術品。

當然，這種想法很荒謬。

全世界明顯受到博物館及其深厚專門知識的提升，它們最重要的功能是豐富我們全體人類的教育場所。來自帕德嫩神廟的現存雕刻有一半可在雅典見到，另一半則分散在倫敦、柏林、慕尼黑、符茲堡、哥本哈根、梵蒂岡，以及由於大英博物館出借，也出現在聖彼得堡隱士廬博物館（Hermitage）。博物館盡可能確保最廣大的參觀者，得以親身體驗西元前五世紀雅典人獨特且迷人的能力，將粗糙的石頭轉變成溫暖鮮活的血肉。

帕德嫩神廟的故事，翻開新的一頁。

額爾金伯爵或國會犯下不法勾當的觀念終於被揚棄，而且正是時候。如今爭論得以在對立稍微緩和的狀態下進行，人人都承認這是政治問題，不是藝術品被劫掠的問題。

正如全世界在尼姆魯德（Nimrud）、摩蘇爾及中東其他地方，亞述藝術遭受悲慘毀壞的事件中察覺，若非有人費心照顧，地球上的文化遺產將無法存續。至今為止，在帕德嫩神廟雕刻（實際上，還有它所持有的亞述雕刻）這方面，大英博物館仍持續為全世界做出重大貢獻。

第二十九題

摩西讀得懂象形文字嗎？翻譯羅塞塔石碑的競賽

羅塞塔石碑（Rosetta Stones）起初是由拿破崙率領的法軍在埃及發現的。這是密碼破譯者的夢想，因為它以希臘文、日常埃及文和埃及象形文字銘刻同一段文句。本文發表於羅塞塔石碑出土二百一十五週年紀念日，追溯英國的楊格（Thomas Young）和法國的商博良（Jean-François Champollion）將它破解，最終揭露古埃及象形文字神祕世界的故事。

《聖經》對於「神用指頭寫的石版」（《出埃及記》三十一章十八節）並未描述任何細節。它只說天主在西奈山頂將石版交給摩西，由此產生一個重大問題（除了為何將沉重的石版交給一群流浪者之外）：石版上寫的是哪一種字母？

或許有個簡單的答案：沒這回事。主流歷史學家並不相信《出埃及記》的說法：兩百萬希伯來人在埃及淪為俘虜，直到摩西帶領他們歷時四十年跨越西奈半島，天主在西奈以神奇的嗎哪（Manna）餵養他們，向他們頒布十誡，最終護送他們進入祂曾應許亞伯拉罕（一位來自今天伊拉克南部的老人）讓其子孫定居的迦南地。在西奈或埃及都找不到這個故事的科學證據（兩百萬人通常會留下不少遺跡給考古學家）。就連傳說中他們在埃及定居的歌珊地（Goshen），至今仍無法確認位於何處。大致而言，多數學者認為《出埃及記》是古代部族的傳說，如同威爾斯的紅龍與白龍格鬥、印度的《摩訶婆羅多》（*Mahabharata*），或是古諾斯人的宇宙論。就連以色列歷史最悠久的日報《國土報》（*Haaretz*）也刊登過許多篇文章，說明《聖經》記載的在埃及被奴役、出埃及，和前往應許之地的故事純屬傳說，並非堅實的歷史。

十誡或許可以更進一步證明這個故事純屬神話，因為《聖經》實際上有三套不同的十誡，由於《出埃及記》和《申命記》（*Deuteronomy*）內容重複而全都混淆在一起。耐人尋味的是，唯一一套明確稱為「十條誡」的版本（《出埃及記》第三十四章）刪去「不可殺人」，代之以非常古怪的「不可用山羊羔母的奶煮山羊羔」。

不管怎麼說，姑且先假設有一個名叫摩西的人，在某一段時間確實獲得幾塊刻有十條誡命的石版，那麼上面會刻著什麼字母？

摩西帶領希伯來人離開埃及的《聖經》故事，[27]通常被認為發生在西元前一五〇〇年左右。但敘述這個故事的《出埃及記》，成書時間一般認為是在西元前五〇〇到四〇〇年間。

27 譯注：離開埃及原文作lout of Egypt，應是out of之誤。

《出埃及記》及摩西五經其他章節，現存最古老的片段手抄本年代則更晚，大約在西元前一五〇年到西元七〇年之間。有趣的是，在以上每一個不同時段之中，希伯來文各自以不同的字母書寫。分類各有不同，但基本上，西元前九〇〇年產生的第一套古希伯來文字母歷經多次變異，直到西元前三〇〇年才確定為現行的「正方」字母。但至關重要的是，這些字母在摩西領受十誡的西元前一五〇〇年左右都還不存在。

那麼，十誡看起來又會是什麼樣？

據《聖經》記載，摩西出生時就被埃及的希伯來奴隸遺棄，然後在尼羅河畔被法老王的妹妹發現，她收養他，在埃及宮中將他撫養長大。那麼，第一個問題是：他從小到大學習哪一種語言？沒人知道他是希伯來人，整個埃及宮廷必定都說埃及語。這樣看來，他們沒有理由教他希伯來奴隸的語言。他說的（要是受過教育的話，能讀的）必定是埃及語。

這對於埃及的其他一些希伯來人或許也成立，因為他們在埃及生活四百三十年（《出埃及記》十二章四十至四十一節），這麼長的時間足夠學會當地語言。這需要套用到日後西元前六世紀時的「巴比倫之囚」脈絡下才能理解，當時許多希伯來人被尼布甲尼薩王從位於今日以色列南部的猶大王國（Judah），押送到今日巴格達南方五十英里處的巴比倫。即使他們只經歷六十年俘虜生活，但他們在這段時間必定拋棄希伯來語，永久改用巴比倫的阿拉姆語，只在禮儀或經典用途上持續使用希伯來語，直到近代希伯來語復興為止。（因此在《新約聖經》，耶穌和所有人說的都是阿拉姆語而非希伯來語。）

因此，要是希伯來人漂泊於西奈半島時已經在埃及度過四百年，十誡有沒有可能是用埃及的神聖字母——象形文字（hieroglyphs。希臘文hiero為「神聖」之意，glyphe則是「銘文」）寫成？

時間往前快轉，羅塞塔石碑出土已兩百一十五年。這塊獨一無二的石碑，使得十九世紀學者終於得以揭露古埃及象形文字的難題，它的意義當時已經亡佚一千五百多年。

羅塞塔石碑是一塊貌不驚人、形狀不規則的花崗岩，一百一十二公分長、七十六公分寬、二十八公分高。一七九九年，它在亞歷山卓東方四十英里處，尼羅河三角洲上埃及城鎮拉希德（el-Rashid，又名羅塞塔）的聖朱利安堡（Fort Saint Julien）附近，被拿破崙的法軍發現。當埃及的法國軍隊在一八〇一年向英國投降，《亞歷山卓條約》規定法軍須交出劫掠所得的一切古物，此後羅塞塔石碑就被送回倫敦大英博物館，自一八〇二年起永久展示。除了一九一七年為了躲避空襲而短暫疏散到霍本（Holborn）地下五十英尺的郵政鐵路隧道，以及一九七二年借展羅浮宮。

羅塞塔石碑對埃及學家而言如此與眾不同的理由，在於它以兩種語言和三種字母（希臘文、正規埃及象形文字、日常埃及通俗文字）銘刻同一段文字。一九九九年，髒汙的黑色石碑得到完全清潔，除去千百年來累積的指垢、拓印者的墨水、保護用的棕櫚蠟，乃至用以填滿文字使之可供辨識的白漆。由此呈現出來的是一塊帶有粉紅斑點的美麗灰石。

就在一八〇二年石碑抵達倫敦之後不久，分別來自英國和法國的兩個男人，開始嘗試破解字碼中的祕密。他們先從石碑上銘刻的三種字母入手。象形文字是埃及僧侶的神聖語言，通俗文字是埃及平民日常使用的字體，希臘文則是托勒密王朝的官方語言。兩人都希望這三種字母的並列能讓他們運用這塊石碑，揭開象形文字難以捉摸的祕密。

在英格蘭，博學多聞、精通多種語言，既是醫生也是科學家的楊格博士（一七七三—一八二九年）首先取得突破。他在沃辛（Worthing）度假時帶著一幅碑文的圖片，結果得到兩個驚人的發現。

最重要的是，他打破人們普遍抱持的迷思：象形文字的圖像是有意義的。他轉而聚焦於一系列稱作「象形繭」的橢圓邊框圈出的人名，成功解讀「托勒密」這個名字的拼音。換句話說，他發現象形文字的每個符號都代表一個音標，如同英文及今天的大多數拼音文字。

藉由這項突破，他得以在一千五百年後解讀出第一個象形字詞。音標的揭露也為他帶來第二個發現：字句要往人頭或獸首面對的方向讀過去。

依據這兩個發現，他又繼續查出其他以象形繭圈出的人名。但他也相信自己的音標方法只適用於非埃及人姓名，像是來自馬其頓希臘的托勒密王朝。他仍然跟其他人一樣，以為其他的所有象形都是圖畫文字。

事實上，楊格的心智能力確實令人驚嘆。儘管他把自己對羅塞塔石碑的研究說成「一些閒暇時間的娛樂」，他仍繼續編纂一部收錄兩百多個象形文字的辭典，同時留名於「楊格係數」（Young's Modulus）這一彈性理論，還發現散光，鑽研色覺，並開展光的波動理論。而在楊格的未盡之處，海峽彼岸法國的商博良（一七九〇－一八三二年）則正要開始認真研究象形文字。他和楊格是不同類型的學者。他在十歲那年就著迷於象形文字之謎，發誓總有一天要加以破解，為之廢寢忘食。

他以楊格的成果為基礎，發現就連象形繭中最古老的埃及帝王人名（不只是日後入侵者的人名）都是用音標拼出來。他也發現某些象形符號是依照畫謎原則作用，舉例來說，在英文裡，讀者看到一隻貓的圖案是要發出「貓」這個音，而不是當作實體的貓。商博良運用自己對古代用於禮儀的科普特文（他撰寫個人日記時偏好使用這種語言）嫻熟的知識，達成了這項突破。他知道科普特文的「太陽」發音是「拉」，由此意識到象形文句中的太陽圖案是要讓讀者發出「拉」這個音，像是「拉美西斯」（Rameses）這個人名的開頭。

這時是一八二三年，商博良將這一切發現與楊格在拼音上的發現結合起來，終於破譯羅塞塔石碑。象形字母是由拼音圖形和依照畫謎原則的圖形混合而成，它的語言基底則是埃及語，一小部分仍保存在用於禮儀的科普特文。

如今商博良取得鑰匙，全世界因此得知羅塞塔石碑是由孟斐斯（Memphis）的祭司頒布的告諭，確認了對時年十三歲的法老王「神顯者」托勒密五世（Ptolemy V "Epiphanes"）之崇拜：

> 永生的，出類拔萃的神之顯靈，敬愛父親的神祇托勒密王與阿爾西諾伊（Arsinoe）

王后之子托勒密王，一再澤被埃及的神廟和他統治的所有子民；他身為神明和二神之子，一如伊西斯與奧賽里斯之子荷魯斯（Horus），守護父神奧賽里斯，對眾神心懷慈善，因為他向埃及各神廟捐獻了大量錢穀……〔辛普森，《托勒密王朝祭司詔書中的通俗體文法》，一九九六年（R. S. Simpson, *Demotic Grammar in the Ptolemaic Sacerdotal Decrees*, 1996）〕

這樣的內容相當制式且枯燥，但任何文化的王室正式詔命幾乎都不能輕易讀懂。

那麼，破解羅塞塔密碼應當歸功於楊格還是商博良？兩人都有讚美者和批評者。這時是英法強烈敵對的年代，毫不意外，他們的工作成果很快就被看成是國族智能的競爭。天性謙遜的楊格向商博良祝賀他的發現，但也盼望商博良承認自己首先達成的突破。商博良拒絕了，他說自己全憑一己之力解碼，以無與倫比的高盧式自負駁斥了楊格的說法：

那個英國人想做什麼隨他去，但它理當是我們的；整個老大英格蘭如今都要向年輕的法蘭西學習以完全不同的方式拼寫象形文字。〔商博良，自底比斯（Thebes）致兄長信函，一八二九年〕

然而，他們兩人無疑都值得讚揚。楊格率先豁然開朗，找到全世界飽學之士千百年來遍尋不著的關聯。如同他在西敏寺聖安德魯聖堂（St. Andrew Chapel）的墓碑所記載，正是他：「……首先洞悉了長年覆蓋在埃及象形文字之上的朦朧」。

但勤奮努力解碼全套字母，為整套象形文字系統開展出縝密理解的卻是商博良。相較於楊格幾乎是在醫生和實驗科學家的事業同時意外成為埃及學家，商博良則狂熱地受到象形文字令人迷惑的世界驅動，完全拋開其他一切。它們就是他的畢生事業。一破解它們之後，他就筋疲力竭臥床五天。

全世界無法理解埃及象形文字長達一千五百年之久，這提醒人們，就連最龐大的帝國和它們的遺產都是無常的。在象形文字一度顯眼地裝飾千面牆壁的國度，已知的最後一個例子於西元三九四年銘刻在菲萊（Philae）島上。儘管人們還是繼續說埃及語，但統治埃及的基督教新政權隨即將象形文字指為異教而禁止，代之以希臘文拼寫的科普特字母。數百年後，埃及落入伊斯蘭教之手，科普特文又被阿拉伯文取代，連鎖終於斷絕。遺忘的過程至此完成。

大約在楊格將自己對羅塞塔石碑的革命性發現，刊載於《大英百科全書》第五版補充卷「埃及」詞條之際，英國詩人雪萊（Percy Bysshe Shelley）概括黃沙遍地、轉瞬即逝的失落法老王世界：[28]

我遇見一旅人，從某古國來此間；
他說：有兩條極大的石腿，沒有軀體，
站在沙漠中……一張破碎的石臉，
掉在近旁的沙土上，一半沉入沙裡：
那癟嘴，蹙著的眉尖，陰森傲慢的威顏，
說明雕刻者熟諳其人的喜怒；
如今這姿態還保存在無情的石塊上，
雖然雕刻家和石像的原型早化作塵土。
石座之上還銘刻著這樣的字句：
「我名奧西曼迪亞斯，王中之王；
看我豐功偉績，強者，快自嘆勿如！」
此外，蕩然無物。巨像的殘骸四圍，
唯有單調而平坦的黃沙漠漠，
無邊無際，伸展到渺渺茫茫的天陲。
〔雪萊，《奧西曼迪亞斯》，一八一八年（*Ozymandias*, 1818）〕

那麼，再回到摩西、十誡，以及石版會不會以象形文字寫成這個問題。真是這樣嗎？誰知道。誰知道他到底存在不存在。但可以肯定的說，在西元前兩千年的西奈沙漠，象形字母是眾所周知，至於《聖經》的希伯來文，還要再過一千年才會出現。

隨著中東的動亂再次危害到地區博物館中的無價珍藏，一如二〇〇三年戰爭期間數以千計的藝術品遭到劫掠，羅塞塔石碑出土的週年紀念鮮活地提醒人們，從過去流傳下來的每一件藝術品皆有價值，尤其是那些我們尚未理解其價值的藝術品。

28 譯注：本詩中譯參看雪萊著，楊熙齡譯，《雪萊抒情詩選》（臺北：桂冠，一九九三），頁八〇至八一。

第三十題

勒芙蕾絲伯爵夫人愛達・拜倫：比圖靈早一百年的編碼運算先驅

愈來愈多的電影和節目，將發明「滾筒機」式電腦破解納粹謎式（Enigma）密碼一事歸功於圖靈（Alan Turing），但它其實在一百年前即已發明，第一位程式設計師是勒芙蕾絲伯爵夫人愛達・拜倫（Ada Byron, Countess of Lovelace），她同時也是詩人拜倫的女兒。她是史上第一位電腦程式設計師，本文發表於她的生日當天。

康柏拜區（Benedict Cumberbatch）在二〇一四年的電影《模仿遊戲》（*The Imitation Game*）裡呈現的那位說話結巴、情感受挫而又才華洋溢的圖靈，讓這位劍橋數學家對於現代數位計算獨一無二的貢獻登上好萊塢大銀幕。

但這部電影為圖靈留下的那位憑空設想出一臺前所未有，超越時代的輪轉運算機器先覺者形象卻是誤導。破天荒的英國「滾筒式」電腦故事，要從一百多年前說起。

當然，機械儀器千百年來一直都在執行複雜的運算功能。一九〇一年，潛水員從安提基特拉島（Antikythera）附近的愛琴海深處撈起一個生鏽的齒輪箱子。世界各國專家從這個怪東西的三十多個齒輪和無數的天文刻度推斷，這是一臺精密設計的機器其中一部分，用以計算模擬太陽及月亮位置，以及預測日蝕所需的驚人數字。根據最新發表的研究成果，安提基特拉機械可以追溯到西元前二〇五年，這是機械鐘在歐洲出現的一千兩百多年前。

勒芙蕾絲伯爵夫人愛達．拜倫（一八一五—一八五二年）[29]誕生已超過一百九十九週年，她也是詩人拜倫勛爵唯一的婚生子女。她在十九歲那年結識巴貝奇（Charles Babbage，一七九一—一八七一年），這位來自德文郡的天才可說是電腦的發明者。他們兩人的合作關係或許才是電腦科學真正的開端，因為他發明硬體，她則作為第一位程式設計師而留名青史。（美國國防部開發的程式語言以她為名，稱為「愛達」。）

巴貝奇和圖靈一樣，也是劍橋大學出身的數學家。圖靈是劍橋大學國王學院院士，巴貝奇則是盧卡斯數學教授（Lucasian Professor），同樣出任過這項教席的還有牛頓爵士和霍金（Stephen Hawking）。

巴貝奇發明的差分機（Difference Machine）是他初次涉足機械運算，這是經由轉動曲柄

29 譯注：原文卒年誤記為一八八二年。

操作的計算機器。他最終只能完成整部機器的七分之一（這部分的運轉極為出色），但在一九九一年和二〇〇二年，科學博物館設法運用一八二〇年代的素材重建整部差分機。它重達五噸，運行起來一如巴貝奇的預期。

但巴貝奇在科學上的躍進則發生於一八三四年，他開始研發一部蒸汽驅動的機器，以進行無限多樣的可編程操作。他稱之為「分析機」（Analytical Machine），這顯然是第一臺近代數位電腦。如同圖靈在布萊切利園（Bletchley）著手改良的波蘭炸彈密碼機（Bombe），以及圖靈後來設計的「通用圖靈機」（Universal Turing Machine）和「自動計算機」（Automatic Computing Machine），巴貝奇的電腦也使用一列列龐大的旋轉滾筒。這項設計確實前所未見又先知先覺，令它能夠存取一千組數字，每個數字都可以延伸到十進位數的四十位。正如今天的電腦，它將分離的處理器和記憶體，以及循環和條件分支整合在一起。它甚至還有一臺印刷機。悲哀的是，巴貝奇所得的資金只夠組裝其中幾個部分。

有趣的是，除了設計電腦，圖靈和巴貝奇還有其他共通之處：兩人都是暗中為政府工作的密碼破譯者。圖靈在一九三八到一九四五年服務於布萊切利園的政府密碼學校（Government Code and Cypher School），首先領導小屋八號（Hut 8）小組（破譯德國海軍及U型潛艇密碼），最終成為布萊切利園一切行動的總顧問。巴貝奇的戰時角色少為人知，但他在克里米亞戰爭期間破解敵軍的維吉尼爾（Vigenère）自動密鑰密碼，儘管英國政府擔心喪失情報優勢而從未公諸於世。

勒芙蕾絲和巴貝奇通力合作（他稱她為自己的「數字魔女」），這是她短促一生中最輝煌的成就。她的數學是由母親教導，母親希望以此盡可能讓她遠離詩歌。愛達顯然也是天賦異稟，當她遇見巴貝奇，他請她翻譯一篇由日後的義大利首相撰寫，探討分析機的義大利文評論。她全心投入這項工作，而她的名聲主要建立在她為巴貝奇增補的眾多評註，她在其中一條提出一套供分析機使用，計算一列伯努利數（Bernoulli numbers）的演算法。這套演算法可說是第一套真正的電腦程式碼。

英國人在運算上的創新，自從巴貝奇、勒芙蕾絲和圖靈以來不曾停下腳步。之前，一個名為「尤金·古斯特曼」（Eugene Goostman）的聊天機器人，在皇家學會主辦的圖靈逝世六十週年[30]紀念競賽中贏得第一。它模擬的那位十三歲烏克蘭男孩，被許多人譽為第一個通過「圖靈測試」的程式，這項備受尊崇的標準要求一臺電腦在五分鐘之內騙過百分之三十以上的人類裁判，讓他們相信它是真人。

但並非所有人都正面看待現代運算技術的發展。全球資訊網的英國發明者柏納李（Tim Berners-Lee）在大半個二〇一四年裡，都對網際網路的現狀愈來愈擔憂。可以理解，他不可能預見如今遊走於網路伺服器的犯罪、恐怖主義，以及國家發動的網路戰。在更具理論的層次上，霍金教授曾異常悲觀地作出戲劇性預言：人工智慧一旦全面發展，人類將走向滅亡。

30 譯注：圖靈逝世於一九五四年，原文誤記為五十週年。

既然沒有任何文明或科技能夠永世長存，或許在遙遠未來的某一天，又會有潛水員找到一顆存有尤金·古斯特曼聊天機器人程式碼的硬碟，並且對它大惑不解，就像我們今天對安提基特拉機械那樣。

第一次世界大戰

第三十一題

哈伯：毒氣發明者的恐怖故事

由於「從空氣中變出麵包」的哈伯─博施法（Haber-Bosch process）而獲頒諾貝爾獎的德國化學家哈伯（Fritz Haber），同時也是在第一次世界大戰的壕溝戰中，運用工業技術以氯氣殺害敵軍官兵的主謀。本文追溯他對化學和人類不同凡響，又惡名昭彰的貢獻。

戈夫（Michael Gove）、克萊格（Nick Clegg）和強生（Boris Johnson）為二〇一四年爭奪第一次世界大戰道德高地的政治戰爭，發動第一輪齊射。但他們儘管充滿憤怒和激情，這仍是一場智識貧乏、老套且多餘的爭論。

沒有哪一種警句精選的刻板印象，足以充分含括第一次世界大戰令人腦力遲鈍的複雜升高過程，或是四年之間在鐵絲網和冰冷海底遭受工業化死亡的人們各種不同的情感。

但我確信，這些滔滔不絕的演說者必定不會住口。如此繼續下去，我們會看到更多這樣的愚蠢。我們只希望往後會得到更多有趣的分析。

比方說，科學家在第一次世界大戰期間扮演怎樣的角色？會想到這個問題，是因為最近是其中最著名的一位逝世週年：物理化學家哈伯。這個人運用深厚的科學知識為殺戮而服務。

科學家和工程師當然是作為軍隊參戰。從實驗室和工作坊的忙碌中，他們研發一切事物，從軍用口糧、裝甲到野戰醫藥、武器、彈藥不一而足。

除了偶爾出現的例外，例如阿爾比主教杜杭（Bishop Durand of Albi）在一二四四年攻打蒙特塞居（Montségur）的卡特里教派（Cathars）時，發明一種快速裝填的投石機——我們在時間的迷霧中，對於武器的發明者所知不多。

但如今我們留下姓名，個別科學家對於戰爭的貢獻也受到肯定。

例如費瑟（Louis Fieser）為美軍研發凝固汽油彈。歐本海默（J. Robert Oppenheimer）及其他曼哈頓計畫的科學家奉命研發原子彈，最終夷平廣島和長崎。沃利斯爵士（Sir Barnes Wallis）則參與改良第一批六噸和十噸的碉堡剋星炸彈，以及在懲罰作戰（Operation Chastise）中摧毀魯爾河谷水壩的彈跳炸彈。

科學家一直都在戰爭的核心，他們的貢獻通常都是決定性的。正如邱吉爾戰時內閣的陸軍次官[31]雅各爵士（Sir Ian Jacobs）對於大量流亡科學家（包括十九位諾貝爾獎得主）湧入

31 譯注：原文為Military Secretary（陸軍大臣），而雅各爵士在整個二戰期間皆為Military Assistant Secretary（陸軍次官）。

的著名評價：「盟軍贏得（第二次世界）大戰，是因為我們的德國科學家比他們優秀。」

如今，科學不可逆轉地成了戰爭的侍女。

幾乎不可能設想有哪個軍事化的國家，不投注資金進行武器科研。〔這在道金斯（Richard Dawkins）的脈絡下尤其耐人尋味：按照道金斯的說法，科學天生優越於宗教的理由之一，在於宗教被稱為歷史上最主要的引戰者。〕如同一九四五年七月，歐本海默在新墨西哥州監督歷史上第一次原子彈試爆時，若有所思說出的話：「我成了死亡，成了毀滅世界的人。」

科學可被善用或惡用。而最近是一個人去世八十週年，他或許比二十世紀任何人都更鮮明地體驗這個抉擇。

二十世紀初年的歐洲，在為農作物施肥時遭遇重大困難。從南美洲船運來的大量鳥糞即將用盡，而且找不到替代品。

不同凡響的物理化學家哈伯，就此登場。

他在一八六八年十二月九日生於布雷斯勞〔Breslau，今天波蘭的弗羅茨瓦夫（Wrocław）〕，首先在海德堡大學師事本生（Robert Bunsen，以本生燈而聞名），而後轉到柏林大學，取得學位後在蘇黎世、耶拿（Jena）、卡爾斯魯厄（Karlsruhe）工作，最後回到柏林達勒姆區（Berlin-Dahlem）定居。

哈伯知道，氮在我們呼吸的空氣中體積百分比占了七十八點零九，並且發現氮在中等溫度、高壓和催化劑作用下可與氫「固定」，產生合成氨，由此製造出肥料。

這是近代史上最重要的科學發現之一。他和來自化工鉅子巴斯夫（BASF）的博施（Karl Bosch）一同將哈伯—博施法完善，而後在路德維希港（Ludwigshafen）的巴斯夫工廠投入生產。

它對於世界抵抗飢荒並養活自己的能力，產生驚人的直接影響。一九〇〇年，全世界有十六億人口。如今在很大程度上，由於哈伯和博施如同當年的宣傳所言，「從空氣中變出麵包」，全世界人口已達七十二億。據估計，今天一般人體內的氮原子有百分之五十以上產生於哈伯—博施法。

為表彰他的開創性成就，哈伯在一九一八年獲頒諾貝爾化學獎（一九一九年實際獲獎）。幾年前的十一月是哈伯—博施法投入生產一百週年，全世界科學家齊聚路德維希港，評價它的非凡遺贈。

但任何成就皆有代價，因此各國代表在讚頌哈伯—博施法的科學成就之際，也公開檢視它所帶來的損害。不只是全球人口超過七十億對環境直接產生的衝擊，還有將數量前所未見的硝酸鹽排入水中、注入空氣中導致的直接後果。

話雖如此，但一百年前的哈伯無法預見這些後果，他對自己的發現所帶來的環境衝擊有可能一無所知。

但他確實需要做出的一個選擇，與祖國的戰爭準備有關，德國當時亟需生產炸藥所需的硝酸鹽。不過，允許他的製程用於軍事，好讓德國再次填滿彈匣和炸彈，對他這個愛國者來說是很簡單的選擇。

因此，這兩個問題都不是他的科學創造必須直接面對的道德抉擇。

擺在他面前的問題（倒不如說，是他給自己的問題），是他要不要運用自己的知識及智能，在科技上向大規模工業化殺戮跨出一大步。

他毫不猶豫地這麼做了。

他可以被確切地認定為首先提議，在戰場上使用一團團隨風飄散的氯氣，作為大規模毀滅性武器的人。

這個構想獲得允許，他親自準備及組織氯氣的部署。一九一五年四月二十二日，他監督六千個氯氣筒在伊普爾（Ypres）前線開啟，以一種全新的恐怖喚醒世人。

在這個比利時春日的不到十分鐘內，一千名法國和阿爾及利亞軍人喪生，還有四千人受傷。

哈伯再接再厲。他在當月之內就施放五百噸致命氣體。

他的妻子伊梅瓦爾（Clara Immerwahr）也是一位天資聰穎的化學家——布雷斯勞大學第一位獲得博士學位的女性。但她和丈夫不同，是一位反戰和平主義者。即使哈伯相信死於毒氣並不比其他形式的戰時殺戮更壞，他所指導的壕溝戰化學殺戮卻摧毀了她。

當他在伊普爾戰役後凱旋回家，慶祝自己晉升上尉，她當面抗議他的工作。但她無法動搖他的決心，羞憤之下以他的軍用手槍飲彈自盡。隔天，哈伯拋下悲痛的十三歲兒子赫曼，回到前線繼續部署毒氣戰，這次是對付東線的俄軍。（多年以後，赫曼在四十四歲那年同樣因恥於父親行徑而自殺。）

儘管在戰場上使用毒氣明顯違反國際條約規定，但精靈出了神燈，已經覆水難收，交戰各方這時全都爭相使用。回到德國，哈伯則升任化學戰部門負責人。

說句公道話，哈伯並不是第一次世界大戰中首先在戰場上使用毒氣的人。這項「殊榮」要歸於法國人，他們首先使用催淚瓦斯（溴代二甲苯），導致情況逐步惡化。但哈伯對壕溝戰獨特、早期且決定性的貢獻卻加重注碼，以大規模毀滅性武器的致命毒霧取代刺激性的瓦斯。

過了這麼多年，已經很難理解真正驅動哈伯的因素是什麼。他自稱相信化武攻擊能快速且決定性結束戰爭的說法，無法解釋他為何在戰局顯然不可能迅速且立即分出勝負之後，仍持續化武攻擊數年之久。

有一種說法認為，他的狂熱來自於對祖國超乎尋常的熱愛，因為他和二十世紀初年歐洲大多數人一樣狂熱愛國。面對反猶主義日漸抬頭，他甚至改宗基督教，以加深自己熱烈感受到的日耳曼性格。這份強烈的國族主義是對他自願獻身於戰爭的常見解釋——但似乎太簡化了點。多數人都熱愛自己的國家，卻不見得會去研發大規模毀滅性武器。或許他母親在生下他時難產而死對他產生影響，但在十九世紀末到二十世紀初，沒人能夠診斷出來。我們恐怕永遠不得而知。

戰爭結束後，他仍持續努力運用科學幫助自己的國家。他意識到凡爾賽和約施加的巨額賠款重創國家，於是設法從海水中提煉黃金，以協助德國支付不可能還清的賠款。但結果令他大失所望，他失敗了。

同時他仍繼續發展毒氣。然後，在一九三三年的一個早晨，當他被自己領導的柏林研究所拒於門外，他的世界就此天崩地裂。即使早已改宗基督教多年，新頒布的種族法令仍然不容他，他再也不受歡迎。

他心碎地離開自己所崇拜的國家。

反諷的是，劍橋大學的一位科學家提供一間實驗室給他。哈伯也如期來到英國。儘管他很慶幸能夠重新開始工作，不久卻發現濕冷的氣候損害他的健康。於是他離開，隔年在前往英屬巴勒斯坦途中死於瑞士。因此他沒能活著見證他參與研發的氰化氫氣體齊克隆B（Zyklon B）被派上什麼用場，他也沒能看見自己有多少近親被這種氣體殺害。

回到時代的脈絡看哈伯，他絕非當時唯一一個想要研發大規模毀滅性武器的科學家。就算他不這麼做，可能也會有別人做，那個人很有可能來自其他參戰國。實際上，到了一九一五年，法國、英國（最後是美國）政府全都找到願意合作的科學家，製造各式各樣恐怖的致命殺人毒霧。

一開始的互相施放氯氣不久就改用光氣，最後是芥子氣。英國陸軍甚至編組皇家工兵特殊氣體連隊，任務就是在戰場上施放化學武器。交戰各方全都努力鑽研這門技術。就以利文斯（William Livens）為例，這位英國軍人和工程師〔奧多中學（Oundle）、劍橋大學畢業〕誓言要盡其所能殲滅敵人。他的成就包括化學迫擊炮、火焰定向地雷，以及用燃燒的汽油灌滿敵軍戰壕的汽油噴射器。

不管怎麼說，第一次世界大戰結束時，交戰各方全都堅決投入化學武器之後，他們一共製造出十二萬四千噸軍用毒氣，估計造成九萬人死亡，一百三十萬人受傷。

嚴格說來，這些死亡全都違反禁止在戰場上使用毒物和毒氣的國際條約規定，但戰爭就是戰爭，通常要到戰爭打完之後，國際法的細節才留給戰勝者講究。

可是，哈伯獲頒諾貝爾獎這件事也太奇怪。怪異之處在於，諾貝爾（Alfred Nobel）正是在研發炸藥一輩子導致名聲受損之後，為了改善名譽而設立這個獎項。有一天看到某家法國報紙為自己的生前訃聞下了〈死亡販子已死〉這個標題之後，他決心設立獎項表揚人類最傑出的成就，為自己建立一份遺澤。

哈伯製造合成氨是一項非凡成就。要是諾貝爾獎委員會在他一九一三年第一次達成氮固定的突破時就頒獎給他，他必定會得到熱烈的掌聲。

可是到了一九一八年，隨著世界上最恐怖的一場戰爭接近尾聲，哈伯已被明確認為是，釋放出界定這場戰爭其中一種恐怖的最直接責任者：

毒氣！毒氣！快——一陣狂喜般地折騰摸索，
及時戴好笨重的頭罩；
但還有人在呼號、踉蹌，
像在大火或石灰裡滾動……
模糊的視窗，黏厚的綠光，昏暗，
如身處綠海深處，我看著他沉沒。
〔歐文，《為國捐軀》，一九一七年（Wilfred Owen, *Dulce et Decorum Est*, 1917）〕[32]

諾貝爾獎這樣的榮譽得以存續，是靠著得獎者的品質。或許正是認識到這點，諾貝爾獎官方網站上長達一三八〇字的哈伯傳記，只有一句話提到他研發毒氣。

為數眾多的外交官和科學家紛紛抵制他在斯德哥爾摩的頒獎典禮。他們對他身為科學家的天賦才華並無異議，但他做出了抉擇。許多人無法同意他的這些選擇。

獎勵惡行開了危險的先例。我寧可猜想，要是諾貝爾本人在天國觀看這場頒獎典禮，他恐怕會認同唱反調的人。儘管擁有這一切天才，但一九一九年的哈伯實在算不上是「為人類做出最大貢獻的人」。

第三十二題

邱吉爾鑄下大錯：加里波利戰役

土耳其的加里波利戰役是第一次世界大戰期間最慘痛的軍事災難之一。邱吉爾是最主要的策劃者，行動的後果導致他去職。本文敘述這次不幸的作戰經過、官兵的英勇與苦難，以及它如何意外催生現代澳大利亞和紐西蘭的認同。

三艘英國海軍最顯赫的戰艦，為歷史悠久的朴茨茅斯（Portsmouth）船塢增光：亨利八世的瑪麗玫瑰號（Mary Rose）、納爾遜（Horatio Nelson）的旗艦勝利號（HMS Victory）[33]，

32 譯注：本詩中譯參看Santanu Das著，黃毅翔譯，〈《為國捐軀》深度賞析〉，探索英國文學，大英圖書館中文網，https://www.britishlibrary.cn/zh-hk/articles/reading-dulce-et-decorum-est/（二〇一八年十一月三十日瀏覽）。

33 譯注：一八〇五年十月二十一日，英國地中海艦隊司令納爾遜中將率軍在西班牙特拉法加角外海大破法國、西班牙聯合艦隊，拿破崙海軍力量盡失，無法進攻英國本土。但納爾遜也在戰鬥中陣亡。

以及世界上第一艘鐵甲艦勇士號（HMS Warrior）。

如今和它們停泊在一起的，還有一艘不起眼的小小姐妹艦。三十三號淺水炮艦（HMS M33）在一九一五年五月二十二日下水。她實在太無足輕重，因此甚至沒被取名：只有代表潛水炮艦的M級和編號。但她如今卻成為一九一五年加里波利戰役唯一倖存的海軍艦艇而聞名於世。

不久前加里波利戰役一百週年，三十三號淺水炮艦在朴茨茅斯向大眾開放，成為一座海上博物館，讓大眾體驗艦上七十二名乘員的生活。除了為一百年前的海戰提供引人入勝的見解之外，這座博物館也讓人們有時間思考加里波利發生的事，以及它的重要性。

這場戰役的目標簡單卻又大膽：要讓鄂圖曼土耳其徹底退出戰爭。預計要以海軍攻擊和兩棲登陸拿下加里波利半島，開放達達尼爾海峽，隨後協約國艦隊再穿越海峽進攻伊斯坦堡，拿下這座城市，癱瘓鄂圖曼帝國的戰爭行動。提倡這次作戰的最重要人物，是阿斯奎斯（Herbert Asquith）自由黨政府的第一海軍大臣，那時四十一歲的邱吉爾。

一九一五年二月十九日，海軍開始炮擊鄂圖曼帝國的海防工事，掃雷艦著手清除達達尼爾海峽入口的水雷。但這個地區的防禦卻出奇嚴密，傷亡人數也高得超乎預期。三艘英軍戰艦被擊沉，另有三艘重創。同時，漢密爾頓將軍（Gen. Ian Hamilton）指揮的兩棲登陸部隊也從埃及前往利姆諾斯島（Lemnos），四月二十五日早晨六點鐘，他們在光天化日之下沿著赫勒斯角（Cape Helles）的海峽西岸，分別從五處灘頭登陸。

不幸的是，漫長的海軍炮擊給了鄂圖曼人時間預期登陸地點並準備防禦。就這樣，一無所知的攻擊部隊涉水上岸，卻直直走進淺灘上的地雷絆索，然後是帶刺鐵絲網、狙擊手的冷槍和重機槍掃射。

戰鬥十分激烈，需要過人的英勇。光是在W灘頭上，蘭開夏郡燧發槍團（Lancashire Fusiliers）在早餐前就有六人獲頒維多利亞十字勳章。

法軍在海峽東側的沙堡（Kum Kale）登陸，澳大利亞和紐西蘭聯合軍團則在赫勒斯角北方十二英里處的阿里伯納（Ari Burna）登陸，此地如今又名澳紐軍團灣（ANZAC Cove）。兩天後，猶太軍團也登陸支援。

鄂圖曼軍的防衛極其堅強，到了四月二十八日，戰況陷入令人沮喪的僵局。協約國軍成功建立灘頭堡，卻無法再向前推進。就連五月一日印度步兵團和廓爾喀步槍團在薩里巴伊（Sari Bair）參戰，都不能打開局面。阿里伯納的鄂圖曼軍指揮官興高采烈。〔他日後成為新生的土耳其共和國首任總統，自此舉世聞名：「土耳其人之父」凱末爾（Mustafa Kemal "Atatürk"）〕

而在英國本土，政治風暴隨之掀起。五月十五日，時任第一海務大臣，堪稱納爾遜之後英國海軍最重要將領的費雪勛爵（Lord John Fisher）[34]辭職下臺。他長久以來都不看好這次作戰的可行性，並且強烈批判邱吉爾對這次作戰的執念。

時序由春入夏，英軍在八月六日從澳紐軍團灣正北方的蘇弗拉灣（Suvla Bay）發動新一波登陸戰。參戰的其中一艘海軍艦艇，正是全新出廠的三十三號淺水炮艦：這艘M二九級炮艦重五百六十八噸，只用七星期就完工，裝備兩門過大的六吋炮，為了實施近岸炮擊而特地設計成吃水淺的船隻。但令所有人失望的是，這次登陸還是只開闢小小的灘頭堡，卻突破不了僵局。

看來再也無法推進了。

九月，門羅中將（Lt. Gen. Charles Munro）接替指揮，他提議放棄整個作戰。十一月，陸軍大臣基奇納伯爵（Lord Herbert Kitchener）視察加里波利，同意終止作戰。於是下達撤退命令，全軍在一九一六年一月九日撤離。

這次作戰的徒勞無功被歸咎於戰略和策劃失當，以及裝備和軍需品不足。邱吉爾被免去第一海軍大臣的職務，在失意中退出政壇，到法國前線參戰。阿斯奎斯的名譽遭受致命打擊，最終辭去首相職務，由喬治（David Lloyd George）接替。

協約國軍約有五萬兩千五百人陣亡。癱瘓鄂圖曼人的目標失敗了，但這場戰役逐漸被定義成協約國軍人的英勇奮戰。英軍官兵和水兵共有十二人獲頒維多利亞十字勛章，澳軍九人，紐西蘭軍一人。而在澳大利亞和紐西蘭，一九一五年四月二十五日成為「澳紐軍團日」，至今仍每年受到紀念，「澳紐軍團精神」的勇氣與決心也在這一天誕生：這場戰火的洗禮，將兩個自治體轉變成兩個國族。

那麼，在歷史悠久的朴茨茅斯船塢裡，納爾遜的勝利與三十三號淺水炮艦的失敗並排在一起是否有些難看？

一點也不。協約國軍或許不能確保達達尼爾海峽或攻下伊斯坦堡，但他們確實絆住鄂圖曼軍的強大火力，無疑實現了次要目標，也就是紓解尼古拉大公（Grand Duke Nicholas）指揮的俄軍在高加索對戰鄂圖曼軍的壓力。

在朴茨茅斯參訪嬌小的三十三號淺水炮艦，給人們大好機會反思一件事：軍事科學需要研究成功的作戰，也需要研究失敗的作戰。加里波利戰役或許無法達成主要目標，但它提供兩棲登陸作戰至關重要的經驗教訓，其中許多都直接應用於一九四四年六月盟軍在諾曼第決定性的D日登陸。

總體而言，小小的三十三號淺水炮艦呈現出的英國歷史，就跟勝利號或瑪麗玫瑰號一樣豐富。堅持只紀念那些在光榮勝利中捐軀的將士，是極權主義政權的特徵。三十三號淺水炮艦上的七十二位官兵，還有那些在加里波利奮戰的將士，都在奉命執行的任務中全力以赴。我們將三十三號淺水炮艦與勝利號並列，正是要向全體官兵致敬。

34 譯注：費雪勛爵，一八四一—一九二〇年。在皇家海軍服務長達六十年，積極推動現代化改革，讓海軍從木質帆船戰艦全面改用鋼質戰艦、戰鬥巡洋艦、航空母艦，又致力發展火炮、魚雷和潛艦戰力，並以燃油動力和渦輪式發動機取代燃煤動力。

第二次世界大戰

第三十三題

特工嘉寶：單挑希特勒，拯救D日的神奇西班牙間諜

賈西亞（Juan Pujol García）編造出散布於英國各地的二十七個親德間諜，以一人之力針對納粹展開欺敵戰，向他們供應這些虛構特工所捏造的報告。希特勒對賈西亞的報告深信不疑，以至於他對D日登陸提供給德國人的假情報扭轉了戰局。戰後，賈西亞同時被雙方授勛。本文敘述的正是他不同凡響的故事。

一九四四年六月六日，小羅斯福總統鄭重宣告：「你不能就這麼走到柏林去。」他當時正在白宮的記者會上發言，而且才剛宣布盟軍於法國北部登陸。這場記者會相當簡單，毫無今天同類活動的夸夸其談。事實上，在這個場合是巧妙地予以輕描淡寫。他本來可以說，人類歷史上最大規模的海上入侵終於啟動。但在他告知與會記者這段不痛不癢的最新消息之時，他完全無從得知這次作戰會有多少成功。不到一年，對德國的戰爭就要結束，希特勒會開槍打穿自己的腦袋。

期待已久的對法國兩棲進攻並不是祕密，德國最高統帥部對此毫不意外。史達林的軍隊像鐮刀一般，劈入希特勒東線部隊之中愈來愈深，史達林格勒和庫斯克的勝利無疑正在將德軍向西逐出俄國。但人人皆知，希特勒對大半個歐洲大陸仍然牢牢掌控，不大可能動搖。因此史達林一再要求盟軍在法國開闢第二戰場，讓德國的戰爭經濟及兵力捉襟見肘。希特勒和他的將領都知道入侵即將發生。

入侵歐洲的初步計畫，首先由美國人在一九四二年草擬「圍捕作戰（Operation Roundup）和巨錘作戰（Operation Sledgehammer）」，但都因邱吉爾偏好在北非、西西里島和義大利進行作戰，清理地中海而受到阻礙。最後，羅斯福和史達林在德黑蘭蘇聯大使館的一次會談中，聯手逼迫邱吉爾放棄從巴爾幹半島入侵南歐的計畫，確保他全心投入大君主作戰（Operation Overlord），也就是預定在一九四四年五月對歐陸法國展開的全面入侵。

大約在這個時候，在德黑蘭西方兩千六百英里之處，這個故事不可思議的一部分也開始成形。

賈西亞是巴塞隆納人。他在西班牙內戰曾為交戰雙方效力，卻未發一彈的經驗，令他對法西斯主義和共產主義同樣深惡痛絕。第二次世界大戰爆發，他驚駭於納粹勢力不斷擴張，於是聯繫西班牙和葡萄牙的英國駐外單位，詢問他能否「為了讓人性更美好」提供協助。賈西亞發現自己的提議一再遭到拒絕，於是決定採取一種不尋常的途徑。他聯繫派駐馬德里的德國情報部門，（完全不符事實）介紹自己是個經常前往英國的西班牙官員。他說自己狂熱地擁護納粹，身為法西斯主義者只想盡一己之力。

德國當局趕緊延攬他，提供一些基本訓練，為他取了化名「阿拉貝爾」（Alaric Arabel），然後派他在下一次前往英格蘭時蒐集情報。

但賈西亞沒有前往倫敦，而是去里斯本，從那裡開始搬弄間諜史上最不同凡響、意義也最重大的一套花招。

他自己當了特工還不滿足，更運用一本英國旅遊指南、一本鐵路指南、幾本參考手冊和幾本過期雜誌，編造出一群純屬虛構的特工遊走於英國各地。他為每一個特工各自編造出生平和冒險事蹟，捏造出自他們之手的情報，並煞有介事地將這些情資傳回國防軍情報局（Abwehr）的德國上線，而這些通信受到德國方面誠摯的好評。

即使賈西亞熱衷於虛構，他對英國的無知仍不免讓他數度身歷險境，例如他回報格拉斯哥人「為了一升紅酒什麼都願意做」。所幸這個文化上的穿幫沒被察覺，因為讀他報告的人看來對蘇格蘭也同樣缺乏知識。

賈西亞全力投入新生活，配備著這樣一群不存在的特工，他開始把握一切機會誤導德國情報部門。月復一月，他的上線對他愈來愈信任。

沒過多久，英國情報部門截收到他的訊息，起初驚恐於英國本土似乎竟有這麼一個活躍的敵方特工。但在他們發現他的情報讓德國海軍投入大量資源追擊一個根本不存在的護航船團之後，他們發現此人難以置信地以一己之力向希特勒散播假情報。英國情報部門很快就把他帶回英格蘭，讓他和西語流利的軍情五處軍官哈里斯（Tomás Harris）搭檔，展開工作。

在哈里斯指導下，賈西亞〔如今在軍情五處化名為嘉寶（Garbo）〕將他的虛構特工網擴充到二十七個捏造的人物。這張名單包括數名軍方人員，一名心懷不滿的海陸空三軍合作社（NAAFI）營站主任，亞利安世界秩序兄弟會（Brothers of the Aryan World Order）信奉威爾斯國族主義的法西斯領袖，一名印度詩人，格拉斯哥的一位委內瑞拉學生，甚至還有個只被稱作「低階間諜」的人。

為了加強柏林對賈西亞的信任，軍情五處也允許他傳送一些真實的情資。比方說，他回報自己的一名特工在克萊德河（Clyde）看見一艘塗上地中海塗裝的戰艦出海。實際上，這艘戰艦是要去參與盟軍在北非登陸的火炬作戰，但賈西亞的情報故意太晚送達而不致破壞作戰。儘管如此，這份報告還是產生預期效果，讓他在柏林更受矚目，它也被德方看作是間諜工作的一項「傑作」。

隨著D日逐漸接近，情報部門也和軍方一起進行入侵作戰的準備。所有策劃人員都想盡可能利用希特勒對於必定發生的入侵會在英倫海峽最狹窄之處，也就是多佛到加萊海峽（Pas-de-Calais，位於實際登陸地點東方一百五十英里處）地區之間實施的信念。

南部堅忍行動（Operation Fortitude South）隨之展開，這是一個令人難以想像的計畫，內容是要編造一支不存在的大軍——由十一個師（十五萬人）組成，名為「美國第一集團軍」的龐大部隊，由坦克戰奇才巴頓將軍（Gen. George Patton）指揮。

為此產生出無止盡的虛假無線電通訊，以製造大規模兵力集結於肯特和艾塞克斯的印象。面積廣達幾英畝的木造假飛機和充氣戰車被運往英國東南部，讓德國偵察機和間諜看見。同時，英國情報部門也經由布萊切利園的極端計畫（Ultra project）密切監控德方行動，這個計畫已經能夠截收及破譯敵軍的所有通聯。照情報術語說來，它是個完美的「封閉迴圈」——這是欺敵作戰的世界中罕見的成果，一方得以製造假情報，並且看到它觸發的反應完全不出所料。

隨著D日逼近，南部堅忍行動持續進行，軍情五處的哈里斯引導賈西亞進行更大的欺敵計畫。受到以虛假的入侵情報轟炸德國人這項使命驅使，賈西亞盡責地發送自己的「特工」傳來的大量報告，回報子虛烏有的美軍第一集團軍在英格蘭東南部組建之事。他傳送五百多份情報，有時每天發送四次，內容全是巴頓將軍不存在的集團軍駐紮於肯特，以及該集團軍計畫橫渡多佛海峽入侵的詳細情報。

德國最高統帥部對賈西亞的報告照單全收。他們對他提供的情報品質刮目相看，這使得他們幾乎不去嘗試在英國發展其他情報來源，讓賈西亞成為當時最重要的人物。他的情資對希特勒來說無異於瓊漿玉液，確證了他對於盟軍即將攻向加萊海峽地區的信念。

為了迎擊登陸，希特勒任命經驗豐富的「沙漠之狐」隆美爾元帥（Field Marshal Erwin Rommel）監督海岸防務。隆美爾前一個重要指揮職務是德國非洲軍（Afrika Korps）指揮官，他的傑出領導和善待戰俘贏得交戰各方的普遍敬重。而在海峽北岸，盟軍則在日後當選美國總統的艾森豪將軍（Gen. Dwight Eisenhower）領導下一字排開，他任命隆美爾在北非沙漠的老對手，英國的「蒙弟」蒙哥馬利將軍（Gen. Bernard "Monty" Montgomery）擔任盟軍地面部隊司令。

隆美爾的新任務一點都不簡單。早在一九四二年，希特勒就下令沿著歐洲大陸海岸線構築一道防禦工事「大西洋長城」（Atlantic Wall），自芬蘭北部延伸到西班牙邊界。這顯然是不可能的任務，因此只在不同地方斷斷續續地修築。隆美爾接管防務時，發現防禦工事狀態極差，因此著重於戰略要地運用碉堡和火炮強化大西洋長城，同時在海灘上埋設地雷、布置水下障礙物及反戰車裝置。他還在內陸布置一百萬支「隆美爾蘆筍」（Rommelspargel），這是四到五英尺高的柱子，與鐵絲網、地雷、手榴彈連接起來，用以阻止空降攻擊。他和希特勒看法不同，猜想盟軍會進攻諾曼第海岸，並試圖把戰車移防到諾曼第海岸。但他的上司倫德斯特元帥（Field Marshal von Rundstedt）[35]不同意，後者寧願把裝甲部隊布置在巴黎附近，由此視情況需要再做調度。隆美爾確信這種安排只會讓戰車在開往灘頭途中被盟軍空襲消滅，但希特勒介入，給兩人各自調派一部分戰車，剩下的戰車則由他親自掌控。如此漫無章法的希特勒式決策，適足以減損隆美爾有效運用裝甲部隊的能力。

35 譯注：原文為將軍（General），不確。倫德斯特在一九四〇年征服法國時已晉升為元帥，比隆美爾晉升元帥更早，他在一九四四年是西線德軍總司令，B集團軍司令隆美爾是他的下屬。

盟軍緊鑼密鼓地進行準備。他們已經掌握壓倒性的空中優勢，並在D日前五天內最大限度地運用。一萬一千多架盟軍飛機出勤二十萬次，投下十九萬五千噸炸彈轟炸周邊的法國基礎設施，摧毀火炮、道路、鐵路、橋樑和雷達站，孤立登陸區域並拖延德軍反應。此外，他們還集中攻擊加萊海峽地區，盡可能加強入侵將以該處為目標的錯誤印象。兩千多架飛機在這些攻擊行動中折損，但目的達成了。同時，倫敦當局和英國廣播公司也與法國地下反抗軍合作實行大規模計畫，暗中破壞鐵路網、電力設施和通訊管道。

登陸艇的缺乏導致原訂五月一日入侵的計畫延後到六月。登陸必須在滿月及半潮情況下實施。下一個可行的日期——六月四日也因天候惡劣而放棄，但艾森豪注意到一個短暫的良好天候空檔，最後同意在六月六日進行。

對盟軍來說極其幸運的是，柏林的氣象單位預報惡劣天候將會不間斷地持續兩星期。因此諾曼第的許多守軍獲准休假，軍官則奉命前往雷恩（Rennes）參與兵棋推演。隆美爾也不在前線，他把握這個機會趕回德國為妻子過生日，並試圖和希特勒爭論戰車部署位置的問題。於是，當入侵在一九四四年六月六日星期二午夜過後發生，他完全不在諾曼第。

兩千兩百多架英軍和美軍轟炸機以空襲展開進攻，掃雷艦則在海峽中清出航道。八百二十二架運輸機（其中一些拖曳著滑翔機）接著將美軍傘兵投放在登陸區西側、英軍傘兵則在東側落地，以確保周邊陣地。總計約有一萬三千架盟軍飛機在破曉前升空。

起伏顛簸地渡海一百浬之後，第一波登陸部隊在早晨六時三十分開始涉水上岸。登陸奧瑪哈灘頭的美軍遭遇守軍頑強抵抗，陣亡人數超過兩千（史蒂芬・史匹柏（Stephen Spielberg）一九九八年的電影《搶救雷恩大兵》（*Saving Private Ryan*）重現這一幕）。相對來說，登陸猶他灘頭的美軍和自由法軍，黃金和寶劍灘頭的英軍，天后灘頭的加拿大軍稍微幸運，面臨的抵抗較少。

即使D日已經開始，南部堅忍行動的情報欺敵計畫仍在全力進行。就在七千艘入侵船艦橫越海峽，開往諾曼第灘頭的同時，盟軍飛機也投下大量名為「窗戶」的錫箔片，以干擾法國海岸的雷達，讓他們以為大批入侵艦隊正從多佛出海。

賈西亞與國防軍情報局的熱線如今更迫切需要，他也盡責地發送大量出自其「特工」之手的報告，向德國最高統帥部保證諾曼第登陸只是佯攻。他的報告充滿細節描述（例如疲憊的官兵被配發嘔吐袋），效力強大到讓希特勒在整個六月、七月，甚至八月都把兩個裝甲師、十九個步兵師保留在加萊海峽地區；可以確信，要是這些部隊沒被牽制住，盟軍登陸的傷亡必定會慘重許多。即使到了七月二十九日，希特勒仍然堅信賈西亞為他效力，因此親自頒贈鐵十字勳章表彰他「傑出的服務」。等到有人發現根本沒有巴頓將軍麾下的入侵部隊進逼加萊，已經太遲了。

隆美爾的部隊撐過最初的混亂之後，就持續展開頑強抵抗，結果戰鬥一直毫不間斷地進行到六月十二日，五個灘頭終於打通成為一個五十英里長的聯合灘頭堡為止。

儘管歷經激戰，入侵行動仍迅速陷入僵局，大多時候盟軍都在原地動彈不得。進度嚴重落後的美軍直到六月二十八日才設法向西突破，攻取瑟堡（Cherbourg）半島。

這時盟軍士氣低落，但德軍也是一樣。七月十七日，隆美爾被英軍飛機轟炸受傷。倫德斯特則脫口對希特勒說戰局不可挽回，應當求和，結果立刻被撤職。實際上，這種不滿情緒在整個久戰兵疲的德國陸軍之中隨處可見，由此引發七月二十日陰謀——陸軍軍官試圖炸死希特勒結束戰爭，未果。在這次暗殺失敗之後，約有五千人被希特勒處死。隆美爾是涉入陰謀的最高階軍官，但他的名望和人氣，使得希特勒不敢冒險由蓋世太保將他逮捕處決。他逼迫隆美爾服用氰化物自殺，以換取元首確保他的家人不受允許處決叛徒親屬的連坐法危害。

盟軍需要維持衝力不衰，於是發動龍騎兵作戰（Operation Dragoon），在八月十五日以另一次大規模的成功登陸作戰入侵法國。這次是在法國南部的聖特羅佩（Saint-Tropez）與聖拉斐爾（Saint-Raphaël）附近。

終於，潮流開始反轉了。法國北部的德軍開始撤退，八月二十四日，盟軍和自由法軍攻下巴黎。儘管美軍可恥地拒絕來自非洲的自由法軍黑人官兵（占自由法軍超過三分之二人數）參與巴黎的解放閱兵，英軍也不提出抗議，他們堅稱這是「純屬白人」的儀式。（在這場一部分是為了對抗種族主義而進行的戰爭中，這正是令人震驚的種族主義表現。即使或許並不出人意表，因為美軍當時仍實施種族隔離，蒙哥馬利將軍後來還公開支持南非種族隔離政權。）

盟軍在九月時已兵臨德國邊界，一九四五年一月，對德國的總攻擊正式展開，最終在四月以朱可夫（Georgy Zhukov）指揮的蘇聯紅軍攻下柏林，英軍、美軍及其他盟軍部隊則固守於柏林西方六十英里處告終。

而在英格蘭，賈西亞在D日之後為了自身安全而功成身退。十二月，軍情五處處長頒給他大英帝國員佐勛章（Member of the British Empire, MBE），使他成了或許是第二次世界大戰中唯一一個曾被交戰雙方授勛的人。「為了讓人性更美好」而盡了本分之後，賈西亞銷聲匿跡，從此音訊杳然，直到一九四九年在安哥拉偽造自己的死亡。[36]但他最後仍被找到，受邀回到英國，在白金漢宮會晤愛丁堡公爵殿下，與一群戰時軍情五處官員重聚，並前往諾曼第戰場憑弔。隨後他退隱於委內瑞拉，度過平靜而沒沒無聞的餘生，一九八八年在卡拉卡斯安詳去世。

賈西亞憑藉不可思議的想像力和非凡的勇氣，在入侵法國作戰中拯救成千上萬的人命。戰時曾在軍情五處工作，熟識哈里斯的布朗特（Anthony Blunt）透露，有一位盟軍最高指揮官說過，賈西亞對D日的貢獻比得上一整個裝甲師。更廣泛地說，賈西亞無疑促成諾曼第登陸的全面成功，世上最血腥的一場戰爭自此開始畫下句點。所以，與其為「轟炸機」哈里斯（Arthur "Bomber" Harris）這樣的爭議性人物樹立紀念碑，[37]或許還不如立碑紀念賈西亞的創造天賦，他對英國與和平的歐洲做出的貢獻，遠遠超出大多數人所知。

36 譯注：參看各項相關資料，賈西亞冒充死亡應是一九四九年，原文一九五九年有誤。

第三十四題

努爾・汗：勇敢的英國二戰英雄、女人和穆斯林

努爾・汗（Noor Inayat Khan）是個愛幻想的童書作家，但她後來成為英國在納粹占領下的法國最重要地下無線電發報員。她的極度英勇和堅韌，使得她令人難以置信的悲劇故事讀起來有如電影。本文發表於她逝世七十週年。

九月二十六日星期五，英國國會投票通過對伊拉克實施軍事行動。許多人懷疑這是二十五年來第三場伊拉克戰爭的開端。在下議院的辯論中，多位穆斯林議員提及英國穆斯林社群的處境，揭露他們在無可避免的反伊斯蘭情緒高漲之中，所面臨的艱困處境；這種情緒在街頭、社群媒體已經清楚可見，並且到處塗寫於線上報刊的留言區。

當然，要把英國大眾的一整個群體歸類為純屬這樣或那樣，是不可能的事。英國的伊斯蘭社群確實無法被簡單區分，它的歷史漫長豐富，汲取包羅萬象的文化。儘管我們再次看見和聽見那些為極端主義發言的熟面孔，在電視和廣播上侮辱英國，但沒有人會認真以為他們

在極少數人的觀點之外還代表什麼。

溫和的意見缺少新聞價值，因此幾乎不會被聽到，但記得它的存在是很重要的。比方說，光是過去一百年，就有數十萬穆斯林志願為英國而戰——兩次世界大戰期間，人數尤其眾多——其中許多人為國捐軀，英名長存於每一個主要戰場的戰爭紀念碑上。每到這樣的時候，正確的理解總能發人深省。

最近是英國的一位大戰英雄逝世七十週年。正巧，她既是女性也是穆斯林。在目前關於英國與伊斯蘭的無盡爭論中，再說一次她的故事正是時候。

努爾・汗由於父系的血統而有印度公主的身分，她是十八世紀邁索爾（Mysore）傳奇君王「老虎」提普蘇丹（Tipu Sultan）的直系後裔。

她的父親艾內亞・汗（Inayat Khan）是一位蘇菲派穆斯林知識人，以音樂家和伊斯蘭神祕主義哲學家為業。她的母親是美國人，他在舊金山一處靜修所講授一堂神祕主義課之後，兩人陷入熱戀。他們於一九一三年三月在倫敦結婚，定居於布魯姆斯伯里（Bloomsbury）。

艾內亞・汗的工作使得他必須長期逗留國外，有一段時間，他暫時舉家搬到莫斯科，努

37 譯注：哈里斯，一八九二—一九八四年，英國皇家空軍元帥，第二次世界大戰後期擔任皇家空軍轟炸機司令，提倡及執行針對納粹德國城市和平民無差別的「區域戰略轟炸」，造成巨大傷亡和破壞，因此在皇家空軍內部也被稱為「屠夫」，名聲備受爭議。

爾就出生在距離克里姆林宮只有一英里遠的聖彼得修道院（Vusokopetrovsky monastery）。短暫搬回倫敦之後，這一家人最終在法國安頓下來，努爾也在法國度過大半個童年。

中學畢業時，努爾的英語和法語都說得流利，深受父親的神祕思想與和平主義影響，著迷於故事與音樂，人人都說她溫柔又迷人。

中學畢業後，她報考巴黎的高等音樂師範學院（École Normale de Musique）主修鋼琴和豎琴，隔年開始在索邦大學攻讀兒童心理學學位。大學畢業時，她開始為兒童寫作，出版幾本暢銷書，也為週日《費加洛報》的兒童版撰寫故事，其中許多篇故事也在巴黎電臺放送，隨後又由英國廣播公司播放。

第二次世界大戰爆發時，她毫不遲疑地報名參加法國紅十字會，接受護理和急救訓練。但在德軍突破法國、攻向巴黎之際，她做了一個永久改變人生的決定。儘管父親灌輸她蘇菲派穆斯林堅定的非暴力信念，她仍清楚知道自己不能袖手旁觀現代戰爭的恐怖，尤其不能坐視針對平民、婦女和兒童的暴行。於是她前往英格蘭參戰。

她急切地想要盡一己之力，於是報名加入空軍婦女輔助隊（Women's Auxiliary Air Force, WAAF），這支女性部隊是為了執行支援工作，讓男性放手進行直接戰鬥而組成。當她因為出生在莫斯科近郊而被否決，她寫了一封情真意切的回信，堅稱自己身為受英國保護人士應當獲准為國效力。她立刻獲得錄取，一九四〇年十一月十九日，二十六歲的她加入空軍婦女輔助隊，成為一名空軍列兵，兵籍號碼四二四五九八。

個別的空軍婦女輔助隊員受訓從事的任務，並沒有多少科學考量。努爾獲選擔任無線電發報員，立即收拾行囊前往哈羅蓋特（Harrogate）接受一個月基本軍訓。即使身材嬌小——她身高五呎三吋（約一百六十公分），體重不滿八英石（約五十點八公斤）——但仍通過所有體能測驗。在行軍出操和宿營都以優等通過之後，她被派往愛丁堡的三十四（防空氣球）部隊六個月，接受無線電發報訓練。她的教官也再次給予優等成績。

一九四一年六月，她晉升空軍三兵，被分發到牛津郡阿賓頓（Abingdon, Oxfordshire）的皇家空軍轟炸機指揮部，並在年底時升任空軍二兵。

但她並不知道，有一群神祕莫測的人正從倫敦時髦的聖詹姆士區聖爾敏酒店（St. Ermin Hotel）深處的總部裡注視著她。這些人是英國特殊行動執行處（Special Operations Executive, SOE）的人員，他們決定要見她一面。於是在十一月十日，她被召喚到諾森伯蘭大道上位於特拉法加廣場附近的維多利亞酒店，髒亂的二三八號房間面談。在那間只有一張廚房餐桌、兩張硬背椅和一盞電燈泡的簡陋房間裡，特殊行動執行處的主要招聘人「上尉」傑普森（"Captain" Selwyn Jepson）對她面試。

努爾被找去面試的這個組織是全新的，這是邱吉爾的點子，他想要組成一支第五縱隊在納粹占領區專責敵後破壞，並支援抵抗運動。這個地下祕密組織獨立於軍情五處和軍情六處之外，大量汲取愛爾蘭共和軍（IRA）在愛爾蘭發動抗英游擊戰大獲成功的經驗。按照邱吉爾的說法，特殊行動執行處將是「非紳士戰爭部」（Ministry of Ungentlemanly Warfare），任務是「讓歐洲起火燃燒」。

特殊行動執行處的詭祕性質，意味著它需要包羅萬象的祕密行動裝備。維多利亞與亞伯特博物館（Victoria and Albert Museum）、自然史博物館，以及巴內特（Barnet）茅廬農場（Thatched Barn）等處的工作坊，研發出應有盡有的破壞裝置：藏在死老鼠、熱帶水果、馬糞、鋼筆、牛奶瓶、螺帽和螺栓之中的炸彈；原木和汽油桶裡的隱藏無線電；偽造足跡的鞋子；以及最有名的，由街頭小販賣給日本軍人的自爆佛像。還有各種五花八門的間諜玩意：附有微縮膠片黑點的眼鏡，鈕扣裡的微型指南針，逃亡使用的袖珍鋸子，以及絲巾上的地圖。創意無窮無盡。如今在自然史博物館裡還有一塊藍色紀念牌，紀念當年製造出其中許多裝備的「玩具店」——這個工作坊為弗萊明（Ian Fleming）龐德系列小說中的Q先生一角提供靈感，因為弗萊明在海軍情報局任職時曾與特殊行動執行處密切合作。

對努爾表示興趣的是特殊行動執行處法國部門，專門招募法語流利的人員。由於特殊行動執行處的任務性質，傑普森需要「真正有膽量」，願意挺身對抗德國國防軍情報局和法國通敵政權民兵的人。勇氣與欺敵能力是最重要的，因為這些特工若在敵後被查獲，他們無法享有身穿制服的軍人在國際法規範下的保障，而是必定落入蓋世太保手中遭到酷刑和處死。

努爾是特殊行動執行處邀請面試的第一批女性，因為直到一九四二年四月，戰時內閣才決議准許特殊行動執行處運用女性特工作戰。招募努爾的傑普森上尉回顧：

我負責招募女性從事工作，面臨強烈反對，我可以說，反對來自於掌權者。在我看來，女性遠比男性更勝任工作。你一定知道，女人的冷靜和獨自行動的勇氣遠比男人更強。男人通常都需要一個搭檔。男人不單獨行動，他們的生活總是習慣跟其他男人結伴。多數部門都反對，直到這件事呈到邱吉爾面前，我在戰前見過他。他對我吼叫：「你在搞什麼？」我對他說了，他回答：「我看你是在利用女人做這件事。」我說：「正是，您不覺得這麼做非常合理嗎？」他說：「沒錯，祝你好運。」這就是我得到的授權！（帝國戰爭博物館口述歷史訪談）

傑普森通常會跟有意招募的對象面談兩三次，但在努爾的例子，她在某些方面表現出的極度真誠，讓她只面試一次就過關。他任用她之後，她回信確認接受任務。即使她確實擔憂與家人分離（她和家人始終親密無間），而且正陷入熱戀，才剛訂婚不久，但她仍做出這個重大的人生抉擇：

> 我明白，當戰爭勝利之道面臨危急存亡，我們的家族羈絆是多麼無足輕重。因此我衷心接受這項榮幸，執行您所提議的工作。

而在幕後，特殊行動執行處對努爾的興趣，來自於法國占領區地下無線電發報員的嚴重短缺。每一個特殊行動執行處和抵抗運動的網路，都由一名組織者、一名信差，以及一名將訊息傳回倫敦的無線電發報員組成。由於無線電發報員必須隨身攜帶龐大的無線電機，他們成了特別容易對付的目標，蓋世太保也敏銳察覺，抓到無線電發報員就能瓦解整個網路。結果，特殊行動執行處無線電發報員在法國的平均預期壽命只有六星期。

既然努爾被錄取了，第一步就是讓她離開空軍婦女輔助隊，轉入急救護士隊。這支志願部隊獨具一格，他們會訓練女性使用槍枝及其他軍事技能。（共有五十位女性被特殊行動執行處派往法國，其中三十九人是急救護士隊成員。）

在薩里郡（Surrey）的伊莉莎白式大宅萬伯羅莊園（Wanborough Manor）接受密集訓練之後，如今化名諾拉．貝克（Nora Baker）的努爾，被派往新森林區（New Forest）伯利烏（Beaulieu）的間諜精修學校，由特殊行動執行處施以敵後存活的嚴酷課程。〔特殊行動執行處運用數十座英格蘭鄉間大宅執行訓練課程，使他們獲得「英格蘭古宅」（Stately 'Omes of England）這個綽號。〕負責在鄉間大宅和中世紀熙篤會修院廢墟土地上，實施訓練的教官經驗豐富且要求嚴苛。費爾比（Kim Philby）不久前才剛結束該處的教官工作。

結果證明，努爾在她被教導的任何一項技能上都不是天生好手，但她的教官不斷提及她的勤奮、盡責和冷靜堅決。兵器、爆破和破壞訓練，顯然令她驚嚇和不適，畢竟它們和蘇菲派的冥想以及撰寫童書天差地遠，但她堅持下來。

在伯利烏，訓練的一部分是要在深更半夜被拖下床，讓身穿蓋世太保制服的人進行模擬審訊。審訊過程粗暴無情（即使不會過份動手動腳），但訓練目的很重要。要是受訓者崩潰，最好是在他們進入敵後之前就早期發現，以免危害他人。要是受訓者堅持住，那麼每個參與者，尤其受訓者自己，都會信心大振。努爾沒有崩潰，但她顯然受到審訊過程驚嚇。她誓言萬一不幸被捕，絕不說出隻字片語。

她的最終成績單以及人格所受的評價，都是高度肯定：

> 她是令我滿心欽佩的人。完全不出風頭、徹底無私，她的不在場最不容易被察覺，極為端莊，甚至可說謙卑和羞怯，總是為別人著想多過自己，很有禮貌。寫過童書。把每句話都當真，反應不快，勤奮多於聰明。極度認真負責。（主任教官戈登上兵）

下一階段是在牛津市郊泰姆公園（Thame Park，另一個熙篤會修院遺址）進行的特殊行動執行處進階信號訓練，努爾是第一位參與這項訓練的女性。但在辛苦的訓練流逝之際，事態卻在幕後急速發展。巴黎急需一名新的無線電發報員，即使努爾的訓練還沒告一段落，她卻是具備所需簡歷的唯一人選。

被問到即使訓練尚未完成，是否願意前往時，她毫不遲疑地同意。作為最後準備，她很快就被安排到布里斯托接受敵後存活的速成訓練，她得在那裡租房子、找工作、布建及運用下線傳遞訊息，並在警察逮捕與審訊中存活下來。

隨著啟程日期逼近，多名特殊行動執行處人員開始對她是否適任表達疑慮。沒有人質疑她的勤奮和忠誠，但她常常被指為情緒化，許多人也認為她從父親身上遺傳了某種不切實際的恍惚。有些人甚至覺得她太美麗迷人，無法不引人注目。後來，和她一同在伯利烏受訓並從戰場生還的特工柯莫（Yvonne Cormeau）說，她是個「華麗、迷離恍惚的人，太過顯眼了，見過兩次就讓人終生不忘」，根本不該被派到法國。一位不以為然的教官說，這個「傻公主」在伯利烏得到強烈對立的評價，而她完全不適任。提及她父親對她的影響，他抱怨：「你知道那個混蛋怎麼教她的嗎？她會犯下的最大罪惡是為任何事說謊。」布里斯托警方的審訊也進行得不大順利。警察局長向特殊行動執行處回報：「這女孩是特工的話，我就是邱吉爾。」

儘管如此，巴黎卻迫切需要一個「鋼琴家」（發報員的代稱），除了她之外無人可用。隨著訓練提前結束，努爾穿上法國製造的衣服，也取得法國身分證和一張配給卡。她身上除了韋伯利手槍之外，唯一的間諜裝備是一顆昏睡藥、一顆提神的苯丙胺藥丸、一顆引發胃病的藥丸，以及一顆可以安全吞下，但咬碎即可致死的氰化物藥丸。

她被評估不適合跳傘空降，因此在下一個月圓之夜，她身穿一件綠色油布外套，在奇切斯特（Chichester）附近的湯密爾（Tangmere）搭上一架一六一中隊的萊桑德（Lysander）聯絡機，迅速飛越海峽，而後在昂熱（Angers）西北方一處隱密的降落跑道著陸。

當她返回法國土地上，她就再也不是努爾．汗或諾拉．貝克，如今是一位兒童看護，名為珍妮—瑪麗·何涅（Jeanne-Marie Renier），代號瑪德蓮（Madeleine）取自她一本著作中的角色。那天是一九四三年六月十六日，她是第一位被送入敵後的女性無線電發報員。在她落地前不久，英國廣播公司國際頻道播放這則訊息：「茉莉在吹笛子」，好讓接待委員會知道她要飛進來了。

她著陸之後首先掩埋她的韋布利手槍，因為手槍要是在巴黎居民每天都要遭受許多次搜查中被發現，必定連累他人。

努爾很快就找到在特殊行動執行處，與抵抗戰士共同組成的普洛斯佩／劇場（Prosper / Cinema）網絡的聯絡人，立即開始工作。

她的工作中最大的危險之一就是無線電機本身。她操作的二式晶體收發報機重達三十磅，需要一整個手提箱收納。它很難藏匿，每次收發報時必須架設的七十呎長天線也一樣。但從急救護士隊選拔出來，在格蘭登安德伍德（Grendon Underwood）為特殊行動執行處擔任監聽工作的四百名女性，很快就開始接收到特工瑪德蓮發來的重要情報。

努爾來到巴黎不過五天，蓋世太保就在嘗試多年卻不得要領之後，終於滲透進入普洛斯佩網絡，開始捉拿特工。僅僅三天之內，這個特工網絡的重要人物全被逮捕監禁。努爾的世界天崩地裂。不可思議地躲過逮捕的她，將這個噩耗傳回倫敦，倫敦當局指示，她繼續獨自留在巴黎太危險，必須趁早撤出。但她明白自己如今成了巴黎唯一殘存的無線電發報員，因此拒絕撤退，表示情願留下。她知道自己如今成了和倫敦之間僅剩的聯絡管道，而她想要一邊回報最新消息，一邊努力重建被破壞的網絡。

往後不到三個月內，努爾用盡了在伯利烏學到的渾身解數躲避追捕。她知道蓋世太保掌握自己的相貌，而她在通緝名單上名列前茅，於是頻頻變換髮色和外型，在巴黎市內四處移動。她隨身攜帶無線電機，每天在她租用或借用的雅房或套房之間來回穿梭。有一次搭乘地下鐵時，同車廂的幾個德國士兵問她手提箱裡裝了什麼，她也高興地打開給他們看，說是拍電影的器材。

身為巴黎僅存的無線電發報員，她開始向其他部門發送訊息，包括直接聯繫倫敦的戴高樂將軍總部。她在逃亡期間安排三十位盟軍飛行員脫逃，協助多位特工返回英國，為其他特工製作四套假證件，並將大量金錢和武器送交法國抵抗運動。

當倫敦讓她相信已經派出另一位無線電發報員前來接替，她同意在十月十四日搭機撤回英國。但在她前往各處和友人道別時，一位名叫雷妮（Renée），曾是努爾特工網絡外圍人員的法國女人，前往福煦大道（Avenue Foch）的蓋世太保總部投案自首，提議以十萬法朗代價供出努爾的下落。

追捕她的網羅在預定離開的前一天收緊，努爾設法擺脫一隊前去捉拿她的蓋世太保，但她稍後回到自己租用的其中一間房時，卻發現有個法國蓋世太保軍官等著她上門。她在扭打之後被制伏，押送到福煦大道八十二號到八十六號的蓋世太保總部。她一逮到機會就爬出五樓的浴室窗戶試圖逃脫，但立刻被抓回去。

隨後一個半月她都被關在蓋世太保總部，拒絕透露任何消息。蓋世太保的指揮官（巴黎親衛隊保安局局長）基佛（Hans Kieffer）日後證實，她沒有供出任何訊息，他們也無法經由訊問她而逮捕其他人。

她在那裡和另外兩位囚犯取得聯繫，三人共同計畫脫逃。他們弄到一把螺絲起子，設法撬開各自單人牢房中被鐵絲網封住的天窗，爬上屋頂。但這時卻響起空襲警報，屋頂立刻被探照燈照亮。他們很快就被發現不在牢房裡，當他們爬到地面上，試圖衝出大樓，大樓四周倉促派出的哨兵立刻發現他們。

當努爾被要求簽署承諾書，保證不再嘗試脫逃，她拒絕說謊，表示把握機會嘗試脫逃是她的責任。結果她被歸類為「高危險人物」，十一月二十五日被轉移到佛茨海姆（Pforzheim）監獄，成了第一個被押解到德國本土的特殊行動執行處特工。如今，她是在令人畏懼的《夜與霧法令》（*Nacht und Nebel*）之下遭受關押。依照《夜與霧法令》而被帶走的人們從此不知所終，家人或其他人都不會得知他的下落。

她在佛茨海姆遭受野蠻的對待，戴上鐐銬單獨監禁十個月之久，只得到很少的配給，而她在這段期間堅決不洩露任何訊息給審問的蓋世太保。同時，由於蓋世太保利用她的無線電機向特殊行動執行處傳送假情報，倫敦方面完全不知道她已經被捕。努爾並不知道自己堅持作戰的非凡勇氣與英雄行為，讓她在一九四四年二月獲頒喬治勛章（George Medal）。

最後在九月十一日，佛茨海姆監獄收到柏林的直接命令轉移努爾。她和另外三位特殊行動執行處的女性特工重逢，一同被押上南行的火車，前往達豪集中營（Dachau）。她被迫徒步走完最後兩英里，在午夜時分走進惡名昭彰地鑲嵌著「勞動帶來自由」標語的集中營大門。她立刻被拖進一間牢房拳打腳踢，直到凌晨。黎明破曉時，她從腦後被開槍射殺，屍體隨後被扔進焚屍爐燒掉。

她得年三十。

這種令人毛骨悚然的命運，最終落在大多數被俘的特殊行動執行處特工身上。親衛隊領袖希姆萊（Heinrich Himmler）下令對他們無情拷問，而後格殺勿論，以免他們受到的拷打或是蓋世太保的所作所為傳回倫敦。特殊行動執行處法國部被逮捕的兩百多名特工，只有二十六人倖存。

為表彰努爾個人不同凡響的勇氣，以及她為英國而犧牲，她被追贈大英帝國員佐勳章（MBE），並獲頒喬治十字勳章。這是頒贈給平民的最高榮譽，地位相當於頒給軍人的維多利亞十字勳章。為了紀念她對法國的獻身，她也獲贈法國表彰平民英勇行為的最高勳獎：金星軍功十字章（Croix de Guerre with Gold Star），每年巴士底日（法國國慶日），都會有一支法國軍樂隊在巴黎近郊敘雷訥（Suresnes）她成長的故居門外演奏。而在達豪，以及多處軍人和特殊行動執行處的紀念碑上，也有向她致敬的文字。

而在倫敦，安妮長公主殿下在二〇一二年十一月為戈登廣場（Gordon Square）上的努爾半身像揭幕；她說，這位「間諜公主」的生平經歷不僅確實非同凡響，「更與我們現代確切相關」。

努爾的故事很動人，犧牲小我而完成大我總是如此。她和其他千百萬人一樣獻出自己年輕的生命，將她理想中的世界送給後世。因此，當輿論對於英國在中東的角色轉趨強硬，人們有必要記得，我們今天生活的這個世界，有一部分是努爾在戰場上，以及在達豪黎明時分獨自承受的恐怖中付出的勇氣、忠誠與鮮血掙來的，即使難以計量卻無可置疑。

她的故事應當以傑普森上尉的回憶作為結語，那個命中注定的冬日，這位特殊行動執行處的主要招聘人在特拉法加廣場附近和她見面，並且錄取她：

我十分清楚記得第一個午後，她在那昏暗的小房間裡坐在我面前，在空無一物的木桌彼端堅硬的廚房椅上。說真的，在他們每一個人之中，其中許多人沒能生還，我發現我常常想起她，那種不尋常且十分個人的栩栩如生更甚於其他人……嬌小而靜止的容貌、平靜的黑眼睛、柔和的聲音，以及閃耀於內在的高尚精神。

第三十五題

德勒斯登是平民城鎮，並無軍事重要性，我們為何燒死那兒的人民？

在第二次世界大戰結束前夕，約有兩萬五千到三萬五千德國平民喪生於德勒斯登（Dresden）轟炸產生的火災旋風中。本文發表於德勒斯登空襲七十週年，回顧轟炸的歷史，並追問這場屠殺在軍事上有什麼道理？

雷霆作戰（Operation Thunderbolt）已過七十週年，這是二十世紀最受爭議的軍事行動之一。

一九四五年二月十三日至十五日，英軍（以及一部分美軍）重轟炸機在建有主教座堂的歷史名城德勒斯登，投下兩千四百噸高爆彈和一千五百噸燃燒彈。不過幾小時，就有兩萬五千到三萬五千平民被炸死或燒死。

安恆（Arnhem）戰役中被俘的英國傘兵葛雷格（Victor Gregg），空襲當晚正被關押在德勒斯登，隨後被命令從事清理工作。二〇一四年他接受英國廣播公司專訪，回顧在這場末日般的火災旋風過後搜尋生還者的過程。在其中一個事件裡，他的團隊花了七個小時才進入舊城區（Altstadt）一處可容納一千人的防空洞。進去之後，他們既沒發現生還者，也沒找到屍體，只有一灘綠褐色的液體，人骨從液體中凸出。蜷縮在防空洞裡的人們全都被熔化了。而在遠離市中心的地區，大量的成人被燒烤到縮成只剩三呎高。三歲以下的孩童直接被汽化。

這不是德國城市第一次被燃燒彈轟炸。前年七月二十五日，「蛾摩拉作戰」（Operation Gomorrah）將漢堡化為火海。九千噸炸彈和燃燒彈夷平市中心八平方英里的區域，產生的火海燒光氧氣，捲起的火旋風時速高達一百五十英里，燃燒達到攝氏八百度。死亡人數總計三萬七千人。（作為對照，長崎原爆的首日死亡人數為四萬人。）

皇家空軍參謀長波特爾（Charles Portal）估計，轟炸平民可以在一年半之內殺死九十萬人，重傷一百萬人，摧毀六百萬戶住宅，讓兩千五百萬人「無家可歸」，他確信因此產生的人道危機將能加快戰爭結束。

這種思維不曾被公開宣揚。但在一九四一年十一月，皇家空軍轟炸機司令表示，他已經蓄意轟炸平民一年之久。「我提及此事的原因是，長久以來，政府基於極為正當的理由，情願讓全世界認為我們仍然有所顧忌，只會攻擊人道主義者樂於稱為軍事目標之處。先生們，我向你們保證，我們絕不容許任何顧忌。」

這種針對平民的戰略轟炸，至今在英國和海外仍會引發激烈對立，且情緒激昂的爭論。從事這些出奇危險任務的年輕軍人，他們的英勇、犧牲與苦難不容置疑：轟炸機司令部十二萬五千名飛行員，有五萬五千七百五十三人一去不回。飛行員甚至為司令官哈里斯取了「屠夫」這個綽號，凸顯他毫不重視飛行員的存活機會。

支持英軍「區域轟炸」（以平民為目標，而非工業區或軍事要地）的人們堅稱，這是戰爭不可或缺的一部分。邱吉爾寫道，他要「從我國派出極重型轟炸機，對納粹的本土發動完全摧毀、徹底消滅的攻擊」，他在另一封信中則稱之為「恐怖轟炸」。他的目的是要打擊德國人的士氣，促成政權轉移。研究顯示，流離失所的人數遽增和家破人亡確實打擊了平民的士氣，但不足以證明這有助於推翻希特勒。

其他人則主張這種行為當然很可怕，但這是希特勒先挑起的，因此必須用他唯一能懂的語言回敬。不幸的是，歷史紀錄顯示，第二次世界大戰第一起蓄意針對平民的「區域轟炸」，一九四〇年五月十一日奉邱吉爾命令在門興格拉德巴赫（Monchengladbach）實施（就在他突然當上首相的隔天），這是在德國空軍對英國城市發動閃擊戰的四個月之前。

並非所有人都能接受轟炸城市，許多軍方和教會領袖都表達強烈反對。當今英國最傑出的物理學家之一戴森（Freeman Dyson），一九四三至四五年間任職於轟炸機司令部。他說這種行徑削弱了他的道德信念，直到他完全喪失道德立場。他想把這些事寫下來，但後來發現美國小說家馮內果（Kurt Vonnegut）已經把他想說的話都說完了。

馮內果和葛雷格一樣，都是當晚被囚禁在德勒斯登的戰俘。他說過，全世界唯一一個從這個屠宰場裡獲利的人正是他自己，因為他寫了一部關於德勒斯登大轟炸的成名作（即小說《第五號屠宰場》），讓他平均從每一個死難者身上獲得兩到三美元。

德國對英國城市的轟炸同樣令人憎惡。德軍在一九四〇至四一年的八個月間，在英國本土投彈三萬五千噸，據估計殺死三萬九千人。（英美兩軍合計七年之間在德國境內投彈約一百九十萬噸。）

轟炸德國城市顯然對戰局產生影響。但問題在於，影響有多大？戰後的美國轟炸調查（U.S. Bombing Survey）估計，盟軍進行的所有城市轟炸，對德國經濟的損耗恐怕不超過百分之二點七。

就算考慮到「區域轟炸」的效力或必要性，在戰爭結果仍不確定時（直到一九四三年二月史達林格勒戰役勝利之後，才可說分出勝負）已是意見分歧，現在的週年紀念最重要問題，仍是一九四五年二月轟炸德勒斯登在軍事上到底有沒有必要，因為戰爭在那時已經確定要結束了。希特勒已經躲進掩體裡表演他最後的荒唐幻想。英美兩軍在前一年夏天的D日登陸成功後，已經兵臨德國邊界，朱可夫和柯涅夫（Ivan Konev）率領的蘇聯紅軍更已深入德國東境，正朝著柏林疾馳。

德勒斯登是一座在軍事上毫無重要的平民城鎮，在戰爭倒數幾個月內也不曾發揮任何實質作用。那麼，燒死那裡的男女老幼究竟有什麼戰略意圖？邱吉爾自己後來也寫道：「德勒斯登的毀滅至今仍是針對盟軍轟炸行徑的嚴肅質問。」

七十年過去，愈來愈少人詢問，到底是什麼樣的軍事目的，能夠成為地獄門在德勒斯登大開的正當理由。要是這種行為沒有正當的戰略理由，那麼就算時光流逝，也不可能變得合理，而它所提出的問題，對於這個平民持續在獨裁領袖發動的戰爭中受苦受難無法言喻的世界，也一樣難以作答。

現代世界

第三十六題

英國迷戀巫術的深遠暗黑根源

一九四四年，鄧肯（Helen Duncan）和約克（Jane Yorke）在倫敦因《巫術法》而被定罪。本文敘述她們的故事，並從萬聖節到哈利波特和甘道夫（Gandalf），回顧英國對巫術更廣泛的迷戀。

在戲院門前再度大排長龍，準備觀看當今的哈比人、巫師，以及異常積極進取的小矮人之際，似乎還有一個重大問題尚未解決：比這些英勇無畏的毛球們能否到達下一個名稱難以發音的城鎮更重大。

是這樣的。我們著迷於觀看他們在中土大地上往返跋涉，這能讓我們了解英國今日信仰的何種面貌？更確切地說：它如何展現我們看待魔術與超自然的心態？

把這個問題放回歷史脈絡，一九三七年，托爾金發行他的新中世紀史詩鉅作《哈比人歷險記》（*The Hobbit or There and Back Again*）。

書中以魔法推進的冒險立即大受歡迎。

但不過七年，到了一九四四年，陪審團仍在倫敦樸實無華的中央刑事法院（Old Bailey），頑強地依照古老的一七三五年《巫術法》對女人定罪。

時間再快轉六年，一九五〇年，托爾金的好友，也是牛津大學同事路易斯（C. S. Lewis），以《納尼亞傳奇》（*Narnia*）系列女巫故事令大眾目眩神迷。托爾金緊追在後，一九五四年發表偉大的《魔戒》（*Lord of the Rings*）三部曲，立即受到期盼多時的忠實讀者歡迎。

那麼，同樣一群大眾怎能既對甘道夫若無其事掌控魔法喜悅地呢喃，卻又平靜地觀望鄧肯和七十二歲的約克，因為和鬼魂交談而受到刑事審判？同樣，這些托爾金和路易斯的讀者，坐視這兩位女性被陪審團定罪，約克遭到罰款，鄧肯則被押送到霍洛威監獄（Holloway Prison）。

所幸，這項罪行已經不再是死罪，完全沒有被吊死的顧慮——儘管還要再過二十一年，英國才終於停止執行絞刑。[38]英倫諸島最後一個被燒死的女巫，是蘇格蘭的霍內（Janet

38 譯注：英國在一九六四年八月十三日最後一次執行死刑。作者在第十章也提及，英國自一九六五年之後不再執行死刑，由此觀之，原文的「十一年」應是二十一年之誤。關於英國最後一次執行死刑，參看Caroline Davis, “Britain’s Last Executions: hanging of two jobless criminals a ‘low key’ affair,” *Guardian*, Aug. 13, 2014, https://www.theguardian.com/world/2014/aug/13/britain-last-executions-hanging-criminals-low-key（二〇一八年十二月九日瀏覽）。

Horne），她在一七二七年因為騎著女兒去找魔鬼，讓魔鬼為女兒穿鞋而被處以火刑。至少，在負責審理的郡法官看來，這是她女兒手腳畸形的唯一原因。

那麼，在閃擊戰肆虐下的倫敦，怎麼會有兩個女人在托爾金與路易斯大量炮製術士和女巫的同時，因為巫術法令而被定罪？

只要有誰讀過（令人耳目一新）簡短的一七三五年《巫術法》，馬上就會發現它很不幸地被取錯名字，應當被稱為《革除巫術思想法》（*Abolition of the Idea of Witchcraft*）。

在此之前的《巫術法》都以一種不可動搖的確信為基礎：放蕩地與惡魔勾搭、危害社會上正直之人的女巫必須被處死。

亨利八世國王（一五四二年）、伊莉莎白一世女王（一五六二年）和詹姆士一世國王（一六〇四年）先後通過《巫術法》，強化這樣的觀念。實際上，詹姆士一世對這個問題極度癡迷，索性在一五九七年振筆疾書，寫下一篇名為《惡魔學》的小論文。論文是這樣開頭：

> 此時瀰漫於我國之對於可憎魔鬼奴隸，即女巫與妖人之恐懼，促使朕將以下文字公告周知（於親愛讀者）；其宗旨絕非炫示朕之學問與智慧（朕反對此舉），惟欲（激於良知）盡一己所能刊布，以釋群疑耳。

當然，他在不久之後主持編譯《英王欽定本聖經》，至今對許多人來說仍是《聖經》翻譯的金科玉律，即使它強烈奠基於當時的政治與信仰。

但這一切在僅僅一世紀之後，就因喬治二世國王的日耳曼影響而改變。他在位時通過的一七三五年《巫術法》，終結先前所有這些女巫騎掃帚的一派胡言。它徹底否定女巫的存在，宗旨轉為懲罰假女巫。

因此，鄧肯和約克在一九四四年實際上是被判詐欺罪。《巫術法》規定如下：

> 第四條……若有人……佯裝實行或使用任何巫術、妖法、魔咒或召喚術；預言禍福；以玄妙知識或詐術佯裝在何處或如何發現任何失物或失竊財產，經依法起訴定罪……每項犯行處以一年監禁，不得保釋；這一年每過四分之一，犯人皆須在本郡某處集鎮的市集日當天枷號示眾一小時。

儘管如此，法律上的細緻區別在這兩個女人身上恐怕看不出來。在疲於戰事的倫敦灰色報刊上，鄧肯和約克在聳人聽聞的傳說裡，成了英國最後兩個女巫——這個惡名至今仍跟隨著她們。

據說，鄧肯顯然是個騙子，一再表演反芻薄紗棉布、蛋白、橡膠手套，以及其他各式各樣偽造的「外質」（ectoplasm）。約克的降神沒那麼戲劇化，但她被懷疑像鄧肯一樣涉嫌詐騙陣亡將士家屬。

鄧肯的情況又多了一絲詭譎。她在一次降神時透露，一名失蹤的水兵與巴勒姆號戰艦（HMS Barham）一同沉入海底。此事引起一陣騷動，因為巴勒姆號在一九四一年十一月被擊沉一事，當時仍被英國政府嚴格保密，只有陣亡者家屬知道。距離D日諾曼第登陸只剩三個月的時候，據說政府內部有人認為，把鄧肯關進霍洛威監獄直到夏日攻勢結束，比較安全一些。

那麼，這兩個女人為何是以《巫術法》定罪？使用詐欺罪，或是一八二四年《遊蕩法》（*Vagrancy Act*）第四條禁止以預言禍福、占星及通靈實施詐騙的罪名，同樣能輕易起訴她們，時任首相邱吉爾也對巫術罪名的使用感到困擾，他在鄧肯被定罪後隨即致函內政大臣，稱之為「過時愚蠢」。

但這場審判被政府執法人員特意聯繫到古老的巫術法律以聳人聽聞一事，倒是暗示出英國人更深沉的心態。至少有一部分的解答，就在每年讓我們回到銀幕前汲取巫術內容的同一種迷戀之中。

英國這個國族就是對魔幻的事物著迷。

當然，自從喬治二世在一七三五年頒布《巫術法》之後，英國人再也不信魔法。一有機會就盡量少說，就連奠基於魔法信仰之上的英國城鎮及村莊，它們的歷史中心機構對這個主題也多少有些游移。它們用以形容魔法的專有名詞「奇蹟」，只為了區分基督教魔法與其他不那麼高尚的魔法而存在，在當時的議題裡也不受重視。

但英國人還是會帶著睡袋，露宿於打烊的書店門外，直到營業時間，只為了入手一本讓人聯想到尖帽智者的新書。

事實上，英國人的這種迷戀可說由來已久。儘管能夠合情合理地讚頌英國推動全球網際網路，發現希格斯玻色子（Higgs Boson），以及其他諸多國族成就背後的學術貢獻，但科學才能似乎還是無法動搖英國人對於明顯非理性、超自然事物的集體迷戀。只要英國人知道從哪裡找起，到處都有魔法的這種觀念。

而且，英國人不只是在銀幕上沉溺於這種戀物癖。每年十月三十一日，全國都會定期展現異教色彩。

不論萬聖節在現代的商業包裝，英國仍在繼續施行基督教傳入前英倫諸島人民所舉行的儀式。藉此脫下花俏地配戴著的綴滿月亮的帽子，向歷史悠久，獻給生者和死者的冬節致敬。

英國人會在十一月五日舉行一場與凱爾特和盎格魯撒克遜傳統密切相關的儀式，再次深深凝視祖先點燃的冬日火堆。

但英國人不只在冬天才會認知到自己的魔法歷史。各地到處都有五朔節傳統，紀念春日復返，萬物甦醒。就以五月柱舞為例。即使被嚴厲反對了數百年，從十七世紀中葉英格蘭聯邦時期將這種狂歡指為崇拜偶像、嚴加譴責開始，它仍在大多數城市、鄉鎮和村落中屹立不搖。每年春天，柱子上還是繫著彩帶，人們也繞著柱子熱烈舞蹈，紀念早已淡忘的四時慶典。

當你開始想到英國沉浸於千年之久的魔術和超自然傳統，你也就到處都能看見它們。比方說，成群結隊的怪異小綠人點綴著英國的中世紀聖堂和主教座堂，從隨風起伏的枝葉中現身、湧出或錯雜其間。這種與自然的奇妙合一，在基督宗教裡並沒有根據，倒是天衣無縫地切合於托爾金的幻想世界。

要是這一切聽來都太文質彬彬，而你想要魔法更有力道，那就想想英國是現代魔法活動的發源地。我說的可不是丹尼爾斯（Paul Daniels）或布朗（Derren Brown）這樣的電視魔術師。舉世聞名的專家赫頓（Ronald Hutton）教授指出，現代異教巫術〔即威卡教（Wicca）〕是唯一起源於英格蘭的世界宗教。

必須了解，威卡教〔名稱來自盎格魯撒克遜語的「女巫」（Wicca）〕是在一九五一年《巫術法》撤廢，安全無虞之後，才由前公務員加德納（Gerald Gardner）公開成立。

事實上，這個領域有很大一部分是英國特有的。現代德魯伊信仰、黃金黎明協會（the Golden Dawn），乃至克勞利（Aleister Crowley）的泰勒瑪密教（Thelema），全都是英國魔法向全世界輸出的成功案例。它們現在或許聽來很邊緣，但在極盛時期，它們吸收到的信徒包含諾貝爾文學獎詩人葉慈（W. B. Yeats），以及王爾德（Oscar Wilde）遺孀康斯坦絲（Constance），他們全都盛裝打扮，舉行上流社會的古代魔法儀式。

而在其他維多利亞時期著名的超自然組織之中，名聲最響亮的可說是鬼魂俱樂部（Ghost Club），這個俱樂部由劍橋大學的學者發起，調查超自然現象。長久以來，其菁英成員包括狄更斯（Charles Dickens）、道爾爵士（Sir Arthur Conan Doyle，他也是一位熱心的靈媒），以及薩松（Siegfried Sassoon）。

所以再回到比爾博（Bilbo）、哈利、鄧不利多（Dumbledore）、亞斯藍（Aslan）、海格（Hagrid）、甘道夫、妙麗（Hermione）、凱蘭崔爾（Galadriel），[39]以及其他一長串人物，他們如今都跟德式耶誕麵包（stollen）和耶誕市集一樣，輕易融入英國的冬季。

即使二〇一一年的調查顯示制度性宗教減少，更靈活的另類宗教增加，但我們似乎並未有條不紊地接納世俗主義。我們反倒成群結隊地被那些跨越我們心靈中廣大空間的神話人物，固定在奇蹟與非理性之中。

最後一個問題：為什麼是不列顛？是什麼因素讓英國有這麼多作者與讀者湧向這些主題？

這一次，只需要看看窗外的英國風光，答案就很清楚了，同時也要記得，「異教」這個字源於「pagani」，就是鄉下人的意思。

39 譯注：比爾博、甘道夫、凱蘭崔爾是托爾金《哈比人》和《魔戒》系列中的人物；哈利波特、鄧不利多、海格、妙麗是羅琳《哈利波特》系列中的人物；獅王亞斯藍則是路易斯《納尼亞傳奇》系列中的角色。

不可迴避的實情是，英倫各島都得和狂暴的氣候搏鬥，這令英國人刻骨銘心地意識到季節的劇變。加上冬季的漫長黑夜和夏日的艷陽，英國人天生總能意識到自然世界近在咫尺，以及它在任何一年成就或摧殘英國人的力量。

結果可以理解，正是對大自然運行的著迷。因此也難怪英國人總是對那些掌控力量，令其他人只能仰望的人物目瞪口呆。

而這並非新鮮事。統治英格蘭和大半個斯堪地那維亞的克努特大帝，在海濱架起王座，向諂媚他的廷臣們展示，就連他的大能都無法指揮潮汐時，大概也不會想什麼其他的事。

至少，那時沒有什麼《巫術法》讓他掃興。

第三十七題
女王有多少德國色彩？

第一次世界大戰期間，英國王室為了減少自己的德國色彩，將家族名稱從薩克森—科堡—哥達（Saxe-Coburg-Gotha）改為溫莎（Windsor）。在女王前往柏林進行國事訪問之際，本文揭示德國與英國王室之間由來已久的關係。

「伊莉莎白二世，蒙上帝恩典，大不列顛及北愛爾蘭聯合王國與其屬土及領地之女王，英聯邦之首，信仰的守護者。」真的，你得不到比這個更英國的稱號了。但在女王準備再次前往德國進行國事訪問之時，閒人們又想起兩國之間的關係，尤其是王室的條頓人傳統。那麼，一言以蔽之：女王有多少德國色彩？

最明顯的出發點是系譜圖，即使攤開系譜就足以讓經驗豐富的系譜學家想要喝杯烈酒。但很清楚、也很快就能看到的是，系譜裡有很多日耳曼人。

我們不妨從一七一四年開始。安妮女王駕崩，她的斯圖亞特家族直系戛然而止。由此引發棘手問題，因為她的（約莫）五十名最適合繼位的近親全是天主教徒，因此明顯不受歡迎。他們全被跳過了，最後由信奉新教的漢諾威選帝侯（Kurfürst）路德維希（Georg Ludwig）繼位，王室名稱也從斯圖亞特改為布倫瑞克—呂內堡—漢諾威（Brunswick-Lüneburg-Hanover），也帶來了與韋爾夫（Welf）和埃斯特（Este）兩個古老王室家族的密切聯繫。

在此必須先暫停，有件事不得不提：在近代之前，王室成員沒有姓氏。他們向來使用名字，以及繼承自父親的家族名稱（獅心王理查是金雀花家族，亨利八世是都鐸家族，喬治一世是漢諾威家族）。因此，漢諾威王室隨著維多利亞女王而結束，她的後裔則改用王夫亞伯特親王的王朝名稱，同樣是德國名字：薩克森—科堡—哥達，這是顯赫的韋廷（Wettin）家族分支之一。

很簡單，但還沒完。第一次世界大戰在英國引起愈來愈強烈的反德情緒之際，敏銳的觀察者注意到，威廉皇帝是維多利亞女王的外孫，也是吾王喬治五世的表弟。體認到這種微妙的立場，喬治五世將王室名稱從薩克森—科堡—哥達改為溫莎，這正是溫莎古堡的名字。同時他也跨出現代化的一步，以溫莎作為家族的姓氏。

伊莉莎白二世女王即位時選擇沿用溫莎這個名稱，一九六〇年，女王和王夫愛丁堡公爵宣布，他們想要讓不具殿下頭銜的後裔以蒙巴頓—溫莎（Mountbatten-Windsor）為姓氏。〔蒙巴頓是愛丁堡公爵改用的姓氏。他擁有德國—丹麥—希臘的王室家系，父系是什列斯威—霍爾斯坦—森訥堡—格呂克斯堡（Schleswig-Holstein-Sonderburg-Glücksburg）家族，母系則是巴騰堡（Battenberg）家族。」嗯，德國系譜就已經這麼多了，習俗就更不在話下。王室至今仍然遵循日耳曼傳統，在耶誕夜拆禮物，亞伯特親王對此尤其熱心。

但在另一方面，也沒有必要過份強調這點。女王也是綿延一千多年的英國王室直系後裔，包括斯圖亞特、都鐸、金雀花、安茹、諾曼及威塞克斯等家族。

事實上，必須記得「英國的」（English）這個字源自於盎格魯人（Angles），他們以盎格魯撒克遜而聞名。羅馬人在西元四一〇年撤出不列顛時，一群被英國人率爾稱作盎格魯撒克遜人的日耳曼、丹麥、荷蘭部族，跨越鯨路（北海）來此定居。我們也別忘了維京人，他們為不列顛的廣大人群帶來丹麥、挪威和瑞典的血統。因此，說實話，如果要細究王室與德意志祖國的關係，英國人應當仔細看看自己，並承認這個國家一千五百多年來都與日耳曼和斯堪地那維亞的人民維持著最深刻，也最親近的基因與文化關係。

客觀說來，女王家族已經在英國定居數百年。英語是她的第一語言，法語也很流利，不是德語。她出生在梅費爾（Mayfair）的布魯頓街（Bruton Street）。她成長的時光多半在皮卡迪利大街一四五號（145 Piccadilly）、里奇蒙公園（Richmond Park）和溫莎大公園（Windsor Great Park）度過。戰時她在女子輔助服務團（Women’s Auxiliary Territorial Service）服役，擔任技師和駕駛。她毫不招搖、極其圓融，人們常常看到她的笑容。她騎馬時不戴帽子，愛玩任天堂出品的Wii，也喜歡賽鴿。最特別的是，全世界都知道她熱愛狗和馬。

女王陛下還能有多英國？你是認真問的嗎？

本書各題出處

第一題：〈約瑟夫斯、羅馬毀滅耶路撒冷，與兩千年來的中東殺戮〉首先發表於《每日電訊報》，二〇一四年八月五日，原標題為〈耶路撒冷被摧毀兩千年後，關於中東的暴力，歷史告訴我們什麼？〉

第二題：〈狄奧多西一世：讓基督教成為全球宗教，卻被遺忘的人〉首先發表於《每日電訊報》，二〇一四年二月二十七日，原標題為〈這個人讓基督教成了全球宗教，但你知道他的名字嗎？〉

第三題：〈羅馬並不文明，「黑暗時代」並不黑暗〉首先發表於《每日電訊報》，二〇一四年二月十八日，原標題為〈為何所謂的「黑暗時代」其實就跟野蠻的羅馬帝國一樣文明〉

第四題：〈維京人不比盎格魯撒克遜人更壞〉首先發表於《每日電訊報》，二〇一四年二月十四日，原標題為〈維京人不比盎格魯撒克遜人更壞，讓我們讚頌這豐富的移民文化〉

第五題：〈威塞克斯國王阿佛烈大帝是羅馬天主教徒〉首先發表於《每日電訊報》，二〇一四年一月二十日，原標題為〈阿佛烈大帝是羅馬天主教徒，讓我們在西敏主教座堂

安葬他〉

第六題：〈哈羅德國王時代的英格蘭文化多元，而且無疑是歐洲的〉首先發表於《每日電訊報》，二〇一四年一月六日，原標題為〈歐盟選舉鄰近，讓我們紀念英國最後一位盎格魯撒克遜國王的加冕〉

第七題：〈一〇六六年的哈斯汀戰役沒有這麼大不了〉首先發表於《每日電訊報》，二〇一四年十月十四日，原標題為〈一〇六六年的今天，哈斯汀戰役真實故事〉

第八題：〈對《大憲章》的信仰在歷史上純屬一派胡言：克倫威爾稱之為「大響屁」〉首先發表於《每日電訊報》，二〇一四年六月十七日，原標題為〈對《大憲章》的信仰在歷史上純屬一派胡言，難怪克倫威爾稱之為「大響屁」〉

第九題：〈催生《大憲章》的男爵犯下叛國罪〉首先發表於《每日電訊報》，二〇一五年七月三十一日，原標題為〈《大憲章》審判：男爵們的叛國罪行應當揭露〉

第十題：〈搶救一二六七年《馬爾伯勒法》：最古老的法律〉首先發表於《旁觀者雜誌》，二〇一五年六月十五日，原標題為〈讚頌迷人卻無謂的法律——如《大憲章》〉

第十一題：〈中世紀大教堂再次充滿色彩〉首先發表於《每日電訊報》，二〇一四年十二月二十四日，原標題為〈大教堂再次充滿色彩〉

第十二題：〈獅心王理查與薩拉丁：騎士精神與暴行〉首先發表於《每日電訊報》，二〇一四年四月四日，原標題為〈見見真正的獅心王理查：殘忍、反英格蘭，幾乎肯定

是同性戀〉

第十三題：〈薩拉丁與一一八七年決定性的哈丁戰役：現代中東須記取的教訓〉首先發表於《每日電訊報》，二〇一四年七月二日，原標題為〈關於中東不斷變動的邊界，十字軍告訴我們什麼〉

第十四題：〈忘掉《達文西密碼》：這才是真正的聖殿騎士團之謎〉首先發表於《每日電訊報》，二〇一三年十二月十九日。

第十五題：〈歷史的汙點：聖殿騎士團總團長莫萊遭受火刑〉首先發表於《每日電訊報》，二〇一四年三月十八日，原標題為〈歷史的汙點：七百年前的今天，謎樣的聖殿騎士團總團長莫萊遭受火刑〉

第十六題：〈杜林裹屍布是人類創造最偉大的中世紀藝術品〉首先發表於《觀察者雜誌》，二〇一五年四月二十七日，原標題為〈假如杜林裹屍布真是中世紀藝術家的作品，它會是史上最偉大的藝術品之一〉

第十七題：〈弒君與野心：理查三世與兩位「王子」死於倫敦塔〉首先發表於《每日電訊報》，二〇一五年二月十八日，原標題為〈理查三世有多壞？〉

第十八題：〈重新安葬理查三世：是這具屍體沒錯嗎？〉首先發表於《每日電訊報》，二〇一五年三月二十一日，原標題為〈理查三世：我們埋錯了屍體〉

第十九題：〈中世紀安達魯斯：寬容與極權〉首先發表於《每日電訊報》，二〇一四年一

月二日，原標題為〈今天是摩爾人的西班牙淪陷紀念，它真是這麼美妙的地方嗎？〉

第二十題：〈薩佛納羅拉與蘇格蘭女王瑪麗：「文明化」文藝復興的血腥暗面〉首先發表於《每日電訊報》，二〇一四年二月十七日，原標題為〈「文明化」文藝復興的血腥陰暗面〉

第二十一題：〈哥倫布、貪婪、奴役與種族滅絕：美洲印地安人真正的遭遇〉首先發表於《每日電訊報》，二〇一四年九月二日

第二十二題：〈都鐸王朝的故事編織機如何隱藏英國宗教改革的血腥真相〉首先發表於《每日電訊報》，二〇一四年五月二十三日，原標題為〈新教故事編織機如何掩蓋英國宗教改革的真相〉

第二十三題：〈克倫威爾在他的時代等同於伊斯蘭國〉首先發表於《每日電訊報》，二〇一五年一月二十二日

第二十四題：〈基督新教如何為致命的獵巫狂潮火上加油〉首先發表於《每日電訊報》，二〇一四年四月三十日，原標題為〈基督新教如何為歐洲致命的獵巫狂潮火上加油〉

第二十五題：〈福克斯。伊斯蘭主義，改宗者與恐怖分子：不曾改變的事〉首先發表於《每日電訊報》，二〇一四年十一月五日

第二十六題：〈新年在耶誕之後來得太快：我們把它延後到適當位置——三月吧〉首先發表

於《每日電訊報》，二〇一三年十二月三十日

第二十七題：〈黑粉退散！額爾金伯爵是英雄，他為全世界搶救帕德嫩大理石雕刻〉首先發表於《每日電訊報》，二〇一四年十月二十一日，原標題為〈艾瑪．克隆尼退下！額爾金伯爵是英雄，他為全世界搶救了帕德嫩大理石雕刻〉

第二十八題：〈希臘明知自己對額爾金大理石沒有合法權利，因此不會控告聯合王國〉首先發表於《每日電訊報》，二〇一五年三月十四日

第二十九題：〈摩西讀得懂象形文字嗎？翻譯羅塞塔石碑的競賽〉首先發表於《每日電訊報》，二〇一四年七月十五日，原標題為〈羅塞塔石碑向我們透露了什麼關於聖經的訊息？摩西讀得懂象形文字嗎？〉

第三十題：〈勒芙蕾絲伯爵夫人愛達．拜倫：比圖靈早一百年的編碼運算先驅〉首先發表於《每日電訊報》，二〇一四年十二月十日，原標題為〈圖靈出生前一個世紀，愛達．勒芙蕾絲就為他更加著名的密碼破解奠定基礎〉

第三十一題：〈哈伯：毒氣發明者的恐怖故事〉首先發表於《每日電訊報》，二〇一四年一月二十九日，原標題為〈發明毒氣的人：恐怖故事〉

第三十二題：〈邱吉爾鑄下大錯：加里波利戰役〉首先發表於《每日電訊報》，二〇一五年八月六日，原標題為〈除了成功之外，我們也必須紀念加里波利這樣的失敗〉

第三十三題：〈特工嘉寶：單挑希特勒，拯救D日的神奇西班牙間諜〉首先發表於《每日電

訊

訊報》，二〇一四年六月六日，原標題為〈拯救D日的間諜〉

第三十四題：〈努爾・汗：勇敢的英國二戰英雄、女人和穆斯林〉首先發表於《每日電訊報》，二〇一四年十月八日，原標題為〈一位勇敢的英國二戰英雄——她是女人，也是穆斯林，你聽過她嗎？〉

第三十五題：〈德勒斯登是平民城鎮，並無軍事重要性，我們為何燒死那兒的平民？〉首先發表於《每日電訊報》，二〇一五年二月十二日

第三十六題：〈英國迷戀巫術的深遠暗黑根源〉首先發表於《每日電訊報》，二〇一三年十二月三十一日

第三十七題：〈女王有多少德國色彩？〉首先發表於《每日電訊報》，二〇一五年六月二十四日

知識叢書 1067

間諜、虐待狂與巫士：學校不教的歷史

Spies, Sadists and Sorcerers: The History You Weren't Taught in School

作　者—賽爾伍德（Dominic Selwood）
譯　者—蔡耀緯
編　輯—張啟淵
封面設計—兒　日
發 行 人—趙政岷
出 版 者—時報文化出版企業股份有限公司
10803台北市和平西路三段二四〇號四樓
發行專線—（〇二）二三〇六—六八四二
讀者服務專線—〇八〇〇—二三一—七〇五
（〇二）二三〇四—七一〇三
讀者服務傳真—（〇二）二三〇四—六八五八
郵撥—一九三四四七二四時報文化出版公司
信箱—台北郵政七九～九九信箱
時報悅讀網—http://www.readingtimes.com.tw
法律顧問—理律法律事務所　陳長文律師、李念祖律師
印　刷—勁達印刷有限公司
初版一刷—二〇一九年三月二十二日
定　價—新臺幣三八〇元
（缺頁或破損的書，請寄回更換）

時報文化出版公司成立於一九七五年，
並於一九九九年股票上櫃公開發行，於二〇〇八年脫離中時集團非屬旺中，
以「尊重智慧與創意的文化事業」為信念。

間諜、虐待狂與巫士：學校不教的歷史 / 賽爾伍德（Dominic Selwood）著；蔡耀緯譯. -- 初版. -- 臺北市：時報文化, 2019.03
面；　公分. --（知識叢書；1067）
譯自：Spies, sadists and sorcerers : the history you weren't taught in school
ISBN 978-957-13-7729-2（平裝）

1.世界史　2.通俗作品

711　　108002459

SPIES, SADISTS AND SORCERERS: THE HISTORY YOU WEREN'T TAUGHT IN SCHOOL
by Dominic Selwood

ISBN 978-957-13-7729-2
Printed in Taiwan